中國學術思想 研究輯刊

十 編

林 慶 彰 主編

第 16 冊

西漢前期禮法思想的演變與發展

張 菀 琤 著

花木蘭文化出版社

國家圖書館出版品預行編目資料

西漢前期禮法思想的演變與發展／張菀琤 著—初版—台北
縣永和市：花木蘭文化出版社，2010〔民99〕
目 2+226 面；19×26 公分
（中國學術思想研究輯刊 十編：第 16 冊）
ISBN：978-986-254-345-0（精裝）
1. 禮俗　2. 文化史　3. 西漢史
530.92　　　　　　　　　　　　　　　　　99016455

ISBN - 978-986-2543-45-0

中國學術思想研究輯刊
十 編 第十六冊　　　　　　　　ISBN：978-986-254-345-0

西漢前期禮法思想的演變與發展

作　　者　張菀琤
主　　編　林慶彰
總 編 輯　杜潔祥
出　　版　花木蘭文化出版社
發 行 所　花木蘭文化出版社
發 行 人　高小娟
聯絡地址　台北縣永和市中正路五九五號七樓之三
　　　　　電話：02-2923-1455／傳真：02-2923-1452
網　　址　http://www.huamulan.tw 信箱 sut81518@ms59.hinet.net
印　　刷　普羅文化出版廣告事業
封面設計　劉開工作室
初　　版　2010 年 9 月
定　　價　十編 40 冊（精裝）新台幣 62,000 元

西漢前期禮法思想的演變與發展

張菀琤　著

作者簡介

張菀玲，1973 年生於台灣生高雄市，畢業於國立清華大學中國文學研究所博士、碩士，東海大學中國文學、法律學士，曾任教於文藻外語學院、私立仁德醫護專校，目前擔任林聰舜教授的國科會計畫博士後研究員，及清華大學兼任助理教授，研究領域主要為先秦諸子、漢代思想。

提　　要

　　秦依法家精神訂律，漢承秦制，對秦律多數承沿，而中國傳統法學由法家之律轉變為儒家之法的關鍵，正是儒法交鋒、禮法結合的西漢前期，本論文以此為時間軸，配合出土材料、歷史演變以及政治意識型態發展，探討中國法制禮法合流關鍵時期的演變。首章說明漢初統治困境，包含政治、經濟、社會等各方面問題，與承秦制度、反秦思潮之矛盾。二至六章則分別究論黃老、陸賈、叔孫通、賈誼、《淮南子》、董仲舒的禮法思想。從法思想的演變歷程來看，黃老道法思想承繼許多先秦法家之法的特點，陸賈談法大抵仍循先秦儒家談法的傳統路線，此時言法觀點，與先秦思想較接近。黃老禮法思想強調實際政治的作用，叔孫通言禮主要還是「漢家禮儀」，陸賈談禮多是人道秩序在日常生活的最基本原則，此時所言之禮，都以實用、簡單、必要為主，力求適用漢初政治社會的情況。經過一段時間的休養生息後，西漢整體政治情勢、社會條件轉變，學者不再空泛地講理論性的法，也建構更富理想、內容完備的禮，他們將漢朝的政治需求、社會條件、禮教目的都考慮進去，賈誼要求依照禮教需求、結合強制力量「定經制」，《淮南子》則主張應從時間與空間深入思考禮、法本質，改變帝國統一的禮制、法制，他們的禮法思想，都漢帝國秩序的建立有關。

　　董仲舒是西漢禮法思想發展的一個關鍵點，他以儒學建構了一套德禮為主的治道觀，法為刑、為律、為權、為末的輔佐地位確定，其獨立性或理想性已不再重要，中國傳統法的地位與禮法關係從此定型。同時，董仲舒又統合儒家倫理秩序與現實政權需求，論述一套能夠兼合質文、統合前人主張的禮學。

　　不論是透過制禮辦法或決獄之事，一旦禮的思想透過三綱、經制、司法判決之類而宣達，其思想意涵所傳達的道德意識與社會價值等，將不斷隨著實踐行為「內化」成為個人信念的一部份。人們只要遵守某些日常之常理規則便能符合禮的精神，無須再有法律強制的規範，用刑罰強迫人們實踐禮數是等而下之的作法，這也成為漢儒對於禮法關係的共識。

　　經過這樣的發展，漢律儒家化、漢禮法制化的變化、交融大抵完成，漢經過董仲舒的春秋決獄後，禮學理論具備，司法實務也可以收攝在其禮法觀點中，於是法律與道德結合，「以禮入律」或是「引禮注律」更難區分，立法與復禮已是可以合二為一了。

目

次

緒　論

第一節　研究動機與方向

一、研究動機

　　中國素稱「禮義之邦」,「禮」是中國文化的核心思想。〔註1〕歷史上,中國很早就自覺擁有禮教傳統並且以此自豪,周公制禮作樂後,「郁郁乎文哉」,文化成就很是輝煌。文化是當時夷夏之分的關鍵,周人自居華夏,將周遭文化落後的蠻夷稱爲禽獸頑民,「夷狄遇之」,不承認其會盟中原的資格,孟子說:「吾聞用夏變夷者,未聞變於夷者也。」〔註2〕言語中便充滿以禮自傲的文化優越感。中國直到清代仍然推崇禮學,凌廷堪謂「聖人之道一禮而已」,〔註3〕一時「以禮代理」的經世思想披靡學界。〔註4〕以天朝自居的禮義之邦,禮教之牆在「五四」以後卻告傾頹,王權的崩潰使得傳統政治

〔註1〕梁治平認爲,中國政治自始便是家、國合一的型態,在這種組織結構下,家(族)是傳統社會中的重要一環,禮則是依據親屬差序連結彼此的紐帶,這種社會結構爲「禮」提供了不斷再生的豐沃土壤。參見梁治平,《尋求自然秩序中的和諧——中國傳統法律文化研究》,北京:中國政法大學出版社,2002.11,頁125。

〔註2〕孫奭疏,《孟子注疏》,卷五下〈滕文公〉,北京:北京中華書局,1980.9,頁2706。收於《十三經注疏附校勘記》。

〔註3〕凌廷堪,〈復禮〉上,收於《校禮堂文集》,卷四,上海:上海古籍出版社,2002,頁133。收於《續修四庫全書》,集部,別集類。

〔註4〕見張壽安,《以禮代理——凌廷堪與清中葉儒學思想之轉變》,台北:中央研究院近代史研究所,1994.5,頁75～80。

和文化秩序同時瓦解，激烈反對傳統的思潮幾乎擊潰這個禮教文明的信心。憂心中國自由主義前途的學者說：「反傳統知識份子無法分辨，他們所憎惡的傳統社會規範和政治運作與傳統文化符號和價值之間的差異。這種辨別能力的缺乏以及一元論（monistic）和整體觀（holistic）的趨向，主要是受中國傳統社會，長期地合文化中心與社會政治中心於一的傾向所致。」〔註5〕換言之，禮教傳統受到揚棄，源於知識份子們唾棄專制統治政權，但是由於傳統文化與政治結合太緊密，禮的價值、自覺的傲人文化，就與腐敗的專制政權一併被打倒了。

　　批評德治，或對禮教灰心轉而寄望法治圖強的想法，依然反映在近代鼓吹法治的學者身上，〔註6〕他們或是批評傳統德治思想，或想藉由西方自然法觀念重新肯定中國固有法系中的禮，〔註7〕不過這樣的作法並未能使傳統德禮觀念因此釐清，反讓禮、法界線越來越模糊。現代法學者將法律視為「最小限度的倫理規範」，其餘部分則為「倫理的奢侈」，故而訂入法律的倫理規範必須實踐，至於法以外的習俗道德，即使無法完成亦不加以任何壓力或制裁，若由這樣的立場回頭去看傳統之禮與刑，便會忽略「禮，履也」中強調的禮之實踐性，並將傳統屬於人文價值之禮限縮為禮經所載或是著於明法的內容，禮被納入「廣義的法」，最後便會得出「儒家所崇奉的禮，在漢時既被吸收於律，則儒家的德教所剩下來的，只是空洞的仁義而已。」〔註8〕這樣的結論來，但是從禮的起源來看，中國傳統思想中「禮」的意義卻並非僅是如此。

　　文字學上「禮」字源於原始宗教之義，《說文》：「禮，履也。所㠯事神致福也。从示从豊，豊亦聲。」〔註9〕甲骨文「豊」字為行禮之器，「象二玉在

〔註5〕　林毓生，〈五四時代的激烈反傳統思想與中國自由主義的前途〉，收於《思想與人物》，台北：聯經出版社，1964，頁150。
〔註6〕　「法治在我們中國所以至今還成為問題，沒有能真正實現，我們的傳統德治觀念，實是一塊絆腳石。」參見王伯琦，〈法治與德治〉，收於《王伯琦法學論著集》，台北：三民書局，1999.1，頁103。
〔註7〕　「依照自然法學派的理論，以觀察儒家所謂『禮』，那末禮實在就是法律。」參見梅仲協，〈孔孟荀的法律思想〉，《法學叢刊》，1956.1，創刊號。此外如陳顧遠亦言：「禮教都是宗承自然法而存在的。」參見陳顧遠，〈中國固有法系與中國文化〉，收於《陳顧遠法律文集》上，台北：聯經出版社，1982.9，頁362。
〔註8〕　林咏榮，《中國固有法與道德》，台北：大中國圖書公司，1975.6，頁26～27。
〔註9〕　許慎撰、段玉裁注、魯實先正補，《說文解字注》，卷一，第一篇上，台北：

器之形」、「盛玉以奉神人之器」，王國維推論「奉神人之事通謂之禮」，〔註10〕所指包含祭祀典禮的全部過程。不過，古代舉行祭典的目的通常是祈福免禍，祭祀意義不在禮之本身，《禮記‧表記》言：「殷人尊神，率民以事神，先鬼而後禮」，〔註11〕即謂殷代有禮之事實而無禮之觀念，殷禮之宗教性是更為強烈的。周人興起後，對天命的看法有了轉變，他們通過憂患意識的深刻省思，感受到意志主體的自覺與責任，也使原本只是被動祈求天命眷顧的宗教性禮儀，重新灌注了主體敬德、知命的人文精神，禮的儀式同時表達周人真摯誠敬的道德內涵，結合政治與宗教的人文之禮，也是周王傳承受命的神聖保證。〔註12〕《爾雅》：「履，禮也。」〔註13〕《釋名》：「禮，體也。得事體也。」〔註14〕均指個體在一定的情境場合中，依其身份而有適當的物質表徵與舉止表現，於是，禮兼有神聖宗教性與原始世俗性、抽象的精神性與具體的儀式性、宗法倫理性與氏族政治性，禮能經由琢磨學習臻至善境，其價值意義顯非更具體的「法」之概念所能涵括的。

　　周初封建之禮建立在血緣宗法的社會基礎上，禮與宗法結合，禮的象徵與精神亦通貫於宗法秩序中。

> 別子為祖，繼別為宗，繼禰者為小宗。有五世而遷之宗，其繼高祖者也。是故祖遷於上，宗易於下。尊祖故敬宗，敬宗所以尊祖禰也。庶子不祭祖者，明其宗也。〔註15〕

> 人道親親也。親親故尊祖，尊祖故敬宗，敬宗故收族，收族故宗廟嚴，宗廟嚴故重社稷，重社稷故愛百姓，愛百姓故刑罰中，刑罰中故庶民安，庶民安故財用足，財用足故百志成，百志成故禮俗刑，

　　　　黎明文化事業出版股份有限公司，1994.7 十一版，頁 2。
〔註10〕王國維，《觀堂集林》，卷六〈藝林六〉，〈釋禮〉，北京：北京中華書局，1959.6，頁 291。
〔註11〕朱彬校注，《禮記訓纂》下，卷三十二〈表記〉，第三十二，北京：北京中華書局，1996.9，頁 792。
〔註12〕「皇天上帝，改厥元子茲大國殷之命，惟王受命，無疆惟休，亦無疆惟恤。嗚呼！曷其奈何弗敬！」參見孔穎達疏，《尚書正義》，卷十五《周書‧召誥》，北京：北京中華書局，1980.9，頁 212。收於《十三經注疏附校勘記》。
〔註13〕邢昺疏，《爾雅注疏》，卷三〈釋言〉，第二，台北：台北中華書局，1977.12 三版，頁 4。
〔註14〕王先謙疏證，《釋名疏證補》，卷三〈釋姿容〉，第九，上海：上海古籍出版社，1984.3，頁 138。
〔註15〕《禮記訓纂》下，卷十五〈喪服小記〉，第十五，頁 497。

禮俗刑然後樂。〔註16〕

初時周天子授土授民、詔賜策命,「王命諸侯,名位不同,禮亦異數。」〔註17〕此後舉凡親族間的嫡庶繼承、昭穆之次、歸葬之儀,乃至封國君臣間的聘享盟赴、告納朝賜、救討勞贈等,都有搭配宗法制度的禮儀,「由宗法所封建的國家,與周王室的關係,一面是君臣,一面是兄弟伯叔甥舅。而在其基本意義上,伯叔兄弟甥舅的觀念,重於君臣的觀念。」〔註18〕亦即是說,長幼嫡庶的親疏關係雖決定政治地位的貴賤尊卑,人道親親仍是制度最基本的精神,禮之敬與禮之節既定尊卑次序亦通上下之情,階級對立的情況便可由此緩和。當政治、宗法與禮全面結合,「禮」便成為無所不包、無所不備的人文精神與價值。

但當周王不德,人民對於信仰天命的一端失落,禮的人文價值與精神意義有了進一步發展。《左傳》中狹義的禮,與刑居於同等地位,〔註19〕禮指祭祀、朝儀之類的典禮儀式、客觀合宜的日常規範、名實相符的行為,也有個人道德修養的含意;至於「禮」的廣義,可以是君子評斷歷史是非的標準,亦可論證國家霸業的興亡與因果,禮為國家治道根本,是「國之幹」、「政之興」、「王之大經」,「禮,上下之紀、天地之經緯也,民之所以生也,是以先王尚之。」「禮,經國家,定社稷,序民人,利後嗣者也。」「禮所以守其國,行其政令,無失其民者也。」〔註20〕春秋時代中的霸主,仍然由禮確立對小國的支配關係,亂世裡國與國間濟強扶弱之原則在禮,可見「禮」對時人的重要意義。

禮是道德依歸、言行準據,功效涵蓋了各種政治理想與可能,但在禮壞樂崩的時代中,如何詮解合於時代價值兼及周文精神的「禮」,已然有其必要

〔註16〕 《禮記訓纂》下,卷十六〈大傳〉,第十六,頁525。

〔註17〕 楊伯峻校注,《春秋左傳注》,莊公十八年,北京:北京中華書局,1995.5 二版,頁207。以清阮元刻本為底本,並據敦煌殘卷、北京圖書館照片及有正書局石印本、日本金澤文庫本校正修訂。

〔註18〕 徐復觀,〈西周政治社會的結構性格問題〉,收於《兩漢思想史》一,台北:學生書局,1993.2 七版,頁28。

〔註19〕 《左傳》有時並列禮、刑為立國或征戰要項,此時禮義較狹,不能涵蓋於刑。如「德立、刑行、政成、事時、典從、禮順,若之何敵之?」「德、刑、詳、義、禮、信,戰之器也。」參見《春秋左傳注》,宣公十二年,頁725;成公十六年,頁880。

〔註20〕 以上三段分見《春秋左傳注》,昭公二十五年,頁1459;隱公十一年,頁76;昭公五年,頁1266。

性：昭公五年「公如晉，自郊勞至于贈賄，無失禮。」女叔齊曰：「是儀也，不可謂禮。」政治局勢改變，魯國政令在家，古禮所宜的時代消逝，合儀之舉不能作爲評斷合禮與否的唯一標準，當魯君「莫思在公，不圖其終。爲國君，難將及身，不恤其所。」魯君失政，已連禮的基本精神都顧不上，更遑論是「善於禮」。封建制度毀壞，反而促使有識者對「禮」義重新思考，「禮，所以守其國，行其政令，無失其民者也。」「禮之可以爲國也久矣，與天地並。君令、臣共，父慈、子孝，兄愛、弟敬，夫和、妻柔，姑慈、婦聽。禮也。君令而不違，臣共而不貳；父慈而教，子孝而箴；兄愛而友，弟敬而順；夫和而義，妻柔而正；姑慈而從，婦聽而婉：禮之善物也。」〔註21〕所有具體道德的內容，幾乎皆能由「禮」統攝，徐復觀說「春秋時代是以禮爲中心的人文世紀」，〔註22〕相較周禮而言，自宗教神秘氣氛與封建階級制度脫胎出來的人文之禮，刻意消減形式儀節的重要性，轉而強調行禮個體主動實踐的意志，並由保全大我的基礎上，進一步講求人際的和諧對應關係，這樣的禮不再僵化失能，反而顯出它的活潑彈性了。

　　孔門師生是最讚揚周禮豐富的一群人，他們不僅追溯周禮在三代的傳承，更有志發揚禮治於東周。當禮失其意，禮而不禮，社會上違禮、失禮之事不斷發生，孔子由「仁」賦予禮新的精神內涵，並親身執禮，冀由禮文當中追溯、體現禮的價值與意義。孔子認爲形式禮文可以損益，唯恭敬之心只能有增無減，故「麻冕，禮也；今也純儉，吾從眾。拜下，禮也；今拜乎上，泰也。雖違眾，吾從下。」再者，修禮足以成德，君子小人之分不在身份而在道德，可見禮有獨立價值，無須依附身份階級或是物質利益。「上好禮，則民莫敢不敬。」「上好禮，則民易使也。」〔註23〕孔子相信統治者如能以禮自持，天下便能回復禮樂盛世。孟子繼承孔學之說並又加以發揚，他以仁義禮智根於心，強調人心有能力爲道德價值之判斷，人有內在的道德理性，故能「動作周旋中禮者，盛德之至也。」〔註24〕在孔孟之學中，禮與道德、治世是分不開的。

〔註21〕以上五段見《春秋左傳注》，昭公五年，頁 1266；昭公十六年，頁 1480。

〔註22〕徐復觀，〈以禮爲中心的人文世紀之出現，及宗教之人文化〉，收於《中國人性論史》，台北：商務印書館，1969.1，頁 36～62。

〔註23〕以上引文見何晏集解、邢昺疏，《論語注疏》，〈子罕〉，第九，北京：北京中華書局，1980.9，頁 2489；〈子路〉，第十三，頁 2506；〈憲問〉，第十四，頁 2513。收於《十三經注疏附校勘記》。

〔註24〕《孟子注疏》，卷十四下〈盡心〉，頁 2779。

　　從性惡觀點來看，禮可以防治人欲帶來的混亂與爭奪，聖人「制禮義而分之」以「養人之欲，給人之求，使欲必不窮於物，物必不屈於欲，兩者相持而長」。荀子相當重視以禮建構政治社會秩序的一面，認為以禮適當節制個人情欲，可以促成群體更大的利益，故「凡用血氣、志意、智慮，由禮則治通，不由禮則勃亂提優。食飲、衣服、居處、動靜，由禮則和節，不由禮則觸陷生疾；容貌、態度、進退、趨行，由禮則雅，不由禮則夷固僻違，庸眾而野。」再者，禮能確立人與人間的身份關係，使「貴賤之等，長幼之差，知愚、能不能之分，皆使人載其事而各得其宜，然後使愨祿多少厚薄之稱。」荀子特別強調以禮「尊尊」的一面，認為統治者透過禮的規範，「隆禮貴義者其國治，簡禮殘義者其國亂。」他更擴大禮的內涵與價值，將禮視為可以涵蓋自然運行的規則，使「天地以合，日月以明，四時以序，星辰以行，江河以流，萬物以昌。」〔註 25〕但是荀子既然視「禮」為人間事物的權威，其禮與法亦往往連言，而成為帶有強制性的禮法了。

　　儒者以外，法家韓非等人對於當時漫天徹地卻又虛華無實的禮表示反感：「禮繁者實心衰」、「禮之所在，利必加焉」、「眾人之為禮也，人應則輕歡，不應則責怨。」〔註 26〕值得注意的是，雖然法家認為禮節只是無用具文，但是並沒有從根本上否定禮的道德價值與社會意義，因此即使是深受法家思想影響、強調用法以治的秦朝，仍然要求官員應有品德修養，意圖建立良好社會風俗，秦代刻石碑文中，至今可見男女禮順、端直敦忠、聖智仁義、體道行德等道德觀念，〔註 27〕〈為吏之道〉中對官員也有高標準的道德要求，〔註 28〕秦律更對不孝者治罪。〔註 29〕由此可見，那些後來被認為專屬儒家主張的禮、義、忠、

〔註 25〕以上五段見荀況撰、王先謙校注，《荀子集解》，卷十三〈禮論篇〉，第十九，北京：北京中華書局，1988.9，頁 346、355；卷一〈修身篇〉，第二，頁 23；卷二〈榮辱篇〉，第四，頁 70；卷十〈議兵篇〉，第十五，頁 270。

〔註 26〕以上二段見韓非撰、陳奇猷校釋，《韓非子集釋》，卷十八〈六反〉，第四十六；卷六〈解老〉，第二十，高雄：復文圖書出版社，1991.7，頁 949、335。

〔註 27〕司馬遷撰，《史記》，卷六〈秦始皇本紀〉，第六，北京：北京中華書局，1997.9，頁 243～247。

〔註 28〕「寬俗（容）忠信，和平毋怨，悔過勿重。茲（慈）下勿陵，敬上勿犯，聽間（諫）勿塞。……吏有五善：一曰中（忠）信敬上，二曰精（清）廉毋謗，三曰舉事審當，四曰喜為善行，五曰龔（恭）敬多讓。」參見睡虎地秦墓竹簡整理小組，《睡虎地秦墓竹簡》，〈為吏之道〉，北京：文物出版社，1990.9，頁 167～168。

〔註 29〕見〈封診式〉：「免老告人以不孝，謁殺。」條及〈法律答問〉：「告子」條。

敬、仁、愛、孝、慈等德目，其實早已是中國傳統社會中合於人性的當然價值，法家雖然不談禮的精神，禮的傳統仍然滲入秦代政治、文化思想中，甚至部分地化為政令或法律了。

　　起源於宗教儀式的禮，內容隨時代環境變遷而更加複雜，戰國秦漢之際，各方面革舊鼎新變化一日千里，知識份子不斷深化地詮釋禮意並且迭有新意，但是當法的概念逐漸流行，部分思想家排斥傳統禮治，君主倚重法刑治國，結合封建宗法的古禮影響力開始消退，忠孝觀念與家族本位的倫理傳統卻同霸國形成而興盛起來。禮的語言符號被賦予新內涵與新論述，禮的思考也由神權宗廟所需，轉向維護君主統治權力與社會和諧秩序。司馬遷觀察六國至秦時的禮制變化，便道秦禮與先秦已經不同：「至秦有天下，悉內六國禮儀，采擇其善，雖不合聖制，其尊君抑臣，朝廷濟濟，依古以來。」〔註30〕但秦禮仍為漢人所接受，可見時移勢異之下，漢人的禮學思想實亦與古不同。漢朝繼承秦代帝國體制，為了避免重蹈亡秦覆轍、存續帝國政權，漢人必需突破秦政權的想法，提出延續統治、強固王權的具體辦法，從漢初幾位知識份子一致強調釋禮與制禮的必要性來看，他們顯然都肯定禮的價值，認定統治可以由禮獲得長久的存續，相較於「專任刑罰」的秦政權，漢人重提「禮」實有特殊的意義與重要性。

　　「法」在中國歷史上出現的時間也很早，「灋，刑也。平之如水，從水。廌所以觸不直者去之，從廌去。」〔註31〕傳說遠古時曾有一段由廌獸進行審判的神判法時代，虞舜象以典刑，夏作禹刑，商有湯刑，周有九刑，〔註32〕基本的法律原則在周朝時便已發展。〔註33〕春秋以前，法與刑、律基本上可以互訓，「柯、憲、刑、範、辟、律、矩、則，法也。」〔註34〕「刑」的用法

　　　　參見《睡虎地秦墓竹簡》，頁117、156。

〔註30〕《史記》，卷二十三〈禮書〉，第一，頁1159。

〔註31〕《說文解字注》，卷十，第十篇注上，頁470。

〔註32〕《春秋左傳注》，昭公六年，頁1275。

〔註33〕「人有小罪，非眚。乃惟終，自作不典，式爾，有厥罪小，乃不可不殺。乃有大罪，非終。乃惟眚災適爾。既道極厥辜，時乃不可殺。」參見孔穎達疏，《尚書正義》，卷十四《周書·康誥》，頁203。其他詳細討論，可參楊鶴皋主編，《中國法律思想史》，台北：漢興出版社，1993.10，頁18～19，及楊鴻烈，《中國法律思想史》上，北京：北京商務印書館，1998，頁32。

〔註34〕《爾雅注疏》，卷一〈釋詁〉上，頁7。

甚至比「法」更普及，﹝註35﹞封建制度下的「法」可能不成文，與兵、刑、宗法禮制等且難以區分，可以說周禮之外實無另外獨立的法律體系。封建解體後，以周天子為首討伐無禮封國的時代消逝，大夫擅國政，國與國間出於私利相臨以兵，兵、刑、禮宣告分途。賈誼說：「禮者禁於將然之前，而法者禁於已然之後」，﹝註36﹞禮、法相輔為用的思考，已是漢人鑑於秦朝任法之失，意圖建立新時代禮、法結合的體制觀點，與周禮的情況並不相同。

春秋戰國以後統治者開始留意法令治國之效，知識份子對此看法卻很紛歧：叔向和孔子都反對公布法律，﹝註37﹞孔子認為法的要求不能超越親親之倫，公正必須體現於人情當中，故「父為子隱，子為父隱，直在其中矣。」法律本身缺乏彈性，當然不能做為個人立身的標準，再者，法非治道根本，「道之以政，齊之以刑，民免而無恥。道之以德，齊之以禮，有恥且格。」禮樂教化的優先性應該置於刑罰威嚇之上，「禮樂不興，則刑罰不中，刑罰不中，則民無所措其手足。」﹝註38﹞理想社會還是應以「無訟」為目標。孟子意見與孔子類似，他認為建立社會秩序應當由個人道德出發，「徒法不足以自行」，﹝註39﹞還是要回歸道德、回歸周禮，統治不能太依賴法治。不過，孔孟反對明法的意見終究難以抵擋時勢所趨，子產鑄刑書後法律成文公布，知識份子對法的討論也更加興盛。

先秦儒家中荀子最重視社會制度的功能，他從群體、王霸等角度談法，認同法有禁制社會之惡的特性，不過相較於法家偏重採用刑罰阻卻犯罪的想法，荀子更強調合理的法與其道德作用。從發生來看，「聖人化性起偽，偽起而生禮義，禮義生而制法度。」禮義先而後制法度，「禮者，法之大分，類之綱紀也。」制法仍須符合禮的原理。荀子洞察到禮與法間有不可解除的聯繫，

﹝註35﹞ 依照程天權的統計，《左傳》中刑字出現次數遠比法字多很多，並且多數可作法之統稱；再者《周禮・司刑》、〈呂刑〉都是以刑統罪，直到《法經》才是以犯罪之類統帥刑名。參見程天權，〈論商鞅改法為律〉，《復旦學報》社會科學版，1983，第一期。

﹝註36﹞ 〈治安策〉。參見班固撰，《漢書》，卷四十八〈賈誼傳〉，第十八，北京：北京中華書局，1997.9，頁2252。

﹝註37﹞ 「晉其亡乎！失其度矣。……今棄是度也，而為刑鼎，民在鼎矣，何以尊貴？」參見《春秋左傳注》，昭公二十九年，頁1504。

﹝註38﹞ 以上三段見《論語注疏》，〈為政〉，第二，頁2461；〈子路〉，第十三，頁2506～2507。

﹝註39﹞ 《孟子注疏》，卷七上〈離婁〉，頁2717。

他用涵攝更廣的禮來作為法的指引，〈議兵〉說：「禮者，治辯之極也，強國之本也，威行之道也，功名之總也。」法為強國威行之道，但仍然是隸屬於禮之下的層級，「之所以為布陳於國家刑法者。則舉義法也。」「加義乎法則度量，著之以政事。」法以義為本質，以禮為綱紀，受到禮的規範，法便不會無所節制或是流於殘暴了。上述儒者皆未否定法的作用，但是還是認為以人為主的德治、禮教方為治國根本，孔孟都認同「為政在人」，法令不能代表絕對的合理公正，荀子亦謂「法不能獨立」需待君子來施行，故「君子者，法之原也」，「得其人則存，失其人則亡。」〔註40〕君子加上法，才能化解法條僵化不足應變現實的侷限。

　　實務上具有原則常範之義的「法」，是由法家人物改革行動中發展出來的。商鞅改法為律後，使刑隨罪，「律以正罪名」，法不再只是刑或律，「法，常也。」〔註41〕其內涵便比起刑、律等字深廣，法家亦由「法」之建構而推衍其政治理論。「法者，編著之圖籍，設之於官府，而布之於百姓者也。」「憲令著於官府，賞罰必於民心，賞存乎慎法，而罰加乎姦令者也。」完善的立法能使統治者據以治國，藉由公開、固定、明確而絕對的法律，能將社會奸惡除惡務盡，「一民於軌莫如法」，社會共識亦由法而凝聚。「上古競於道德，中世逐於智謀，當今爭於氣力。」在走向集權的政治形勢中，韓非認為以法為治才是當前統治者所需，明主應要以法治國，不該再依賴消失中的宗法之禮，「治強生於法，亂弱生於阿，君明於此，則正賞罰而非仁下也。」他將奉法之治與霸王之業連言，「奉法者強則國強，奉法者弱則國弱。」〔註42〕這樣的法對於統治者就更有吸引力。

　　法由君主所獨操，〔註43〕將難以避免成為統治者工具，〔註44〕唯理想上，

〔註40〕以上七段見《荀子集解》，卷十七〈性惡篇〉，第二十三，頁438；卷一〈勸學篇〉，第一，頁12；卷十〈議兵篇〉，第十五，頁281；卷七〈王霸篇〉，第十一，頁203～204；卷八〈君道篇〉，第十二，頁230。

〔註41〕《爾雅注疏》，卷一〈釋詁〉上，頁7。

〔註42〕以上五段見《韓非子集釋》，卷十六〈難三〉，第三十八，頁868；卷十七〈定法〉，第四十三，頁906；卷十九〈五蠹〉，第四十九，頁1042；卷十四〈難一〉，第三十六，頁807～809；卷二〈有度〉，第二，頁85。

〔註43〕「臣閉其主則主失位，臣制財利則主失德，臣擅行令則主失制，臣得行義則主失明，臣得樹人則主失黨。此人主之所以獨擅也，非人臣之所以得操也。」參見《韓非子集釋》，卷一〈主道〉，第五，頁68。

〔註44〕「它們與現代憲政主義（Constitutionalism）的法律體系所要求的平等性和固定性在意義上極為不同。綜而言之，對韓非而言，法律基本上是統治者意志

「國事務先而一民心，專舉公而私不從，賞告而姦不生，明法而治不煩。」〔註45〕符合民心的國家常法一經頒訂後，個人的巧智、私心都要摒棄，「夫釋權衡而斷輕重，廢尺寸而意長短，雖察，商賈不用，為其不必也。」〔註46〕為了確保政治活動的效率，法家竭力排斥政治活動中的不確定價值，追求形式上的合理性。當全體君民趨向國家公利，則眾私得統民心可一，統治者亦需本於公平公正的態度、出於賞善罰惡的目的而立法，才能夠使法有公信，故「明主之國，令者，言最貴者也；法者，事最適者也。言無二貴，法不兩適，故言行而不軌於法令者必禁。」法是民眾舉動依循的準則，國法之外沒有其他權威干涉，也無另一套評價的標準，君主以法擇人，不以私意愛惡任意評斷，故「有道之主，遠仁義，去智能，服之以法。」〔註47〕這樣的法既可以是國君統治的手段，也可以作為統治目的。法律作為國家治道，必須具有獨立客觀的精神，「韓非與法家在思想的層面上，試圖去尋求客觀性之政治治理的技藝，也正是反映出整個民族從春秋中期到戰國的歷史發展過程中逐漸擺脫以血緣情感為支配原則的封建城邦制，而走向客觀之以官僚體制為中心的國家政制的時代精神。」〔註48〕法的概念經過長時間發展以後，其客觀、恆常的特點已經成為一般共識，可惜的是，秦漢帝國成立後，君主權威不斷強化，法家談法時所要求的美善精神，在專制政體中反而逐漸湮滅不見了。

傳統中國社會的基本單位是家，〔註49〕從親親到尊尊的封建結構以天

的表現，也就是說，法律只是一種政治上的操作（manipulation）。」參見陳弱水，〈立法之道——荀、墨、韓三家法律思想要論〉，收於《天道與人道》，頁98。

〔註45〕《韓非子集釋》，卷二十〈心度〉，第五十四，頁1134。

〔註46〕蔣禮鴻解詁，《商君書解詁定本》，卷三〈修權〉，第十四，北京：北京中華書局，1986.4，頁82。

〔註47〕以上二段見《韓非子集釋》，卷十七〈問辯〉，第四十一，頁898；卷十七〈說疑〉，第四十四，頁914。

〔註48〕蔡英文，《韓非的法治思想及其歷史意義》，台北：文史哲出版社，1986.2，頁208。

〔註49〕傳統中國社會的單位是家，中國思想非否定個人而是缺乏西方獨立的個體觀念，也沒有權利與自由的理解。參見馬漢寶，〈法律、道德與中國社會變遷〉，收於《法律與中國社會之變遷——中國傳統法律文化研究》，台北：翰蘆出版社，1999.10，頁14～15。梁治平從文明形成的歷史條件觀察，指出中國古代

下一家爲理想，從家庭推展出去的人際交流有幾種：「父子有親，君臣有義，夫婦有別，長幼有序，朋友有信。」〔註50〕這是社會基本的五倫，而禮，深入政治組織、宗法制度與社會生活各層面，封建宗法人倫有常，社會亦井然有序。周禮中包含刑與兵，理論上作爲討罪之具的兵、刑仍由失禮所致，禮外別無法的系統，「先王議事以制」，處罰內容也非固定。封建崩解後，政治社會、生產條件巨變，古禮所宜的時代消逝，僭越、棄禮、各自制斷情況越形頻繁，如何回應失範亂象、詮解合於時代價值兼及周文精神的禮已有必要性。相較封建周禮而言，自宗教神秘氣氛與封建階級制度脫胎出來的儒家人文之禮，刻意消減形式儀節的重要，轉而強調行禮個體主動實踐的意志，並由大我基礎上進一步講求人際和諧與對應關係。

中國的禮、法思想與政治體制結合得很早，它們在先秦時便興盛發展又各有隆替，後人評論周末歷史時曾言：「春秋之後，眾賢輔國者既沒，而禮義衰矣。……至秦孝公，捐禮讓而貴戰爭，棄仁義而用詐譎，苟以取強而已矣。」〔註51〕或道：「春秋時猶尊禮重信，而七國則絕不言禮與信矣。」〔註52〕禮信式微的文化現象，被當成分別春秋、戰國兩時代的一大表徵，可見封建下富有傳承意義的禮，在講求變法的時代裡確實曾受嚴重質疑。不過，各國變法圖強後，還是面臨攻守勢異的問題，編戶齊民時代來臨，士人對於禮、法的討論更加熱烈，法學興盛，禮之傳統亦不絕如縷。而所有的思想不會無緣無故地憑空生出，它必須有個存在基礎，尤其整個時代思考的問題、社會共同的心智活動，總是緊扣著當時現實的狀況，這便說明了遠古時期簡單的禮、法概念，終究會隨時代變化逐漸擴充其義，當禮失其意、法不符情，知識份子對傳統價值有所非議，禮、法內涵的重新定義也屬必然。

值得注意的是，春秋戰國時的中國社會，歷經生產條件變異、社會結構改變、政治體制亦醞釀轉型，在失序與混亂的時代中，知識份子沒有放棄傳統思想中的禮，即使是在法家興起後，秦法最盛時，統治者一樣不能抹滅禮的理想

特殊的家、國合一政治型態，使家的地位突出，家族中的個人缺乏獨立財產權與自由意志，甚至不能身體自主。參見梁治平，《尋求自然秩序中的和諧——中國傳統法律文化研究》，頁 7～34。

〔註50〕孫奭疏，《孟子注疏》，卷五下〈滕文公〉，北京：北京中華書局，1980.9，頁 2705～2706。收於《十三經注疏附校勘記》。

〔註51〕何建章校釋，《戰國策校釋》，附錄，〈劉向戰國策序〉，北京：北京中華書局，1990.2，頁 1355～1356。

〔註52〕顧炎武，《日知錄》，〈周末風俗〉，台北：商務印書館，1978。

性，甚至在秦滅漢興之初，像叔孫通這樣一位希世度務、懂得進退變化的讀書人，對著極度鄙儒的劉邦談論守成治道時，還是要搬出儒家禮學來言說，可見禮思想經過轉型時代淬鍊後反而更受肯定，漢人認為禮、法之間不當是你死我活的絕對競爭關係，二者應是可以攜手並進同時為統治政權而服務的。

　　從著作與史料來看，都可發現漢初學者持續關注禮、法與統治的政權關係，像是叔孫通、陸賈、賈誼、董仲舒等儒，無不思考由禮、法的政治運用推動建立漢帝國統治秩序，他們或由制禮活動將儒家思想帶入漢朝體制中，或是透過上書論著闡述禮的內涵、定位禮法關係，將禮、法融入統治思想並且予以適當操作，幾乎已是漢代知識份子的共識，〔註53〕瞿同祖說：「漢以後已無法家，亦無真正儒家，……儒法兩家思想上絕對的衝突已漸消滅，在禮治德治為主法治為輔的原則下，禮治德治與法治的思想且趨於折衷調和。」〔註54〕先秦以來的禮、法思想在漢時有了另番轉變，儒法之爭在無形中消滅，禮、法思想更在漢代以後逐漸定型。儘管漢代思想中漸趨工具意義的法或是帶有與現實妥協意味的禮，與周文之禮、法家之法都不相同，但禮、法重要性已不容置疑，不論是現實上或理論上，禮、法關係的大原則已然確立，這是漢初知識份子努力的成果。

　　如前所述，「禮」的意涵非常廣博，它既可以是統治者治國綱領，也可以作為天命信仰或個人遵循的道德原則，制禮其中一個目的是將禮文、禮意具體結合於儀文，個體藉由踐禮行動來實踐道德，也由外在禮節表現培養禮的意識與習慣，推己至群最後達成儒家價值的理想狀態。由此可知，「禮」不僅是一種表面的形式，也非僅是空泛的倫理與道德，它既能支配個體的行動，也能影響群體生活的狀態，其義遠非廣義的法所能取代。傳統文獻中「法」的意義比較確定，或指刑，或指律，或指相沿成習的制度或傳統，指向刑、律之法，執行時有固定標準，能禁止違法或是強人遵行；指向制度或傳統的法，常是慣性很強的概念或約定，不一定具有強制力，禮、法在此便有會通的模糊空間。周制中的禮刑結合緊密，但是法思想的發展卻仍不夠成熟，禮與兵、刑、罰之間界線模糊；周末以後，儒家法家就其重點各自推衍發展禮、

〔註53〕梁治平指出：「中國古代法發展至漢代，一個最值得注意的現象便是出現了"法律的自覺"。」更精確地說，應是漢儒已然意識到法的重要性，這與先秦儒者便有很大的不同。參見梁治平，《尋求自然秩序中的和諧──中國傳統法律文化研究》，頁274。

〔註54〕瞿同祖，《中國法律與中國社會》，台北：里仁書局，1984.9，頁411。

法思想，儒、法之爭隱然成形。今人所見富有中國傳統特色的禮、法觀點，實是戰國諸子爭鳴、交流會通後的成果，漢代以後逐漸成熟定型的禮、法觀，更是經過漢初知識份子一番重新詮解定義的功夫，東漢時人所言法制史上「出禮入刑」的情況，應是漢初重新將分殊之禮、法有系統地整合的成果。

　　漢人的禮、法思想不但在內容上承繼前人理論，他們更由新時代中帝國體制的統治意識思考，企圖重新定位新秩序中禮法的意義與價值，這段時期有關的禮、法論述影響後世深遠，這也是本文認為漢初禮法思想值得探究的原因。西漢前期幾位頭角崢嶸的知識份子中，不論是早期的叔孫通、陸賈，後來的賈誼、劉安、董仲舒等人對於禮、法問題都表達了很多的意見與關心，可見這是漢帝國在成立之初就必須面對的重要問題。這個議題與漢朝國家存續、帝王功業、儒家政治理想交織在一起，啟動了西漢儒禮法制化以及法律道德化的歷程，漢朝「霸王道雜之」的統治方向也逐漸確立。

二、問題提出

　　當中國歷史由侯國紛立的戰國時代轉至秦漢大一統，社會政治變化劇烈，古今禮制也開始了陵替的過程，「禮崩樂壞」的說法描繪了當時「禮」僭越、混亂、各自表述的情況，亦傳達出那些形式或教條化的禮，不再能夠擔負社會政治所需的訊息。禮壞的時代，法、刑適時地發揮了它們的功效，法家思想有助成專制政體之功，但是法與帝制結合太過卻使君主專制而獨斷，漢人回顧前朝歷史，得出暴君酷法的統治方式導致秦朝滅亡，因此，當漢代建立新政權，禮、法定位必需重新檢討。何謂「禮」？完滿的狀態必須形式與內容兼具，既表達了真實禮意且又合乎禮所要求的儀文，但是冠婚喪祭中，禮儀、禮器、禮數等項齊備容易，禮意之真切與否卻是難以跡尋，這是「循儀文器數，以明禮意」的困難所在。當禮的概念與政治結合，統治需求不但可能影響禮器、禮文繁簡，更可能使禮意詮釋負載若干政治之意涵，

　　由是以觀，漢人談禮必然有其不同於先秦禮學的地方。今觀《史》、《漢》所載可知漢帝國建立之初，統治者最關心的便是建立皇權統治與長治久安等問題，秦帝國的敗亡說明法家之政並非治世正途，漢朝懲秦之失必須重新推動建立新秩序的政治文化運動，而禮、法思想幾乎便是其中最重要的內容。當漢主將建構帝國統治秩序的重責大任託付儒者後，制禮權力幾乎全由儒者掌控，傳統儒家制禮的理念：「緣情制禮」、「禮以義起」、「禮，時為大」等便

成爲歷代官方禮教的基本內涵，〔註 55〕此後即使歷代禮制頗有興迭，但不論是在尊尊與親親的矛盾關係中，或在份位與行事原則的衝突下，歷代儒者都在尋找一個平衡點，這就是後來傳統中國人認爲可以放諸四海之「禮」的觀念。漢初所改造發揚的儒者禮論，不但奠定了漢中期以後官方禮學的基礎，由秦墟中所昇起的新時代禮法觀，更凝聚爲支撐帝國政權意識型態的一股重要力量，歷經中國千年來專制政體始終奪目輝煌。

東周以來天下騷動，暴秦之末民心浮動，人不自安，至西漢初年社會已是一片殘破，生民困頓，疲弊已極，如何從艱困局面中營造漢家永續的統治格局，是統治者首需面對的頭疼問題，這便是漢初以無爲思想主導國家政策的重要原因。再者，號稱揭竿起義的漢朝君臣不可能完全割裂與秦的關係，大亂之後，人民需要休養生息並且適應新成立的政權，漢主乍有天下卻貿然改革反易造成擾民，故「漢承秦制」才是西漢初年當時眞實的情況。依據史、漢所錄，「漢承秦制」的範圍廣泛，除了政治上續行秦朝皇帝制度、專制政體與官僚體制，其他尚有稱號、朝儀、曆書、法令、輿服、兵制等，乃至土地、徭役、租稅等各項經濟制度都是襲秦舊度。不過，漢初沿用秦制並非悉出摹仿而已，背後還有極複雜的政治原因，〔註 56〕當革命的時代過去，新朝續行舊制除了方便統治也有安定人心的效果，民心穩定統治才能有效進行，漢初統治者對於帝國存續問題確實頗爲用心。

漢初的朝廷儀節、宗廟祝祭之禮或是各式法令都與秦制類似，加上無爲思想推波助瀾，統治者更是吝於進行制度改革，後來雖有儒者疾呼「更化」，但秦制還是繼續沿用了一段時間，可見國家所行之禮、所施之法與儒者理想的落差。西漢初年，像陸賈這種保持儒家傳統的儒者，其禮、法概念與實務差距最遠，堅持傳統的儒生不僅要求遵守先秦儒家禮治政治的理想，他們對於秦朝以法爲治的作法亦有所質疑，故當叔孫通改造古禮爲漢制儀，新制漢禮迎合了君主所好，但「不合古」的作法卻引來批評，可以想見漢初儒者對於「禮」看法仍然分歧。漢儒有關禮法觀點的共識是後來逐漸形成的，當儒學終於成爲國家學術

〔註 55〕 張壽安，《禮學考證的思想活力——禮教論爭與禮秩重省》，台北：中央研究院近代史研究所，2001，頁 12。

〔註 56〕 前人對漢初沿用秦制原因的探討很多，如庶事草創，未遑更定說、無爲政策說、缺乏改定制度的人才說、蕭何影響說等，李偉泰則認爲這是漢初「秦本位政策」的一環。詳參李偉泰，〈漢初沿用秦制原因舊說辨正〉，收於《漢初學術及王充論衡論述稿》，台北：長安出版社，1985.5，頁 23～39。

的正統，漢儒的禮法觀在司法實務上也有進一步的呼應與結合。

　　起源於戰國時的黃老思想，由天道陰陽觀念推展人君治國之術，因循重法的無爲思考正好符合漢初休養生息的社會環境，一時之間黃老之書在漢廷、王國間廣爲流行。黃老思想重視道法遠勝於禮節，〔註57〕「道生法」，法天地之道以施治，有常、有信、有度的道法便成爲指導各種人事之理的準則。黃老將法的哲學地位抬得很高，統治者執法治國便可虛靜正治、南面而王，其重要性不言可喻；而禮樂之事本來也非武力取天下的軍功集團所關心，漢軍入關時，除蕭何入丞相府收集律令圖書外，「諸將皆爭走金帛財物之府分之」。用魯儒生的說法：「禮樂所由起，積德百年而後可興也。」〔註58〕在戰亂未平的西漢初年，冀望統治者重視儒家之禮確實也不容易。今日所見的漢初司法案例中，審判所據律法內容多與秦律相仿，推論秦法在漢初適用甚廣，漢初政權以法爲治的觀點恐亦承秦餘烈，黃老重「法」的思想與統治階級需求恰巧吻合。再者，漢初中央與地方間的緊張關係已是冰凍三尺，朝廷必須由法令、約誓中三令五申表達最高政治權力的立場，而黃老中的陰陽大義，不但強化天子、王國間的尊卑區隔，透過時人認同的天道思想所闡釋的道法，也使天子約束諸侯之法有了天道爲基礎的正當性；由諸侯國言，黃老清靜的作法不僅有益於治，無爲守柔的政治態度也緩和了中央與地方對抗的態勢，這對處於政治劣勢的地方諸侯來說，黃老思想也提供他們多一層的保護。在漢儒更完備的禮法觀念形成前，黃老思想與漢承秦制的政治需求是分不開的。

　　漢初國內諸王並立，多元結構使得國內政治情況複雜，漢天子想要站穩腳跟必須仰賴優勢的武力，並有適當的統治方式來維持民生富足與安定，此外國家還需要有一套支持帝制、穩定社會的意識形態或學術思想，否則政治秩序難以建立，政權的正當性仍然容易陷入危機。穩定政權的工作千頭萬緒，如何詮釋符合時需的禮、法，便是知識份子們密切關心的課題，漢初學術家派競爭激烈，但先秦時的家派門戶之見顯然都已不符現實政治所需，漢人關心的課題非只在於禮、法本身，他們也致力使學術理論能在政治現實中落實，唯有將時代變化、政治氛圍與政權需求等都納入禮、法內容一併考量，才能使政權發揮高度統治的力量，有效的統治便能使學術理想的推廣無遠弗屆。

〔註57〕黃老帛書《經法》首卷第一篇以〈道法〉爲名，以「道生法」開篇說明法的特性，是故本文以「道法」簡稱黃老帛書所言之法。

〔註58〕《史記》，卷一百九十九〈劉敬叔孫通列傳〉，第三十九，頁2722。

這也是從叔孫通以降，儒者們所不斷思索的問題，這樣的意圖便使漢儒所談禮、法超越了「儒法鬥爭」格局而形成漢代思想的特點，這也是漢代儒術能夠吸引帝國統治者的地方。

西漢是中國專制體制確立的朝代，禮為核心的治道觀念也重回政治舞台，當黃老流行時，道法的哲學地位有了另一波高峰，不過也由於對黃老思想的反動，學者開始倡議另種可取代黃老，又能補救時弊的儒家禮法思想，漢人建構禮、法觀點的思考，現實性與時代性是非常很強烈的。漢初統治規模與秦朝相去不遠，禮、法改革的要求蓄勢待發，不論是賈誼、劉安、董仲舒等人，都努力建置一個他們認為當時最妥善的禮、法觀，而在禮、法思想消長變化間，反應了學術與政治之間的相互影響，由「反法」乃至於「禮法合流」，由行法卻致「法律儒家化」，儒者改革政治的理想、對政權的妥協都在禮、法思想的討論中一一呈現了。

回到早期談禮觀點，周禮親親，本以仁愛精神為其質，結合宗法精神的周禮，對內既可治理血緣團體，向外擴大則成為國家體制中的制度。原則上周文之法在禮中，「有常不赦」，前已言之，唯名位不同禮各異數，既是「議事以制，不為刑辟」，出禮便不一定入刑；實質上周天子對失禮之國可能甲兵討之、絀爵以罰，〔註59〕西周後期更多的時候是周天子無所作為或只任由輿論非議，此時禮刑互為表裡的說法便不能成立。當禮刑連結關係越難確定，禮制的拘束力越小，周王地位也更飄搖欲墜。東周以後封建崩解，禮、刑亦告分途，儒者由道德層次重新詮釋禮的認知，所談儒禮與周禮已然有所不同，此外「春秋之時各國多自為法，如晉之被廬、刑鼎，鄭之刑書、竹刑，楚之僕區，皆非周法。」〔註60〕儒法之家所陳禮、法思想，已經注入更多新內容。

值得注意的是，儒家認為法須藉由禮制、治人、德化才能體現其價值，不願過度鼓吹法的重要性；法家則以禮意難明、標準不一，刻意排斥道德之禮而標舉法的公正與齊一，但是前者並未絕對排斥法律刑罰，所以像韓非這樣的法家也能同意禮者有其理想價值，〔註61〕這便說明儒法兩家爭辯禮、法，

〔註59〕「大刑用甲兵，其次用斧鉞；中刑用刀鋸，其次用鑽鑿；薄刑用鞭扑。」參見《漢書》，卷二十三〈刑法志〉，第三，北京：北京中華書局，1997.9，頁1079。

〔註60〕沈家本，《律令》，卷一，「晉之被廬之法刑鼎」條，北京：北京中華書局，1985.12，頁835。收於《歷代刑法考》二。

〔註61〕「禮者，所以貌情也，群義之文章也，君臣父子之交也，貴賤賢不肖之所以

主要是對工具理性的看法不同，在價值理性的部分反而差異不大。再者，當禮由屬人之道德擴展至社會政治有關的典章制度，違背祖宗傳統習慣或破壞制度的行為也會受處罰，此時犯者究屬違禮或是犯法還是難以斷定，也就是說，即使禮、法發展已隨時代變化而分立，二者關係仍不離不棄，這都成為後來儒法能夠合流的原因。於是，漢代儒者不再避諱言法，也不否認法的功能，甚至賈誼、董仲舒等人談禮都包含了很多法家的概念，不過，治道以禮為先，「德主刑輔」，卻在他們詮解禮、法的過程中得以重新確立起來，禮的思考被用以解釋司法案件，探求法律真義只需求諸經典，則禮、法不僅在思想理論上結合，在司法實務上也能水乳交融了。

　　法制史學者陳顧遠曾由儒家立場將禮、法關係分為三期，謂為「禮刑合一運動」：「儒家重禮而視法為末節時代」、「儒家談法而謀禮正律時代」、「儒家戰勝而律淪為小道時代」。〔註62〕林咏榮繼之，並據程樹德〈漢律考〉：

> 三代皆以禮治，孔子所謂殷因於夏禮，周因於殷禮，是也。……其時八議八成之法，三宥三赦之制，胥納之於禮之中，初未有禮與律之分也。……商鞅傳《法經》，改法為律，律之名，蓋自秦始。漢沿秦制。故其時去古未遠，禮與律之別，猶不甚嚴。〔註63〕

論述中國禮、法沿革三階段為：「創始期－禮刑混同時期」（自西周迄戰國初葉）、「變革期－禮刑分離時期」（自戰國初葉迄秦）、「確立期－禮刑調和時期」（自西漢至遜清）。〔註64〕近代學者多不認同《周禮》為周公所作的說法，《周禮》之職官制度亦不足以代表周文的全部，用《周禮》五禮對應《尚書》五刑說明周代禮刑混同不免牽強，而孔子、《左傳》的時代是否能屬「禮刑混同時期」、秦律當中是否摒棄不用禮思想，恐在今日所見的簡帛文獻資料中都有反證。

　　不過，封建崩解後，知識份子們各自就禮、法發展思想更豐富的內涵，禮、法雖然不能撕裂彼此的關連，二者卻也不再同屬周禮下的一個系統了，前述以「合」－「分」－「和」三階段闡釋禮、法關係的方式得到學者認同，

別也。」參見《韓非子集釋》，卷六〈解老〉，第二十，頁331。

〔註62〕陳顧遠，〈「刑」與「禮」之史的觀察〉，頁410～416。

〔註63〕程樹德撰，《九朝律考》，卷一，〈漢律考〉一，北京：北京中華書局，2003.1，頁13。

〔註64〕林咏榮，《中國固有法與道德》，頁39～54。

〔註 65〕學者多數肯定西漢是禮法分離後的合流時代，陳顧遠指出，叔孫通制定朝儀是「儒家在漢，最爲禮刑合一表現出來的事蹟。」〔註 66〕華友根以爲，春秋決獄一事「充分表現了禮法結合，以法護禮。」〔註 67〕可見西漢前期禮法關係的變化，不但是漢朝儒、法思想交鋒的關鍵點，也是法制史上「禮入於法」的重要時刻，後來更奠下唐律「一準乎禮」的基礎。《唐律疏議・名例》有言：「德禮爲政教之本，刑罰爲政教之用，猶昏曉陽秋相須而成者也。」〔註 68〕這個唐律中的重要原則，應是漢代儒者主導官方學術禮教後才逐漸出現的，至少西漢成立之初，國家法令、君主統治想法皆非如此。王充便曾質疑：「古禮三百，威儀三千，刑亦正刑三百，科條三千，出於禮，入於刑，禮之所去，刑之所取，故其多少同一數也。今禮經十六，蕭何律有九章，不相應。」〔註 69〕一般認爲漢禮承周，實際上，東漢王充便發現了漢初禮、法數量並非對等，周文禮刑相應的理想顯然在西漢初年並未實現，「出禮入刑」顯然是漢初儒者們的共同理想，儘管知識份子們的方法、理論各有不同，但從叔孫通到董仲舒，理想的實現卻是一步步地接近中。

從歷史的後見之明來看，西漢確實是中國法律思想史上重要的時刻點，尤其是漢人以革秦積弊、除秦苛法自命，談禮、法時一定要避免秦政失敗的教訓，但畢竟政治現實比起政治口號要複雜太多，反秦不是一定要從刪減秦法著手，是而漢初禮、法思想與禮法關係的變化，並未只強調於國家律令增減、法令內容改變等，儒者將其理想致用於政治現實的活動過程時，他們對於禮、法思想的改造便也呈現其中。仔細觀察叔孫通、陸賈、賈誼等人禮、

〔註65〕范忠信以「禮法分合的觀念歷程」爲：一、法家傾向：禮法分離，獨任法治。二、漢儒的反省：禮法結合，德主刑輔。三、法觀念定型：禮主法輔，禮在法中，法外有禮。參見范忠信，《中國法律傳統的基本精神》，2001.1，頁389～395。高明士則略分魏晉之前律令不分的時代爲：禮刑二分、刑治世界、禮刑合一。參見高明士，〈從律令制的演變看唐宋間的變革〉，《台大歷史學報》，2003.12，第三十二期。另戴者春，〈試論我國古代「禮法并用、德主刑輔」的治國方略〉，《黑龍江社會科學》，2001，第五期等。

〔註66〕陳顧遠，〈「刑」與「禮」之史的觀察〉，收於《陳顧遠法律文集》上，頁413。

〔註67〕華友根，〈西漢的禮法結合及其在中國法律史上的地位〉，《復旦學報》社會科學版，1995，第六期。

〔註68〕劉俊文箋解，《唐律疏議箋解》，卷一，〈名例〉，北京：北京中華書局，1996.6，頁3。

〔註69〕王充撰、黃暉校釋，《論衡校釋》，卷十二〈謝短篇〉，第三十六，北京：北京中華書局，1990.12，頁566。

法主張，只有叔孫通曾實際制禮，賈誼雖然提出司法改革的呼籲，對於立法
活動或是司法審判卻都沒有更具體的行動，或許對儒者來說，他們能夠肯定
法令之於治國的重要，但立法、制法仍是孔門之徒不願從事的工作，他們努
力改變治道、改善司法，春秋決獄的事件可以視爲儒者禮、法革命運動的初
步成果。不過，史上對「春秋決獄」一事評價褒貶不一，《文獻通考》可作爲
反對意見的代表：

> 帝之馭下以深刻爲明，湯之決獄以慘酷爲忠，而仲舒乃以經義附會
> 之，王、何以老莊宗旨釋經，昔人猶謂其罪深於桀、紂，況以聖經
> 爲緣飾淫刑之具，道人主以多殺乎？其罪又深於王、何矣！又按漢
> 書刑法志言，自公孫弘以《春秋》之義繩下，張湯以峻文決理，於
> 是見知、腹誹之獄興。……漢人專務以春秋決獄，陋儒酷吏遂得以
> 因緣假飾。〔註70〕

此外民初章炳麟、劉師培、楊鴻烈，近人余英時、陶希聖、戴東雄等人都對
「春秋斷獄」之事表達強烈的憤怒。本文無意爲古人申冤，但仍認爲在西漢
前期禮法發展的過程中「春秋決獄」意義重大，開啓後世以禮制法的方向，
至於「誅心」「腹誹」大興、法律失去公平與確定，〔註71〕甚或禮教吃人等便
非原來立意美善的儒者所能預料，用結果來評是斷非便不見得公允了。

　　西漢的崇儒運動，雖然不乏「儒法鬥爭」的成份，〔註72〕但其並非統治
手段的由法而禮，反而是禮、法概念互相吸納之後關係更趨圓熟，成爲一種
非常適應專制體制的學說。漢武以後儒學成爲學術的正統，儒者言淑世治國
之時，總是不忘提及禮法並用、德主刑輔，禮法關係與定位逐漸在學術傳統
中確定下來，最後禮教的影響擴大，既主導學術教育也成爲司法審判的上位
原則，既影響統治階層，更深植於下層民心。如果「一準乎禮」的唐律，代

〔註70〕馬端臨撰，《文獻通考》，卷一百八十二〈經籍考〉九，「春秋決事比」條，北
　　　　京：北京中華書局，1986.9，頁1567。
〔註71〕楊鴻烈指出：「因道德與法律的界線沒有十分劃清的原故，所以硬將所有的理
　　　　想都納入法典裡面去，尤其有最大流弊的，及如前述從董仲舒到北朝『以經
　　　　決獄』的那樣，視『經義』的效力等於法律，或高於法律，牽強附會，異說
　　　　紛紜，失掉法律的兩各部可缺少的要素——即『公平』與『確定』。」參見楊
　　　　鴻烈，《中國法律思想史》下，頁84。
〔註72〕唐蘭，〈馬王堆出土《老子》乙本卷前古佚書的研究〉，《考古學報》，1975，
　　　　第一期。

表中國傳統法典發展的完備，西漢前期的禮法思想，則是儒者改良律法，使禮法思想徹底融合的階段，本文以此爲範圍，將「前期」訂爲由劉邦立漢至武帝尊儒的這段時間，內容則列舉此時對禮、法議題特別關心的思想代表或人物。論文論述儘量依照時間順序，或將思想相近者歸類於同章，逐章詳細討論各代表思潮或人物的禮、法觀點，由各家派人物思想比較中，究論禮、法思想變遷的情況。

以上是本文將討論的幾個重要問題與方向。另此擬先澄清幾個相關語彙，例如「人治」、「法治」等譯自西方政治哲學的名詞，經過轉譯流傳後語意便與原意有異，〔註 73〕然「法治」連稱古已有之，《商君書》「治法明則官治」，《晏子春秋》「修灃治、廣政教、以霸諸侯」，〔註 74〕皆大不同於現代法治，本文取古「以法爲治」來定義「法治」，不另取其他說明。

再者，有學者曾將「禮」類比於西方「自然法」，〔註 75〕將「自然理性之光」（lumen retionis naturalis）比爲儒家所言人性之善，以「樸素的道德原理，這就是社會生活的基礎，這就稱之曰自然法。不過儒家常稱自然法爲禮。」〔註 76〕稱「儒家是最早的自然法學派」。〔註 77〕不過，儒禮雖與自然法有若干近似，就法自然即自然法的表面意義，道家「道法自然」似乎卻與自然法更吻合，自然法並非「自然」與「法律」的並列組合，禮與自然法雖有不少可以互相對照

〔註 73〕劉德寬：「由於把法律完全作爲統治手段，通過權力法，特別是刑法來貫徹政治統治，這種意義上的法思想實際上是 rulebylaw（法制）而不是 ruleoflaw（法治）。這種『法制』總而言之是『人治』而不是『法治』。它與今日西方國家一般期望的自由民主主義的法治主義，國民通過自己的代表在國會制定法律（自治法）進行統治的意義不同。而與韓非子所說的法治主義（法術主義）相近。」參見劉德寬，〈中國的傳統法思想和現代的法發展〉，《法學叢刊》，出刊年不詳，第一五二期。此外如俞容根、張中秋、何勤華等對此也有詳細辨述。參見俞榮根，《儒家法思想通論》，頁 27～39，南寧：廣西人民出版社，1992.5。張中秋，《中西法律文化比較研究》，南京：南京大學出版社，1999.6二版，頁 274～298。何勤華，《中國法學史》第一卷，北京：法律出版社，2000.10，頁 95～102。陳弱水，〈立法之道──荀、墨、韓三家法律思想要論〉，收於中國文化新論思想篇二《天道與人道》，台北：聯經出版社，1996.12。

〔註 74〕張純一校注，《晏子春秋校注》，卷一〈內篇諫〉上，第一，「景公愛嬖妾隨其所欲晏子諫」第九，台北：世界書局，1981.4，頁 13。

〔註 75〕俞榮根對於比附儒家之禮於西方自然法思想者的有關討論甚爲詳細。見俞榮根，《儒家法思想通論》，頁 41～44。曾經類比這種概念的學者非常多，此處不一一羅列。

〔註 76〕梅仲協，〈孔孟荀的法律思想〉。

〔註 77〕陳顧遠，〈儒家法學的價值論〉，收於《陳顧遠法律文集》上，頁 177。

的共同觀念，但差異之處更多。從根源處講，禮建立在倫理基礎上，進談親親
與尊尊，由此建構一種階級和諧的人倫社會狀態；自然法則發源於萬邦林立的
城邦公民社會，幸福的生活和個人公共參與有關，眾人平等觀念很早建立起來，
二者顯然不同。其次，自然法發展，是由觀察自然現象轉為追求知識與探訪眞
理，透過神恩保證道德與理性，最後發展爲人類對自身權利的自覺與認識；禮
則重視直觀、感性的人生經驗，認爲宗教、知識以服務現實爲主，社會論述以
國家秩序爲前提，對於團體和諧的看重遠遠超過對於個人意志或幸福的期待。
所以個人只有義務，「並無西方獨立的『個人』的觀念，亦無西方所謂個人的『權
利』與『自由』的觀念。」〔註78〕其三，自然法觀念雖然廣泛，多仍只在哲學
理論領域掀起新的思維與波瀾，或是啓發新時代的政治革命運動，〔註79〕從來
沒有直接干預現實法律或是進入司法程序；但是儒禮卻非如此。故「自然理性」
有經驗的、知識的一面，既是倫理哲學探討也是個人權利的主張，既有上帝的
位置，又能贊同科學的探索與發展，此與「禮」便大有不同。「他們的道德律或
自然法，從其出發點而講，是以具有理性的個人爲基礎的，從其作用方面講，
是藉以充實或滋養當時枯槁而不合理的法律的。從這兩方面講，與我國舊律時
代以倫常關係爲基礎，法律與道德始終混而不分的情形，不啻有天淵之別。」
〔註80〕西方「理性」的內涵既廣，〔註81〕「自然法」又淵遠流長，片面擷取部
分內容和儒家「禮」思想相較並不恰當，本文不再就此作比較論述。

第二節　前人研究成果

　　清末民初西潮洶洶，西方法律以先進文明之姿由改革派引入中國，傳統

〔註78〕馬漢寶，〈法律、道德與中國社會變遷〉，收於《法律與中國社會之變遷》，頁
　　　　14～15。亦見於瞿同祖，《中國法律與中國社會》，台北：里仁書局，1984.9，
　　　　頁 1～25，及梁治平，《尋求自然秩序中的和諧──中國傳統法律文化研究》，
　　　　頁 113～123。
〔註79〕「自然法思想亦盛極一時，成爲以後二世紀的領導思想，而終於促成了法國
　　　　的革命。」參見王伯琦，《近代法律思潮與中國固有文化》，台北：法務通訊
　　　　雜誌社，1993.4 五版，頁 28。
〔註80〕王伯琦，《近代法律思潮與中國固有文化》，頁 29。
〔註81〕「在羅馬的法律學家眼中，『理性』或許只是『經驗』之別名，在中世紀哲學
　　　　家眼中，它則是上帝的禮物。」「在現在這理論中（按：自然權力理論），理
　　　　性之證據自身即已是充分的。」A.P.d'Entreves 著，李日章譯，《自然法──
　　　　法律哲學導論》，台北：聯經出版社，2000.6，頁 46。

思想中的禮法關係，成爲學者熱烈討論的議題，如蔣彤〈刑論〉、沈家本《歷代刑法考》、程樹德《九朝律考》、章太炎〈原法〉、〈通法〉、〈禮隆殺論〉等，皆爲一時之作。此後，瞿同祖在《中國法律與中國社會》中，由婚姻、家族、階級、宗教等有關案例說明中國傳統法律的特色，林咏榮《中國固有法與道德》則由西方法學的觀點，觀察中國傳統法制與禮學思想的混同與沿革。近年討論禮法問題的學者，研究對象多以唐律研究爲主，〔註82〕次爲先秦法律思想的研究，近年來有多篇論文是以董仲舒春秋決獄爲主題，〔註83〕可見漢代禮法思想逐漸受到重視的情況。

　　過去研究儒家之「禮」或法家之「法」的論文很多，但以往似乎只有法制史學者較重視禮法關係研究，近年有幾篇研究禮法思想的碩博士論文，分別是楊秀宮的《先秦儒家禮法思想的演變與發展》、〔註84〕林素娟《先秦社會中的禮與法》、〔註85〕孫邦盛《荀韓禮法思想及其人性論之研究》、〔註86〕蔣忠益《荀子禮法觀與法家法觀思想研究指導》，〔註87〕皆以先秦諸子的禮法思想爲討論主軸。大陸地區有孟紅的《漢代社會生活與禮法結合》、〔註88〕劉志平《秦至西漢中期的禮法研究》〔註89〕、許健《漢代禮法結合綜治模式的確立及其影響》〔註90〕及楊頡慧《西漢前期黃老學說下的法律思想與法治實踐

〔註82〕關於台北唐律研究的情況，詳見高明士，〈唐律研究及其問題〉，收於《唐律與國家社會研究》，1999.1，台北：五南出版社。

〔註83〕如論文有黃源盛，《漢代春秋折獄之研究》，中興大學法律學研究所，1982.5。期刊較多，例如史廣全，〈春秋決獄對禮法融合的促動〉，《哈爾濱學院學報》，2002.7，第二十三卷第七期。李俊芳，〈「春秋決獄」與引經注律〉，《長春師範學院學報》，2004，第九期。王有才，〈董仲舒春秋決獄案例評析〉，河北學刊，1998，第五期。另如張濤，〈《春秋》決獄：法治建設中的經學因素〉，收於《經學與漢代社會》，石家莊：河北人民出版社，2001.12。相關研究近年來有增加的趨勢。

〔註84〕楊秀宮，《先秦儒家禮法思想的演變與發展》，東海大學哲學研究所博士論文，1999。

〔註85〕林素娟，《先秦社會中的禮與法》，中央大學中國文學研究所碩士論文，1995。

〔註86〕孫邦盛，《荀韓禮法思想及其人性論之研究》，中國文化大學哲學研究所博士論文，1994。

〔註87〕蔣忠益，《荀子禮法觀與法家法觀思想研究指導》，中國文化大學哲學研究所碩士論文，1985。

〔註88〕孟紅，《漢代社會生活與禮法結合》，東北師範大學碩士論文，2005。

〔註89〕劉志平，《秦至西漢中期的禮法研究》，湖南師範大學碩士論文，2005。

〔註90〕許健，《漢代禮法結合綜治模式的確立及其影響》，中國政法大學博士論文，2006。

研究》等。〔註91〕孟文以漢武獨尊儒術、興太學、置五經博士、大規模修訂禮儀法律後爲禮入於法的開始，本文著重於禮法結合對漢代社會的影響，尤使中後期的婚姻家庭與忠孝節義觀爲之一變。劉文以秦李斯爲禮法思想結合的開始，叔孫通、陸賈、賈誼爲禮法結合之「幼苗」，董仲舒爲禮法思想結合的「成人」狀態，禮法結合的實踐趨向亦是如此，由於儒家思想只適合小型鄉土社會，法制思想則適應大型官僚帝國，漢代社會上述兩種情況同時並存，因此社會控制走上禮法結合的型態，作者認爲這是禮法結合的原因。許文以漢代禮法結合爲中華法獨有的特點，此種綜治模式是中國原創的統治模式，歷經秦至黃老到漢武的「否定之否定」後，禮法結合思想形成，並在立法、司法兩方面都獲得實踐，作者認爲禮法綜治模式，凸顯中國開明專制、人治、倫理的色彩，不論就歷史意義或現代化而言，影響都很重大。楊文以黃老學說中，道法結合、刑德並用、禮法並用的法律思想體系，爲漢代禮法思想結合的基礎，影響陸賈、賈誼、董仲舒的法律思想，並在《淮南子》書中做出總結。

　　直接由漢代法制觀點出發，兼及禮法思想者有：黃源盛之《漢代春秋折獄之研究》、鄧桂秋的《董仲舒「法制」思想之研究》〔註92〕及李貞德《西漢律令中的倫常觀》。〔註93〕黃文詳細說明漢代二十則春秋折獄案例，並引現代刑法理論與近代法學思潮加以分析，作者認爲漢代春秋折獄之風，與律令繁瑣、經學成風、利祿誘惑、禮教傳統、政制型態有關，由於文化傳統中的禮教思想力量強大，漢朝復採「霸王道雜之」外儒內法的統治方式，「儒學的法家化」或「法律儒家化」就成爲法制史發展中的必然結局。作者以春秋折獄的事實，論證漢代「由禮法相爭，轉變爲以禮制法」的現象，並且指出此與專制政體下儒學的變質有關。鄧文由董仲舒思想中「法」、「制」的意義，探究其與春秋公羊學、天人合一及陰陽五行思想的關係，該文點出《公羊春秋》指導了董仲舒的「法制」思想，董氏並循「奉天法古」的脈絡而推出其「一統」主張與禮教觀點，「禮教不止於禮上，更深入法制層面，……不只將這一法制限於一朝內部，更穿透一朝一代，以三統、四法、五帝、九皇等，織成一永恆的法制原則。」「這些法則可以是超越現有法律之上的憲律意義，也可

〔註91〕楊頡慧，《西漢前期黃老學說下的法律思想與法治實踐研究》，鄭州大學博士論文，2007。
〔註92〕鄧桂秋，《董仲舒「法制」思想之研究》，輔仁大學中國文學所碩士論文，2000。
〔註93〕李貞德，《西漢律令中的倫常觀》，台灣大學歷史系研究所碩士論文，1985.6。

以依此憲律原則，引『憲律』入於現有法律規範中，……這是『儒學法典化』的關鍵。」〔註94〕也是儒法合流的最後結果。李文指出秦到西漢法律思想的差異，可由西漢法律中的倫常觀點窺其大要，文中對西漢律令中有關父子、君臣、夫婦、長幼、貴賤關係的規定詳加闡述，並且認為法律對倫常身份的不同規範與要求，和統治政權逐漸穩固、儒家思想風行有關。

以上列舉前人有關禮法問題的相關研究，各論文研究方向與討論重點都不相同。本論文希望能以西漢前期禮法思想的發展、變化為主軸，在前人研究基礎上，理清此一「禮與律之別猶不甚嚴」的時期，〔註95〕不同思想家派與代表人物的禮法觀點，其禮法思想如何與當時政治社會環境的交互作用，並由漢初黃老至董仲舒禮法思想的演變，討論西漢前期禮法思想發展的趨向，進而探尋傳統禮法思想由「禮法融合」乃至「引禮注律」、「引禮入律」，如何成為可能。

〔註94〕鄧桂秋，《董仲舒「法制」思想之研究》，頁176。
〔註95〕程樹德，《九朝律考》，卷一，〈漢律考〉一，頁13。

第一章　漢初帝國的統治困境

　　論者大抵認同中國文化的自覺階段產生於春秋戰國時期，混亂失序的時
代裡，思想家們爲了挽救頹局紛紛提出見解期以振衰起弊，從社會學角度看，
思想的存在必然以現實環境爲基礎，「每個時代的思想，是對危機及社會秩序
的巨大變遷所造成的挑戰的回應。」〔註1〕〈論六家要旨〉說：「夫陰陽、儒、
墨、名、法、道德，此務爲治者也。」〔註2〕〈氾論〉：「百家殊業而皆務於治。」
〔註3〕都說明中國思想的發生與外緣環境、時代背景密切相關，研究漢代思想
不能忽略政治經濟與社會發展的現實情況，龔鵬程說：「漢儒所談的，卻大抵
只是人王的問題，而不是宗教的問題，且跟漢代實際的政治有密切的關係。
涉及政權、治術、治之理、治之人等各個層面。這絕對不是神學，而是屬於
人文世界的學問。」〔註4〕漢代知識份子不但由思想結合政治，也企圖以學術
爲政權服務，希望假手於統治鐵拳實現王道政治的理想，故其禮、法思想以
實用主義爲基調，作用與政治社會分不開，討論漢初禮、法思想，也應瞭解
現實政治社會的情況。

　　秦漢之際時局勢變化劇烈，〈秦楚之際月表〉序云：「初作難，發於陳涉；
虐戾滅秦，自項氏；撥亂誅暴，平定海內，卒踐帝祚，成於漢家。五年之閒，

〔註1〕 張德勝，《儒家倫理與秩序情結——中國思想的社會學詮釋》，台北：巨流出
　　　　版社，1998.10，頁33。
〔註2〕 司馬遷撰，《史記》，卷一百三十〈太史公自序〉，第七十，北京：北京中華書
　　　　局，1997.9，頁3288。
〔註3〕 劉安等撰、何寧校釋，《淮南子集釋》，卷十三〈氾論〉，北京：北京中華書局，
　　　　1998.10，頁922。
〔註4〕 龔鵬程，《漢代哲學》，嘉義：南華大學出版，1999.8，頁5。

號令三嬗，自生民以來，未始有受命若斯之亟也。」〔註5〕李開元細究彼時的政治型態，謂此間政權由「平民王政」、「貴族王政」至「軍功王政」依次轉變，〔註6〕秦楚漢間帝業、霸業交替，政治權力一次又一次地重新瓜分，政局動盪無日無之，至漢代政權建立之際，天下疲弊已極。劉邦集團接手統治的這個國家，不但死者未葬、傷者未起，同時經濟蕭條、百廢待興，天下紛擾，社會幾已全然失序。漢朝除了重拾殘破江山，尚須在最短時間內安頓政權統治秩序，解決政治、社會、經濟等各方面的問題，統治形勢十分嚴峻。西漢初年的非常狀況，深深地影響漢代學術面貌之形成，本章首先試由政治、社會經濟等各方面，勾勒此時國家面臨的幾個重大議題。

第一節　政經社會的危機

周代社會曾有一段很長時間的穩定，直到商業興起、階級破壞、諸侯互相侵奪，封建社會逐漸崩解。劉向說：春秋之後，道德大廢，上下失序，「篡盜之人，列為侯王；詐譎之國，興立為強。是以傳相放效，後生師之，遂相吞滅，并大兼小，暴師經歲，流血滿野；父子不相親，兄弟不相安，夫婦離散，莫保其命」，戰國群雄「力功爭強，勝者為右；兵革不休，詐偽并起。」〔註7〕百年動盪後，雖有秦朝短暫統一，但秦之繁法嚴刑不為長治久安計，遂令百姓怨望，親眾叛離，天下再度陷入戰火。漢五年，劉邦在垓下擊敗項羽，海內初定，唯戰爭結束並未解決所有問題，國家各方面的困境在劉邦即位後隨即出現了。

一、中央與王國間的政治衝突

漢政權終於在歷經長期戰亂後成立，劉邦君臣也從一個驪山亡徒組成的草莽集團，成功轉化為帝國皇權。〔註8〕原本體制外的非法組織，由於主臣徒眾共同奮鬥終於建立政權法統，此番成就自非向來單打獨鬥的項羽所能想

〔註5〕 《史記》，卷十六〈秦楚之際月表〉，第四，頁759。

〔註6〕 李開元，《漢帝國的建立與劉邦集團——軍功受益階層研究》，北京：北京三聯書店，2000.3，頁78～82。

〔註7〕 以上二段見何建章校釋，《戰國策校釋》，附錄，〈劉向戰國策序〉，北京：北京中華書局，1990.2，頁1356。

〔註8〕 「高祖以亭長為縣送徒驪山，徒多道亡。自度比至皆亡之，到豐西澤中，止飲，夜乃解縱所送徒。」參見《史記》，卷八〈高祖本紀〉，第八，頁347。

像，高祖分析漢得天下原因時說：「運籌策帷帳之中，決勝於千里之外，吾不如子房。鎮國家，撫百姓，給餽饟，不絕糧道，吾不如蕭何。連百萬之軍，戰必勝，攻必取，吾不如韓信。此三者，皆人傑也，吾能用之，此吾所以取天下也。」〔註9〕劉邦豁達大度的人格特質，曾在起事之初吸引布衣武勇熱情追隨，〔註10〕但是打天下並非他個人所能完成的英雄事業，王陵、高起便言：「陛下使人攻城掠地，所降下者因以予之，與天下同利也。項羽妒賢嫉能，有功者害之，賢者疑之，戰勝而不予人功，得地而不予人利，此所以失天下也。」豪傑由苦秦起義，直以性命相搏爲劉邦賣命，其中一項重要原因便是出自計功割地、分土而王的心理，「報父兄之怨而成割地有土之業，此士一時也。」韓信曾向漢王直言：「誠能反其（按：項羽）道：任天下武勇，何所不誅！以天下城邑封功臣，何所不服！」張良在彭城之戰後阻止劉邦重封六國之後，亦以「天下游士離其親戚，棄墳墓，去故舊，從陛下游者，徒欲日夜望咫尺之地。」〔註11〕劉邦認清了平民建功的事實，也堅定了他取天下的戰略與方向。人材效力，眾志成城，才是高祖得以立漢的主要原因。

漢初軍功階級勢力龐大，共患難之義使得功臣將領封立之餘，還與高祖剖符作誓保障王國權益，諸侯王國和朝廷的關係，非秦時主從分明的郡縣制度可以比擬。李開元將劉邦與軍功集團「共天下」的權力分配型態解爲「一種新型的相對性有限皇權」，〔註12〕是時，漢廷對王國內政幾無干涉，天子不能違背與王國的誓約，統治意志不能無限延伸，皇權的實質權力較秦皇、漢武實限縮許多。今漢朝史料檔案有關漢初王國治理紀錄甚少，〈二年律令〉所規範的區域多限於朝廷直轄領域，少數有關王國的法令只作大略提示而無詳細內容，推測也是原自漢初特殊的中央地方關係。不過，既然是特殊的時空條件使得高祖立漢後「不得已」大封異姓爲王，「因爲這種形勢的逼成，所以他在始封之時，即藏有殺戮之意。」〔註13〕分封與專制體制本難並存，漢初

〔註9〕 《史記》，卷八〈高祖本紀〉，第八，頁381。

〔註10〕 林聰舜，〈「意豁如」所呈現的生命風姿與政治能力——劉邦的性格與政治才華的綜合〉，收於《史記的人物世界》，台北：三民書局，2003.10，頁97～106。

〔註11〕 以上四段見《史記》，卷八〈高祖本紀〉，第八，頁381；卷八十九〈張耳陳餘列傳〉，第二十九，頁2574；卷九十二〈淮陰侯列傳〉，第三十二，頁2612；卷五十五〈留侯世家〉，第二十五，頁2040。

〔註12〕 李開元，《漢帝國的建立與劉邦集團——軍功受益階層研究》，頁139～143。

〔註13〕 徐復觀，〈漢代專制政治下的封建問題〉，收於《兩漢思想史》，卷一，台北：學生書局，1993.2 七版，頁165。

政治動盪，早在劉邦分封之時已經埋下禍因。

其次，古代中國東西區域文化差異較大，秦相琯便以「諸侯初破，燕、齊、荊地遠」，議於東方另外置王，秦以郡縣整飭楚地始終成效不彰，〔註14〕入漢時，韓信言：「齊偽詐多變，反覆之國也，南邊楚，不爲假王以鎮之，其勢不定。」〔註15〕便由民情風土之異，要求漢廷考量東西異制的可能性，可見秦楚漢間天下雖曾統一，但文化多元現象卻非短時間的政治宣傳便可消滅。漢初由於經濟、政治、戰略等故繼續沿用「秦本位政策」，〔註16〕漢廷直轄區域仍以故秦之地爲主，面對文化差異所造成的統治難題，郡縣、封國並行應仍是統治者較佳的選擇，這也是漢初不得不分地封王的另一項原因。

初時，高祖以鎮撫地方爲名封立功臣爲王，這些王國封區廣大，統有的郡縣總數甚至比漢廷直轄郡數還要多，後來異姓雖爲劉姓取代，繫屬於王國底下的領地面積依然不減，〔註17〕在劉邦的有生之年，漢「山以東盡諸侯地」的情勢並未改變，中央與地方的關係始終緊張。早期異姓諸侯王有自置官署之權，〔註18〕朝廷嚴禁士人亡仕諸侯國，〔註19〕「諸侯王皆自治民聘賢」，官吏概由本國士人擔任，此外王國有相當的財政自主權，國中山川園池及市井稅入全歸私奉養，諸侯王「金璽盭綬，掌治其國。有太傅輔王，內史治國民，

〔註14〕 秦昭王二十八年，楚國郢都設爲秦之南郡，約五十年後秦王政在南郡頒佈〈語書〉言：「今法律令已具矣，而吏民莫用，鄉俗淫失（泆）之民不止，是即法（廢）主之明法歐（也）。」即見秦法難施關外的窘境。參見《睡虎地秦墓竹簡》整理小組，《睡虎地秦墓竹簡》，北京：文物出版社，1990.9，頁 13。

〔註15〕 《史記》，卷九十二〈淮陰侯列傳〉，第三十二，頁 2621。

〔註16〕 李偉泰，〈試論漢初「秦本位政策」的成立〉，收於《漢初學術及王充論衡論述稿》，台北：長安出版社，1985.5，頁 21。

〔註17〕 「自鴈門、太原以東至遼陽，爲燕、代國；常山以南，大行左轉，度河、濟、阿、甄以東薄海，爲齊、趙國；自陳以西，南至九疑，東帶江、淮、穀、泗，薄會稽，爲梁、楚、淮南、長沙國；皆外接於胡、越。而內地北距山以東盡諸侯地，大者或五六郡，連城數十，置百官宮觀，僭於天子。漢獨有三河、東郡、潁川、南陽，自江陵以西至蜀，北自雲中至隴西，與內史凡十五郡，而公主列侯頗食邑其中。」參見《史記》，卷十七〈漢興以來諸侯王年表〉，第五，頁 801～802。

〔註18〕 王國丞相、中尉或二千石與異姓王的關係密切，初時他們可能都是從王治，而非奉漢法以治。故如韓信曾以辱己出胯下之少年爲楚中尉，而貫高、趙午曾爲劉邦無禮趙王，欲刺殺劉邦。參見《史記》，卷九十二〈淮陰侯列傳〉，第三十二，頁 26269；卷八十九〈張耳陳餘列傳〉，第二十九，頁 2583～2584。

〔註19〕 〈諸侯王表〉有左官之律。韋昭以爲：「左猶下也，禁不得下仕於諸侯王也。」參見《史記》，卷九十六〈張丞相列傳〉，第三十六，頁 2679。

中尉掌武職，丞相統眾官，群卿大夫都官如漢朝。」〔註20〕不僅如此，諸侯王與天子名器同倫的現象，還曾在漢初存在一段不短的時間。〔註21〕漢初可能訂有一些法律約定保障諸侯王財政、軍事、司法等特權，蕭何曾為諸侯王國另訂法令，〔註22〕「皆割符世爵，受山河之誓，存以著其號。」〔註23〕〈二年律令〉中，「諸侯王子、內孫耳孫」有罪，「當刑及當為城旦舂者，耐以為鬼薪白粲」，〔註24〕諸侯王親屬犯法可受庇蔭，子孫犯罪也能破例優容。封國之內，「諸侯王斷獄治政，內史典獄事，相總綱紀輔王，中尉備盜賊。」〔註25〕可見王國之中，「漢法非立，漢令非行」本是合理的特權，高祖時期也未有諸侯王因不用漢法而被追究，否則諸侯國自置官署、名器與天子共等實屬不可思議，劉邦舉兵翦除異姓時，也毋須以莫須有的罪名當作藉口。

最早高祖與諸侯王共天下，王國只要不謀反，即使各自記年、〔註26〕僭越禮法擬於天子，似乎都非嚴重的問題，故「高祖有天下，三邊外畔，大國之王雖稱藩輔，臣節未盡。」〔註27〕但是漢初王國疆域廣闊，政治獨立性又高，朝廷雖然很少干涉王國內政，對於王國卻有很多不滿與猜忌。劉邦定都關中本有

〔註20〕班固撰，《漢書》，卷十九上〈百官公卿表〉，第七上，北京：北京中華書局，頁741。

〔註21〕「天子之相，號為丞相，黃金之印；諸侯之相，號為丞相，黃金之印，而尊無異等，秩加二千石之上。天子列卿秩二千石，諸侯列卿秩二千石，則臣已同矣。……天子衛御，號為大僕，銀印，秩二千石；諸侯之御，號曰大僕，銀印，秩二千石，則御已齊矣。御既已齊，則車飾惡得不齊？天子親，號云太后；諸侯親，號云太后。天子妃，號曰后；諸侯妃，號曰后。……天子宮門曰司馬，闌入者為城旦；諸侯宮門曰司馬，闌入者為城旦。殿門俱為殿門，闌入之罪亦俱棄市，宮牆門衛同名，其嚴一等，罪已鈞矣。……天子卑號皆稱陛下，諸侯卑號皆稱陛下。天子車曰乘輿，諸侯車曰乘輿，乘輿等也。」參見賈誼撰、閻振益、鐘夏校注，《新書校注》，卷一〈等齊〉，北京：北京中華書局，2000.7，頁46～47。

〔註22〕程樹德考漢代律家有云：「蕭何定諸侯法令」。參見程樹德撰，《九朝律考》，卷一，〈漢律考〉八，北京：北京中華書局，2003.1，頁176。

〔註23〕《漢書》，卷十六〈高惠高后文功臣表〉，第四，頁527。

〔註24〕《張家山二四七號墓》竹簡整理小組，《張家山漢墓竹簡〔二四七號墓〕》，北京：文物出版社，2001.11，頁145～146。

〔註25〕宣帝時何武奏言往昔諸侯王國權力過大的情況。參見《漢書》，卷八十六上〈何武王嘉師丹傳〉，第五十六，頁3485。

〔註26〕趙翼撰，《二十二史箚記》，卷二「漢時王國各自記年」條，頁25，台北：世界書局，1962.3。

〔註27〕《史記》，卷二十五〈律書〉，第三，頁1242。

東制諸侯國的戰略考量，〔註28〕〈二年律令〉中亦有不少防制諸侯國的禁令，〔註29〕漢廷加強對關東的關防，禁止官吏與王國妖惡交通，對王國的態度並不友善，賈誼說漢備山東諸侯國，「若秦時之備六國也」，漢「禁游宦諸侯及無得出馬關者」，便是擔心「諸侯得眾則權益重，其國眾車騎則力益多，故明為之法，無資諸侯。」〔註30〕當時天下雖一，但在多方權力拉鋸下，政治情勢仍不穩定。

由支配角度來觀察，天下底定後，劉邦卡理斯瑪式的權威支配正當性就面臨了新危機，〔註31〕當革命時代過去，由起義形成的戰鬥團隊，轉化成一個個獨立性很高的諸侯國，原先領導者的神聖性質必然節節敗退，或者是說，在追隨者的內化體驗中，過去的信仰已經無法對抗眼前之利益，當支配關係改變，支配形式便有改弦更張的必要了。漢初統治者支配正當性的消逝，表現在諸侯王僭越與各種不滿的言行中，劉邦由是親自將兵翦除大部分的異姓諸侯王，改採血緣關係重新建構支配者與被支配者間的鈕帶，統治危機暫告消除，漢廷也進一步掌控東方。柳春藩說：漢朝同姓分封形式上與西周封建非常相似，實質上分封者心態卻是近於秦帝「家天下」的想法，〔註32〕同姓分封非因權力共享，只是由於對外人不放心，以親制疏或許較可保障王國的

〔註28〕 關中「阻三面而守，獨以一面東制諸侯。諸侯安定，河渭漕輓天下，西給京師；諸侯有變，順流而下，足以委輸。」「被山帶河，四塞以為固，卒然有急，百萬之眾可具也。因秦之故，資甚美膏腴之地，此所謂天府者也。」參見《史記》，卷五十五〈留侯世家〉，第二十五，頁2043～2044；卷一百九十九〈劉敬叔孫通列傳〉，第三十九，頁2715。

〔註29〕 〈二年律令〉規定：「降諸侯」與謀反同罪，「皆要（腰）斬。」而「捕從諸侯來為間者一人，摶（拜）爵一級，有（又）購二萬錢。」〈奏讞書〉中規定「亡之諸侯」及「從諸侯來誘」皆有罪。〈津關令〉嚴格限制百姓、馬匹、金器等物出入關外與諸侯通。參見《張家山漢墓竹簡〔二四七號墓〕》，頁133、153、214、205～210。西漢只有在文帝年間出關廢傳，宣帝四年因為歲饑之故，權宜不用關傳。此外，「終漢之世，出入關用傳。」參見杜貴墀輯證，《漢律輯證》，六，台北：新文豐出版社，1988，頁500。收於《叢書集成續編》。

〔註30〕 《新書校注》，卷三〈壹通〉，頁113。

〔註31〕 「卡理斯瑪支配（Charisma）只能存在於初始階段（instatunascendi），它無法長久維持穩定。它終究會被傳統化或法制化，或兩者的連結所轉化。」參見韋伯著，康樂等譯，《支配的類型：韋伯選集III》修訂版，台北：遠流出版社，1997.2二版，頁71。

〔註32〕 西漢分封與周代武裝移民式的封建，性質上並不相同。「漢代的封國食邑制度，反映了漢代社會階級關係的等級特色，但它本身並不是封建領主的等級世襲制。」詳見柳春藩，〈秦漢封爵制論綱〉，收於《秦漢魏晉經濟制度研究》，哈爾濱：黑龍江人民出版社，1993.10，頁190。

忠誠。不過，傳統父長權威加上親情倫理只能降低同姓王國爲變的可能，血緣還是不能杜絕政治權力的衝突，劉邦雖調整政治結構試圖緩和中央與王國間的政治矛盾，但是專制體制與封建系統實難相容，漢廷對諸侯王的猜忌依舊，漢初政治動盪的局面也就難以避免。

呂后死後，文帝以庶子身份繼統，賈誼說：「元王之子，帝之從弟也；今之王者，從弟之子也。惠王之子，親兄之子也；今之王者，兄子之子也。親者或亡分地以安天下，疏者或制大權以偪天子。」〔註33〕朝廷與王國間矛盾依舊存在，朝廷欲伸張皇權、穩固支配就勢必削藩。淮南獄事是當時的大案，有人指控劉長，

> 爲黃屋蓋乘輿，出入擬於天子，擅爲法令，不用漢法。及所置吏，以其郎中春爲丞相，聚收漢諸侯人及有罪亡者，匿與居，爲治家室，賜其財物爵祿田宅，爵或至關內侯，奉以二千石，所不當得，欲以有爲。〔註34〕

事後，淮南國的政治權力被收奪，文帝「盡誅所與謀者」，並以輜車遺蜀逼死劉長。再如誅殺濟北王、收回齊地等，都是爲了壓制諸侯王所採的政治行動。景帝時，晁錯議眾諸侯之過，「變更高皇帝法令，侵奪諸侯地」，〔註35〕中央趁勢「削其地，收其枝郡」，吳楚七國遂藉「不以諸侯人君禮遇劉氏骨肉」，起兵造反，然而喧囂一時的七國之亂，在周亞夫用兵得宜下只歷三月便告平息，此後「諸侯王不得復治國，天子爲置吏，改丞相曰相，省御史大夫、廷尉、少府、宗正、博士官，大夫、謁者、郎諸官長丞皆損其員。」〔註36〕王國需遵守漢律漢法，中央指派軍事、司法等重要官吏就近監視王國，中央與地方的衝突問題逐漸消弭。

太史公曾將漢初分封與西周封建相比，「天下初定，骨肉同姓少，故廣彊庶孽，以鎮撫四海，用承衛天子也。」「海內初定，子弟少，激秦之無尺土封，故大封同姓，以塡萬民之心。及後分裂，固其理也。」以「百年之間，親屬益疏，諸侯或驕奢。」〔註37〕才使分封不能持續。班固也認爲，漢興之初「同

〔註33〕《新書校注》，卷一〈大都〉，頁43。

〔註34〕《史記》，卷一十八〈淮南衡山列傳〉，第五十九，頁3077。

〔註35〕《史記》，卷三十五〈荊燕吳列傳〉，第五，頁1907。

〔註36〕《漢書》，卷十九上〈百官公卿表〉，第七上，頁741。

〔註37〕以上三段見《史記》，卷十七〈漢興以來諸侯王年表〉，第五，頁801；卷五十二〈齊悼惠王世家〉，第二十二，頁2012。

姓寡少，懲戒亡秦孤立之敗」，乃行分封。〔註38〕但如前所述，劉邦分封有其不得已形勢，非其懷「親親之義，褒有德」之心，漢初分封封建禮義的精神既不存在，及後分裂，手足相殘，也不盡然只因後屬疏遠，與周代封建情況實不相同。漢初政治矛盾主要來自中央與王國權力分配的衝突，漢初諸侯王國本有許多特權，自同姓代立、諸侯不自置二千石後，〔註39〕王國權力明顯限縮，漢朝不再允任王國自治，並且積極追究諸侯王作為，王國丞相「奉漢法以治」，諸侯朝廷開始受到漢朝律令干預，〔註40〕雙方歧見漸深，彼此也越來越無法容忍。在漢廷蠶食鯨吞的削藩過程中，漢主推動皇帝中心的一元政權，用心已是昭然可見。

高祖五年以前，劉邦集團進行的是反秦、爭天下的對外戰爭，秦與西楚是漢軍共同的敵人；五年以後，漢廷仍然動用軍隊壓制國內勢力、討伐叛亂、懲罰不奉漢法的諸侯王國，漢軍的武力行動已由帝位爭奪戰轉成皇權保衛戰，用兵對象則由征討東方異姓轉成削抑同姓諸侯王。漢主翦除諸侯王的目的雖在強固中央，但是由於權力爭奪幾度引發國內戰爭，政局因此危殆不安，反秦戰爭結束後天下卻仍紛擾不止，這對漢初經濟復甦、民心安定也有影響。

二、民生與經濟的衰弊

始皇以天下為郡縣，開啓中央集權政治體制，結束諸侯爭伐的百年爭戰，但其尚武用力心態不改，「北有長城之役，南有五嶺之戍，外內騷動，百姓罷敝，頭會箕斂，以供軍費，財匱力盡，民不聊生。」〔註41〕終使各地起義，統一局面只維持了十五年，此後歷經楚漢相爭的屠燒擄掠，及至西漢，天下疲弊已極。

〔註38〕《漢書》，卷三十〈高五王傳〉，第八，頁2002。

〔註39〕劉邦分封同姓之後，「諸侯得自除御史大夫群卿以下眾官，如漢朝，漢獨為置丞相。」參見《漢書》，卷三十〈高五王傳〉，第八，頁2002。

〔註40〕「相、二千石往者，奉漢法以治，端輒求其罪告之，無罪者詐藥殺之。所以設詐究變，彊足以距諫，智足以飾非。相、二千石從王治，則漢繩以法。故膠西小國，而所殺傷二千石甚眾。」「祖多內寵姬及子孫。相、二千石欲奉漢法以治，則害於王家。是以每相、二千石至，彭祖衣皁布衣，自行迎，除二千石舍，多設疑事以作動之，得二千石失言，中忌諱，輒書之。二千石欲治者，則以此迫劫。」參見《史記》，卷五十九〈五宗世家〉，第二十九，頁2097～2098。

〔註41〕《史記》，卷八十九〈張耳陳餘列傳〉，第二十九，頁2573。

　　民失作業，而大饑饉。凡米石五千，人相食，死者過半。高祖乃令

　　民得賣子，就食蜀漢。天下既定，民亡蓋臧，自天子不能具醇駟，

　　而將相或乘牛車。〔註42〕

　　時大城名都民人散亡，戶口可得而數裁什二三，是以大侯不過萬家，

　　小者五六百戶。〔註43〕

漢初經濟殘破，勞動力大量流失，饑荒處處，民或易子而食。而建立新秩序
除了仰賴政權的穩固，尚須以安定的社會、富厚的民生經濟為基礎，因此，
統治者不能不想辦法挽救國家經濟，正視日益嚴重的社會問題。

　　農業是農耕時代經濟的根本，漢人欲恢復國家經濟務需由重農著手，有關
農業生產的各種問題都應力予改善。平民出身的劉邦對農業政策本來就很關
心，高祖二年「繕治河上塞。諸故秦苑囿園池，皆令人得田之。」〔註44〕朝廷
大量開放墾田、重新分配土地，又小規模興修河渠以治水患、〔註45〕改善農具
與耕作方法，務求提高農業生產力。漢五年，劉邦頒佈了一項重要詔令：

　　諸侯子在關中者，復之十二歲，其歸者半之。民前或相聚保山澤，

　　不書名數，今天下已定，令各歸其縣，復故爵田宅，吏以文法教訓

　　辨告，勿笞辱。民以飢餓自賣為人奴婢者，皆免為庶人。……諸侯

　　子及從軍歸者，甚多高爵，吾數詔吏先與田宅，及所當求於吏者，

　　亟與。〔註46〕

此項寓兵於農的詔令既能赦免有罪、獎勵軍功，亦留置東方人力資源於關中
備胡，兼可平衡秦地原住民勢力，〔註47〕如此除可強幹弱枝強化中央實力，
又能顧及國家安全並且傳達朝廷重農的決心，在漢初經濟政策中有其重要的
意義。為了增加勞動人口、推動更多人力投入生產，惠帝甚至規定：「女子年
十五以上至三十不嫁，五算。」文帝「始開籍田，躬耕以勸百姓」，並謂：「今
勤身從事而有租稅之賦，是為本末者毋以異，其於勸農之道未備。其除田之

〔註42〕　《漢書》，卷二十四上〈食貨志〉，第四上，頁1127。

〔註43〕　《漢書》，卷十六〈高惠高后文功臣表〉，第四，頁527。

〔註44〕　《史記》，卷八〈高祖本紀〉，第八，頁369。

〔註45〕　漢初君王多避免興作增加人民徭役負擔，推測此處治河工程規模不大，西漢
　　　　　大規模的修渠灌溉事業多在武帝以後開始。參見《史記》，卷二十九〈河渠書〉，
　　　　　第七，頁1409～1414。

〔註46〕　《漢書》，卷一下〈高帝紀〉，第一下，頁54。

〔註47〕　李偉泰，〈試論漢初「秦本位政策」的成立〉，頁21。

租稅。」〔註 48〕若遇天災水旱之變，便自責失德下詔罪己，又令「令諸侯毋入貢，弛山澤，減諸服御狗馬，損郎吏員，發倉庾以振貧民，民得賣爵。」〔註 49〕孝景時上郡以西旱，景帝從晁錯之議「復脩賣爵令，而賤其價以招民；及徒復作，得輸粟縣官以除罪。」〔註 50〕力求降低天災對農民生計的損害，務以天下蒼生為念。

不過，儘管朝廷努力推展農事，直到文帝即位之初，政府與民間的蓄積仍然匱乏，賈誼在〈論積貯疏〉中便沈痛指出：「民不足而可治者，自古及今，未之嘗聞。……漢之為漢幾四十年矣，公私之積猶可哀痛。失時不雨，民且狼顧；歲惡不入，請賣爵、子。」〔註 51〕應使「末技游食」之民歸農，民多產子，驅民歸農，才能有更充裕的農業勞動力從事糧食生產。漢人已經意識到經濟實力與國力強弱密切相關，經濟實力可以決定國力，「王者之法，民三年耕而餘一年之食，九年而餘三年之食，三十歲而民有十年之畜。」〔註 52〕民有餘糧不但可使百姓生活富裕安定、救急防災，國有畜積更攸關國家安全，「夫積貯者，天下之大命也。苟粟多而財有餘，何為而不成？以攻則取，以守則固，以戰則勝。懷敵附遠，何招而不至？」〔註 53〕國家蓄積不足將無法因應猝然之警，若「不幸有方二三千里之旱，國何以相恤？卒然邊境有急，數十百萬之眾，國何以餽之矣？兵旱相乘，天下大屈。」〔註 54〕晁錯也說：「粟者，王者大用，政之本務。」〔註 55〕為了廣畜積、實倉庫、備水旱，朝廷可使百姓入粟於邊，民得以粟買爵、贖罪，如此朝廷、邊塞存糧有餘可備不時之需，又能貴粟勸農使民有餘。而為鼓勵務農，漢初的田租曾由十一之稅減至十五稅一，在晁錯建議下，文帝曾賜減當年田租之半，隔年又將田租全部減免，景帝令民半出田租，三十而稅一，百姓租稅負擔大為降低。基本上，

〔註 48〕以上三段見《漢書》，卷二〈惠帝紀〉，第二，頁 91；卷二十四上〈食貨志〉，第四上，頁 1130；卷四〈文帝紀〉，第四，頁 117。

〔註 49〕「十一月晦，日有食之。十二月望，日又食。上曰：『朕聞之，天生蒸民，為之置君以養治之。人主不德，布政不均，則天示之以菑，以誡不治。』」參見《史記》，卷十〈孝文本紀〉，第十，頁 422。

〔註 50〕《史記》，卷三十〈平準書〉，第八，頁 1419。

〔註 51〕《漢書》，卷二十四上〈食貨志〉，第四上，頁 1128。

〔註 52〕《新書校注》，卷三〈憂民〉，頁 124。

〔註 53〕《漢書》，卷二十四上〈食貨志〉，第四上，頁 1130。

〔註 54〕《新書校注》，卷四〈無畜〉，頁 164。

〔註 55〕《漢書》，卷二十四上〈食貨志〉，第四上，頁 1133～1134。

挽救民生經濟在漢初已是刻不容緩的現實問題，漢初士人對於恢復經濟的建言大抵皆得統治者採行，必須先使人民溫飽而後才能談及理想與改革，這也是統治者宣示「農，天下之本，務莫大焉」的意義。〔註56〕

　　當國家經濟殘破之際，開源以外，簡省民間力役、縮減宮廷開支用度也是當務之急，陸賈說：「財盡於驕淫，力疲於不急，上困於用，下饑於食。」帝王釋於農桑之事、徒極耳目之好，不但造成不良風氣、影響民生經濟發展，嚴重將致國家滅亡，陸賈呼籲：「夫懷璧玉，要環佩，服名寶，藏珍怪，玉斗酌酒，金罍刻鏤，所以夸小人之目者也；高臺百仞，金城文畫，所以疲百姓之力者也。」寧可卑宮室、惡衣服，「國不興不事之功，家不藏不用之器，所以稀力役而省貢獻也。」〔註57〕以解決國家財政困窘為首要課題。在漢初簡約思想影響下，社會除有煮鹽、冶鐵等較大規模的工業活動外，一般手工仍以自給自足為主，故「一夫不耕，或受之饑；一女不織，或受之寒。」〔註58〕為了減輕農民負擔，漢初帝王亦以儉約自奉，高祖一度對未央宮的宮闕壯麗表達不悅，此後惠帝垂拱而治，高后為政不出房戶，文帝「常衣綈衣，所幸慎夫人，令衣不得曳地，幃帳不得文繡，以示敦樸，為天下先。治霸陵皆以瓦器，不得以金銀銅錫為飾，不治墳，欲為省，毋煩民。」「宮室苑囿狗馬服御無所增益，有不便，輒弛以利民。」〔註59〕統治者不欲擾民而務使休息，當時經濟條件不佳，可見一斑。

　　漢初社會貧困，但是巧工商賈仍是生活富厚的一群人，朝廷曾一度採取抑商措施，高祖命「賈人毋得衣錦繡綺縠絺紵罽，操兵，乘騎馬」，又加重商人租稅以困辱之，惠帝弛商賈之律，然市井子孫仍不得仕宦為吏，皆有意對商人加以打擊。事實上，漸趨蓬勃的商業活動帶動了西漢社會經濟的發展，物質供應充裕使得皇家之外，庶民當中也產生了新富階級，賈誼便意識到生產與消費應保持一定平衡的關係，因此他並未如陸賈般一味崇尚節儉，只是堅決反對新富階級超越一般生產能力的奢侈行為，認為這種浪費行徑與當時民窮財困、邊患頻仍的情況太不相稱，朝廷應設法抑制富人驕奢過度的消費行為。不過，政府有意的抑商措施實收效有限，「今法律賤商人，商人已富貴矣；尊農夫，農夫已

〔註56〕《史記》，卷十〈孝文本紀〉，第十，頁428。
〔註57〕以上三段見陸賈撰、王利器校注，《新語校注》，卷下〈至德〉，第八，北京：
　　　　北京中華書局，1986.8，頁124；卷下〈本行〉，第十，頁148～149。
〔註58〕《漢書》，卷二十四上〈食貨志〉，第四上，頁1128。
〔註59〕以上二段見《史記》，卷十〈孝文本紀〉，第十，頁433。

貧賤矣。」〔註60〕爲了安撫務農人口，除了設法減輕農民的租稅負擔，晁錯認爲應該透過貴粟的各種辦法，吸收商人地主的游資，避免他們購買過多的土地，防止土地過度兼併。晁錯雖有抑商之意，但是以粟買爵贖罪等辦法，受惠的還是商人階級，當市井子孫不得仕宦爲吏的禁令被打破，統治者對商人開放部分的政權，對於緩和社會階級矛盾也能發揮一定的作用。

　　漢初爲使民得休養生息，盡量減少各種興作勞役，然而漢匈邊防不可不守，邊塞仍有軍事守備的必要。秦時曾以強迫方式遣送罪吏、贅婿、商人等實邊，晁錯則主張用經濟誘導的方式鼓勵移民，他主張由初期先由國家擇水甘土宜草木豐饒之地爲築房舍、劃分田界，備齊住房與糧食器物後，招募罪人、免徒復作者、「以丁奴婢贖罪及輸奴婢欲以拜爵者」甚至一般百姓前往，應募者可免罪、受爵、復家，又「予多夏衣，廩食，能自給而止。」「其亡夫若妻者，縣官買予之。」「爲置醫巫，以救疾病，以脩祭祀，男女有昏，生死相卹，墳墓相從，種樹畜長，室屋完安。」殆邊疆新移民能安頓生活後，予以軍事化的編甲組織，擇其邑中熟習地形、能知民心之才爲吏，「居則習民於射法，出則教民於應敵。故卒伍成於內，則軍政定於外。」〔註61〕如此不但可以解決游牧民族侵邊掠奪的問題，邊地之民利祿豐厚亦樂處久居，徙民實邊的作用才能發揮出來。

　　西漢初年經過長期戰亂後，人民既厭倦於沈重徭役也畏恨秦朝苛法，他們對生活安定的期望已經到達高點，大亂之後易爲治，此時似乎任何一位新的統治者都要好過舊政權，若新統治者能在一些細微而關鍵之處收攬民心，對於宣示國家政策與收拾民心都有莫大助益。因此，「如將口賦、算賦、戶賦、更賦等貨幣捐稅或勞役代金一併計算在內，一個農民家庭的實際負擔決不會怎樣輕於秦王朝"收泰半之賦"的程度。」〔註62〕但此時的統治者在薄賦斂、省徭役、崇儉節用思想指導下，不但經常減免徭役，亦「約法省禁，輕田租，什五而稅一，量吏祿，度官用，以賦於民。而山川園池市肆租稅之入，自天子以至封君湯沐邑，皆各爲私奉養，不領於天子之經費。漕轉關東粟以給中都官，歲不過數十萬石。」〔註63〕朝廷經常賜復，凡軍功諸侯、君主故舊、

〔註60〕以上二段見《漢書》，卷一下〈高帝紀〉，第一下，頁65；卷二十四上〈食貨志〉，第四上，頁1133。
〔註61〕以上四段見《漢書》，卷四十九〈爰盎晁錯傳〉，第十九，頁2286、2288、2289。
〔註62〕胡寄窗，《中國經濟思想史》，上海：上海人民出版社，1963.8，頁7。
〔註63〕《漢書》，卷二十四上〈食貨志〉，第四上，頁1127。

民產子或曾給軍事勞苦、長者年老有行等都能獲得朝廷優待，〔註 64〕如此不但表達了統治者的施政寬仁，也使人民更能安心從事生產，百姓歸其本業，對於社會安定仍有莫大的助益。

「孝惠、高后之間，衣食滋殖」，〔註65〕文帝時「百姓無內外之繇，得息肩於田畝，天下殷富，粟至十餘錢，鳴雞吠狗，煙火萬里。」〔註 66〕晁錯入粟拜爵辦法的施行，更為糧食生產增加誘因，人民入粟於邊，國防開支因此大減，也創造了國家減租的有利條件。故至文景之間，「流民既歸，戶口亦息，列侯大者至三四萬戶，小國自倍，富厚如之。」〔註67〕武帝之時，「漢興七十餘年之閒，國家無事，非遇水旱之災，民則人給家足，都鄙廩庾皆滿，而府庫餘貨財。京師之錢累巨萬，貫朽而不可校。太倉之粟陳陳相因，充溢露積於外，至腐敗不可食。眾庶街巷有馬，阡陌之間成群，而乘字牝者儐而不得聚會。守閭閻者食粱肉，為吏者長子孫，居官者以為姓號。」和漢初「自天子不能具鈞駟，而將相或乘牛車，齊民無蓋藏」的艱難窮困景況相比，〔註68〕漢初的寬鬆放任的經濟政策，確實發揮一定的成效。

「『倉廩實而知禮節』。民不足而可治者，自古及今，未之嘗聞。」〔註69〕漢初經濟困頓，影響所及民生社會與統治秩序都出現問題，於是天子不得不力行節儉使民得以休養生息。宋昌曾言：「漢興，除秦苛政，約法令，施德惠，人人自安，難動搖」，此番天下形勢的分析，可見滅秦之後，劉氏政權對於收攬人心頗有信心，故時諸呂為亂，「大臣雖欲為變，百姓弗為使」，〔註70〕

〔註64〕 高祖詔：「蜀漢民給軍事勞苦，復勿租稅二歲。關中卒從軍者，復家一歲。」「諸侯子在關中者，復之十二歲，其歸者半之。」「民產子，復毋事二歲。」「令吏卒從軍至平城及守城邑者皆復終身勿事。」「諸縣堅守不降反寇者，復租賦三歲。……豐人徙關中者皆復終身。……令士卒從入蜀、漢、關中者皆復終身。入蜀漢定三秦者，皆世世復。……其以沛為朕湯沐邑，復其民，世世無有所與。……復豐，比沛。參見見《漢書》，卷一〈高帝紀〉，第一上、下，頁 33、54、63、65、70～75。文帝亦曾「復晉陽中都民三歲。」參見《史記》，卷十〈孝文本紀〉，第十，頁 425。
〔註65〕 《漢書》，卷二十四上〈食貨志〉，第四上，頁 1127。
〔註66〕 《史記》，卷二十五〈律書〉，第三，頁 1242。
〔註67〕 《漢書》，卷十六〈高惠高后文功臣表〉，第四，頁 528。
〔註68〕 以上二段見《史記》，卷三十〈平準書〉，第八，頁 1420、1417。
〔註69〕 《漢書》，卷二十四上〈食貨志〉，第四上，頁 1127。
〔註70〕 以上二段見《史記》，卷十〈孝文本紀〉，第十，頁 414。

漢初成功的經濟政策與統治政權穩固實息息相關。隨著中央皇權擴張，國家政策對於社會經濟的影響力不斷增強，朝廷以政治力量改善社會經濟問題，在經濟成長的社會環境中，中央也能逐步推動全國政權的統一，國家持續的重農政策既能安定人心，也使民樂其業經濟逐漸復甦。

第二節　反秦承秦的矛盾

始皇創設了中國皇帝制度，他五德終始的天命認證，配合郡縣制與「一法度衡石丈尺。車同軌。書同文」等各式規範，〔註71〕強化皇帝之至尊與神聖，由是建立「海內為郡縣，法令由一統」、「自上古以來未嘗有」的專制皇權。而不論由個人虛榮或統治需要來看，皇帝體制神聖化統治家族、堆砌天子絕對權力的特點，才符合劉邦立漢稱帝的野心，唯如前所述，劉邦之踐祚登帝多賴功臣效命，漢王如果只想實現皇帝美夢不願分土封王，天下局勢亦難從此安定，分封抑或不封，對高祖而言本是一個兩難的問題。封國並行雖能暫時滿足功臣集團要求，封國與專制間的必然矛盾，卻又使得劉邦稱帝後旋需剷除異己、續採秦制，以能擴大專制皇權的控制力；另方面，漢朝政權從與豪傑共天下到欲令「天下絕望」、諸侯子弟服其強，這個神聖性薄弱的布衣皇室，〔註72〕必須透過對前朝的否定與質疑，強化政權的正當性，這便使得漢初統治思維存在反秦與承秦的衝突。知識分子認為漢初制度承秦、思想反秦的特殊情況是政局「未遑更定」的過渡，天下已安已定之時便應著手進行改革。

一、亡秦教訓與反秦思潮

陳勝是揭竿起義的第一人：「天下苦秦久矣。吾聞二世少子也，不當立，當立者乃公子扶蘇。」他不滿秦政，開宗明義直指「苦秦」為其造反之因。此後「山東郡縣少年苦秦吏，皆殺其守尉令丞反，以應陳涉」。武臣謂：「天下同心而苦秦久矣。」劉邦言於沛縣父老：「父老苦秦苛法久矣」，武涉亦說之韓信：「天下共苦秦久矣，相與戮力擊秦。」〔註73〕豪傑起事各有其故，但

〔註71〕《史記》，卷六〈秦始皇本紀〉，第六，頁239。

〔註72〕劉邦出身寒微，為了塑造自己不平凡的形象，他在起事過程便不斷創造神化傳說來增加自己的領袖魅力，諸如劉媼懷龍種生高祖的傳說、左股七十二黑子的徵記、居臥上有雲氣、斬蛇白帝子等都是此類神話。參見《史記》，卷八〈高祖本紀〉，第八，頁341～348。

〔註73〕以上五段見《史記》，卷十八〈陳涉世家〉，第十八，頁1950；卷六〈秦始皇

以「天下苦秦」爲由，卻是號召起義聲中強而有力的一個藉口。實際上，「天下苦秦」可能主要指向關東地區，〔註74〕其中賦稅力役太重、律令刑罰太苛是豪傑口中「苦秦」的兩大原由。

> 秦王有虎狼之心，殺人如不能舉，刑人如恐不勝，天下皆叛之。〔註75〕

> 秦爲亂政虐刑以殘賊天下，數十年矣。北有長城之役，南有五嶺之戍，外內騷動，百姓罷敝，頭會箕斂，以供軍費，財匱力盡，民不聊生。重之以苛法峻刑，使天下父子不相安。〔註76〕

關東豪傑起事之初，李斯和將軍馮劫曾進諫二世：「關東群盜並起，秦發兵追擊，所殺亡甚眾，然猶不止。盜多，皆以戍漕轉作事苦，賦稅大也。」〔註77〕秦廷也曾意識到徭役賦稅過重將致農民叛變，但是隨著斯、劫下吏，主重明法，趙高指鹿爲馬，重刑虐政依舊，造反之勢終如星火燎原。

漢初士人總結秦政覆亡故事亦指向刑罰、徭役兩項：

> 秦始皇設刑罰，爲車裂之誅，以斂姦邪，築長城於戎境，以備胡、越，征大吞小，威震天下，將帥橫行，以服外國，蒙恬討亂於外，李斯治法於內，事逾煩天下逾亂，法逾滋而天下逾熾，兵馬益設而敵人逾多。〔註78〕

> （秦）賦斂重數，百姓任罷，赭衣半道，群盜滿山，使天下之人戴目而視，傾耳而聽。……起咸陽而西至雍，離宮三百，……又爲阿房之殿，……爲馳道於天下，……死葬乎驪山，吏徒數十萬人，曠日十年。〔註79〕

本紀〉，第六，頁 269；卷八十九〈張耳陳餘列傳〉，第二十九，頁 2574；卷八〈高祖本紀〉，第八，頁 362；卷九十二〈淮陰侯列傳〉，第三十二，頁 2622。

〔註74〕王子今認爲秦政有區域差異，從文獻中來看反秦事件都發生在東方。參見王子今，《秦漢區域文化研究》，成都：四川人民出版社，1998.10，頁 341～357。陳蘇鎮引杜正勝「編戶齊民」的看法，指出秦並未以徭役、苛法壓迫楚人，楚人特苦於秦主要因爲地理位置偏遠，地方風俗又與秦地大不相同。參見陳蘇鎮，《漢代政治與《春秋》學》，北京：中國廣播電視出版社，2001.3，頁 25～35。

〔註75〕《史記》，卷七〈項羽本紀〉，第七，頁 313。

〔註76〕《史記》，卷八十九〈張耳陳餘列傳〉，第二十九，頁 2573。

〔註77〕《史記》，卷六〈秦始皇本紀〉，第六，頁 271。

〔註78〕《新語校注》，卷上〈無爲〉，第四，頁 62。

〔註79〕賈山〈至言〉。參見《漢書》，卷五十一〈賈鄒枚路傳〉，第二十一，頁 2327

（秦）宮室過度，耆欲亡極，民力罷盡。賦斂不節；矜奮自賢。群臣恐諛，……妄賞以隨〔喜〕意，妄誅以快怒心。法令煩憯，刑法暴酷，輕絕人命。〔註80〕

陸賈認爲：「秦以刑罰爲巢，故有覆巢破卵之患。」「二世尙刑而亡。」〔註81〕幾乎將「尙刑」與滅亡劃上等號，秦君「設刑罰，爲車裂之誅」，又以李斯、趙高爲杖，刀筆之吏「爭以亟疾苛察相高，然其敝徒文具耳，無惻隱之實。」〔註82〕「奸邪之吏，乘其亂法，以成其威，獄官主斷，生殺自恣。」君臣官員俱皆以法立威，「法逾滋而天下逾熾」，終至「赭衣半道，群盜滿山」。此外，秦之賦役繁重，百姓除需負擔戍漕轉作之事，尙有築馳道、興建陵寢宮殿等大型工程，秦兵南征北討更要動員無數民力，「勞罷者不得休息，飢寒者不得衣食，亡罪而死刑者無所告訴，人與之爲怨，家與之爲仇，故天下壞也。」〔註83〕漢初生民疲弊、經濟破敗，部分也是前朝賦斂無度的禍果。秦朝亂政對於當時反秦思潮有推波助瀾的效果，漢初統治者亦亟思改變前朝「舉措太重」、「刑罰太急」的情況，故而朝廷曾經多次頒令賜復，優待軍功、故舊、長者或是產子之民，或以減免徭役驅民歸農等，這些清靜毋擾的作法在大亂之後對於收拾民心有一定的效果。

再者，漢人檢討亡秦教訓時，必將罪魁禍首指向專斷暴戾、用佞殺賢、貪圖逸樂的秦朝皇帝，

秦皇帝以千八百國之民自養，力罷不能勝其役，財盡不能勝其求。〔註84〕

秦王懷貪鄙之心，行自奮之智，不信功臣，不親士民。廢王道而立私愛，焚文書而酷刑法，先詐力而後仁義，以暴虐爲天下始。……秦王足己而不問，遂過而不變。二世受之，因而不改，暴虐以重禍。〔註85〕

～2328。

〔註80〕《漢書》，卷四十九〈爰盎晁錯傳〉，第十九，頁2296。

〔註81〕以上二段見《新語校注》，卷上〈輔政〉，第三，頁51；〈道基〉，第一，頁29。

〔註82〕《史記》，卷一百二〈張釋之馮唐列傳〉，第四十二，頁2752。

〔註83〕以上見《漢書》，卷四十九〈爰盎晁錯傳〉，第十九，頁2296；卷五十一〈賈鄒枚路傳〉，第二十一，頁2332。

〔註84〕賈山〈至言〉。參見《漢書》，卷五十一〈賈鄒枚路傳〉，第二十一，頁2332。

〔註85〕《新書校注》，卷一〈過秦下〉，頁14。

秦始皇驕奢靡麗，好做高臺榭，廣宮室，則天下豪富制屋宅者，莫
不倣之，設房闥，備廄庫，繕雕琢刻畫之好，博玄黃琦瑋之色，以
亂制度。〔註86〕

漢人認爲，秦王重徭苛刑只是爲了滿足個人私欲，主上窮奢極欲，上行下效的
結果，「力罷不能勝其役，財盡不能勝其求」，最後「身死纔數月耳，天下四面
而攻之，宗廟滅絕矣。」殷鑑不遠，知識份子便不斷借秦朝舊事提醒漢主少衰
射獵、聞過納諫，晁錯言文帝之朝「絕秦之跡，除其亂法；躬親本事，廢去淫
末；除苛解嬈，寬大愛人；肉刑不用，辠人亡帑；非謗不治，……辠人有期，
后宮出嫁；尊賜孝悌，農民不租；明詔軍師，愛士大夫；求進方正，廢退奸邪；
除去陰刑，害民者誅；憂勞百姓，列侯就都；親耕節用，視民不奢。」〔註87〕
似乎盡除秦政弊端，可見漢初統治者對秦政之失確實已有深刻的體認。

漢初政治環境對言論箝制相對寬鬆，〔註88〕儒者懷抱儒家聖王的理
想，便以秦王爲鏡，要求漢主自律。法家專制君主具有絕對的權威，其以刑
罰爲利器，肆一人之志以制天下，而「秦俗多忌諱之禁也，忠言未卒於口，
而身糜沒矣。」〔註89〕最後甚至上演焚書坑儒的悲劇，以是漢人議論亡秦教
訓時，往往將秦朝失政根源指向法家皇帝，徐復觀說西漢知識份子「反法家
實際是反漢代專制政治中的骨幹」，〔註90〕知識份子對秦王不滿，和專制政治
下無所節制的皇權擴張有關。而自陳勝號召「苦秦」起義後，反秦成爲當時
最流行的一股思潮，士人言治亂之道莫不借秦爲喻，統治階層亦自引爲誡深
恐步入秦王後塵，故當陸賈質言：「鄉使秦已并天下，行仁義，法先聖，陛下
安得而有之？」〔註91〕高帝不懌卻面有慙色，可知反秦已是漢政必然的方向，
統治者與士人想法的差別只在如何實行、如何統一理想與現實的落差。漢初
經濟蕭條、民不聊生，秦之遺風餘俗未滅，士人既望解決政經社會問題並以

〔註86〕《新語校注》，卷上〈無爲〉，第四，頁62。
〔註87〕以上二段見《漢書》，卷五十一〈賈鄒枚路傳〉，第二十一，頁2332；卷四十
九〈爰盎晁錯傳〉，第十九，頁2296～2297。
〔註88〕漢朝初創之時固以收攬人才爲急，故「禁網疏闊，懷才者皆得自達。」參見
《二十二史箚記》，卷二「上書召見」條，頁30。
〔註89〕《新書校注》，卷一〈過秦下〉，頁16。
〔註90〕徐復觀，〈兩漢知識份子對專制政治的壓力感〉，收於《兩漢思想史》一，台
北：學生出版社，1983.2七版，頁282。
〔註91〕《史記》，卷九十七〈酈生陸賈列傳〉，第三十七，頁2699。

締造漢朝新秩序，他們對於秦政的批評也無不根據現實所發，議論中所呈現的時代使命感很是強烈。

二、漢承秦制下的禮與法

在反秦反法的時代思潮下，漢初首需進行的應是法制改革，史、漢中都記載了劉邦「約法三章」、「餘悉除去秦法」的宣示，但數月之後，項羽入關奪劉邦關中之王，三章之法已名存實亡，其後「三章之法不足以御姦，於是相國蕭何攈摭秦法，取其宜於時者，作律九章。」〔註92〕韓信、彭越皆受夷三族具五刑大獄，可見約法三章只是劉邦入關時的政治口號，並非對於秦法的實質改革。如前所述，漢人以反秦反法起家，但是為了穩固統治權力，統治國家仍然採用帝王專制的型態，承襲秦朝大一統體制的基礎。皇帝是國家主體，〔註93〕其他不論郡縣、官制、兵役、財政、法律、服色、朝儀、廟制、陵墓等都與秦制相同，大體而言，漢初禮制多古禮、秦儀雜就，在孝武條定法令之前，漢廷法制幾乎全盤因襲秦朝。

（一）漢初法律因襲秦法

劉邦西入咸陽與秦父老約法三章，其後四夷未附，兵革未息，蕭何乃作律九章。《晉書・刑法志》謂九章律由舊秦《法經》損益，除原盜、賊、囚、捕、雜、具六篇之外，蕭何「益事律興、廄、戶三篇，合為九篇。」〔註94〕今睡虎地秦律有〈廄苑律〉、〈魏戶律〉之文，〈徭律〉、〈戍律〉規定的內容又與漢之〈興律〉相仿，〔註95〕龍崗秦簡各條雖無律名，當中仍有廄苑、興作之有關規定，〔註96〕可見秦律中本有興、廄、戶三篇規定，九章律確實是在秦法基礎上而增減損益。今以王者之政最重視的盜賊為例，〔註97〕分析《奏

〔註92〕《漢書》，卷二十三〈刑法志〉，第三，頁1096。
〔註93〕「秦兼天下，建皇帝之號，立百官之職。漢因循而不革，明簡易，隨時宜也。」參見《漢書》，卷十九上〈百官公卿表〉，第七上，頁721。
〔註94〕房玄齡撰，《晉書》，卷三十〈刑法志〉，第二十，北京：北京中華書局，1997，頁922。
〔註95〕《睡虎地秦墓竹簡》，頁22～24、174、47、89～90。
〔註96〕中國文物研究所、湖北省文物考古研究所，《龍崗秦簡》，北京：北京中華書局，2001.8。
〔註97〕「是時承用秦漢舊律，其文起自魏文侯師李悝。悝撰次諸國法，著法經。以為王者之政，莫急於盜賊，故其律始於盜賊。」參見《晉書》，卷三十〈刑法志〉，第二十，頁922。今《二年律令》中律文排序以〈賊律〉居首，〈盜律〉次之，亦可與《晉書》說法相證。

讞書》中的漢初案例，略窺漢律與秦法異同。

> 女子甑、奴順等亡，……甑告丞相自行書順等自贖，甑所臧（贓）
> 過六百六十，不發告書，……廷報：甑、順等受行賕狂（枉）法也。
> （案例七）
>
> 兆盜書繫（毄）隧（燧）亡。……毄（繫）母嫩亭中，受豚、酒臧（贓）
> 九十，出嫩，疑罪，廷報：賢當罰金四兩。（案例十三）
>
> 醴陽令恢盜縣官米，……從史石盜醴陽已鄉縣官米二百六十三石八
> 斗，令舍人士五（伍）興、義與石賣，得金六斤三兩、錢萬五千五
> 十，……恢當黥爲城旦，毋得以爵減、免、贖。（案例十五）〔註98〕

上述三個盜案都是行賄枉法的犯罪。案例七之官員收賄後，雖然只是消極不作爲，仍據所受贓值論罪。案例十三中，接受飲食餽贈者是本案關係人繫（人名）之母，繫母接受來自犯人的飲食招待，後來便發生繫文書掉落致使人犯脫逃的巧合，依照「智（知）人爲群盜而通歠（飲）食餽饋之，與同罪」的法律文義解釋來說，繫無罪，原審疑罪求讞，最終審議仍判繫有受贓之罪，依據盜律罰金四兩。案例十五，醴陽縣令恢（人名）指使手下偷盜縣內米倉私賣，共得黃金六金三兩一萬五千零五十錢，此案犯罪盜贓值在六百六十錢以上，恢被判決處黥爲城旦之刑。本案中恢並未親身行竊，但判決認爲「謀遣人盜，若教人可（何）盜所，人即以其言□□□□□及智（知）人盜與分，皆與盜同法。」〔註99〕正與秦法教唆視同正犯同一原則。〔註100〕漢律規定：「受賕以枉法，及行賕者，皆坐其臧（贓）爲盜。罪重於盜者，以重者論之。」〔註101〕官員受贓、監守自盜列入盜律規範，罪重於盜者並從重處罰。〈法律答問〉：「害盜別徼而盜，駕（加）罪之。」「求盜盜，當刑爲城旦，問罪當駕（加）如害盜不當？當。」〔註102〕秦法官員犯罪時刑度加重一級，漢朝案例中卻未見加重，但案例七、十

〔註98〕以上三例參見《張家山二四七號墓》竹簡整理小組，《張家山漢墓竹簡〔二四七號墓〕》，《奏讞書》，北京：文物出版社，2001.11，頁217～219。

〔註99〕以上二段見《張家山漢墓竹簡〔二四七號墓〕》，《二年律令・盜律》，頁142。

〔註100〕〈法律答問〉中有三條律說，分別是：「甲謀遣乙，一日，乙且往，未到，得，皆贖黥。」「人臣甲謀遣人妾乙主牛，買（賣），把錢偕邦亡，出徼，得，論各可（何）殹（也）？當城旦黥之，各畀主。」「甲謀遣乙盜殺人，受分十錢，問乙高未盈六尺，甲可（何）論？當磔。」

〔註101〕《張家山漢墓竹簡〔二四七號墓〕》，《二年律令・盜律》，頁142。

〔註102〕關於加罪的規定，〈法律答問〉有：「可（何）謂「駕（加）罪」？五人盜，

三中，官吏只是事件關係人，朝廷對官員究法仍取較高的標準，認定賄賂與犯罪間有因果關係而做有罪推定，還特別聲明不能以爵贖免，對於官員操守的要求顯與秦朝相同。上述三案官員定罪懲處皆依下列所述：

> 盜臧（贓）直（值）過六百六十錢，黥爲城旦舂。六百六十錢到二百廿錢，完爲城旦舂。不盈二百廿到百一十錢，耐爲隸臣妾。不盈百一十錢到廿二錢，罰金四兩。不盈廿二錢到一錢罰金一兩。〔註 103〕

秦、漢盜罪都由贓值決定刑度，處罰內容差異不大，〔註 104〕但是漢法未對官吏加罪，其罰相對來說便較秦法寬鬆。

案例五是求盜視（人名）追捕逃亡的奴隸武（人名），追捕過程視、武以劍互傷，最後卻發現武是庶人身份而非逃亡奴隸。漢〈賊律〉規定：「賊傷人，及自賊傷以避事者，皆黥爲城旦舂。」而「鬪而以釧及金鐵銳、錘、錐傷人，皆完爲城旦舂。」〔註 105〕鬪傷人罪輕，賊傷人罪重，武雖出於自衛傷人，最後仍以賊傷人論處。秦有近似之例：「求盜追捕罪人，罪人挌（格）殺求盜，問殺人者爲賊殺人，且鬪（鬪）殺？鬪（鬪）殺人，廷行事爲賊。」〔註 106〕秦對追捕過程產生的殺傷從重判爲賊殺人，漢廷案件定罪也是同樣的標準。案例十六中，新郪長吏信（人名），指使舍人蒼（人名）殺死求盜武（人名），由於教唆、同謀皆視同正犯，故東窗事發後，蒼與信依「賊殺人，及與謀者，皆棄市。」〔註 107〕案例九、十是官吏擅使刑徒供役私事卻登錄爲役公家的案子；案例十一是大夫謀令他人私改馬傳以供出入之事；〔註 108〕案例十二的郵人因積壓文件未送，私自竄改原訂發送時間，〔註 109〕四案廷報皆定讞爲僞書，

> 臧（贓）一錢以上，斬左止，有（又）黥以爲城旦；不盈五人，盜過六百六十錢，黥（劓）以爲城旦；不盈六百六十到二百廿錢，黥爲城旦；不盈二百廿以下到一錢，（遷）之。求盜比此。」

〔註 103〕《張家山漢墓竹簡〔二四七號墓〕》，《二年律令·盜律》，頁 141。

〔註 104〕〈法律答問〉中，贓值過六百六十錢的竊盜，秦法科以黥城旦之刑，贓值一百一十錢者耐爲隸臣。參見《睡虎地秦墓竹簡》，〈法律答問〉，頁 101、101。

〔註 105〕以上二條見《張家山漢墓竹簡〔二四七號墓〕》，《二年律令·賊律》，頁 137。

〔註 106〕《睡虎地秦墓竹簡》，〈法律答問〉，頁 109。

〔註 107〕《張家山漢墓竹簡〔二四七號墓〕》，《二年律令·賊律》，頁 137。

〔註 108〕漢法規定馬匹出入關需有馬傳，馬匹特徵也需登記。參見《張家山漢墓竹簡〔二四七號墓〕》，《津關令》，頁 205。

〔註 109〕秦〈行書〉：「行傳書、受書，必書其起及到日月夙莫（暮），以輒相報。」漢律應當也有類似規定，漢〈行書律〉才會有以下規定：「發致及有傳送，若諸有期會而失期，乏事，罰金二兩。非乏事也，及書已具，留弗行，行書而留

由《二年律令》賊律所規範。睡虎地秦墓竹簡整理小組認爲秦法以李悝《法經》爲藍本，依李悝六篇排列〈法律答問〉簡文次序時，也將有關僞書的解釋列在盜篇之次，此秦、漢法令編排皆同。

　　《奏讞書》十六個司法案件中，盜、賊者佔半數以上，西漢早期的刑事案件應仍以此爲大宗，以上各案審判皆依法而斷，其論罪標準、刑度原則和秦律幾乎一樣，可見漢初法律不僅法典體例編排襲秦，法律規定內容、審判標準也和秦律相去無多。漢初蕭何取秦法之宜以作九章之律後，律法承秦而無大規模的創設，自高祖之興，「因循舊章，不輕改革」，〔註110〕惠帝四年去挾書律，呂后除三族罪、妖言令，文帝廢收孥相坐之法、除錢令、田租稅律等，都是個別、不合時宜律令的廢止，在此之前，這些秦朝所訂法令都在漢朝繼續施行，可以想見漢初對秦法的承用應是相當全面性的。日學者堀毅考據秦漢刑名指出，漢朝法律體系存在「繼承秦律的漢的舊律和文帝改革後的漢的新律」兩個體系，漢的舊律「幾乎全部繼承了秦代的刑罰」，〔註111〕即使是文帝廢除肉刑、孝景定箠令減笞法，只是行刑方法的變革或是刑度之減輕，而非對於犯罪項目或是構成要件內容的更訂，至於晁錯改諸侯之法爲漢法是使全國適用統一法令、回收諸侯國的自立法令之權，都非新的法令規範之訂立，漢朝大規模地制定新法，應是從武帝開始。〔註112〕不過，由上述各例以觀，漢朝審判論罪仍是較秦時爲輕，對於犯罪官員的論刑刑度比起秦朝已是少了一等，顯見反秦思潮下，漢朝統治者確實有意輕刑寬罰，法律規範的內容範圍雖然與秦近似，但是對於「罰莫如重而必」的法家信念已不再完全認同。

（二）古禮秦儀雜就漢禮

　　漢以反秦起家，漢初卻仍沿用秦朝律法，〔註113〕君臣間的禮儀制度也大抵因循秦制未改，司馬遷談漢初禮儀變遷時說：

　　　　　　過旬，皆盈一日罰金二兩。」
〔註110〕范曄撰，《後漢書》，卷三十四〈梁統列傳〉，第二十四，北京：北京中華書局，1997，頁1169。
〔註111〕堀毅，《秦漢法制史論攷》，〈秦漢刑名攷〉，北京：法律出版社，1988.8，頁146～185。
〔註112〕「孝武世以奸宄滋甚，增律五十餘篇。」參見魏收，《魏書》，卷一百一十一〈刑法志〉，第十六，北京：北京中華書局，1997，頁2872。
〔註113〕高敏：「高祖入關後約法三章時並未『餘悉除去秦法』，換言之，漢初的法律系承自秦律，二者並無太大差異。」參見高敏，〈漢初法律全部繼承秦律說〉，收於《秦漢史論叢》第六輯，1981.7。

秦有天下，悉內六國禮儀，采擇其善，雖不合聖制，其尊君抑臣，
朝廷濟濟，依古以來。至於高祖，光有四海，叔孫通頗有所增益減
損，大抵皆襲秦故。自天子稱號下至佐僚及宮室官名，少所變改。
孝文即位，有司議欲定儀禮，孝文好道家之學，以爲繁禮飾貌，無
益於治，躬化謂何耳，故罷去之。孝景時，御史大夫鼂錯明於世務
刑名，數干諫孝景曰：「諸侯藩輔，臣子一例，古今之制也。今大國
專治異政，不稟京師，恐不可傳後。」孝景用其計，而六國畔逆，
以錯首名，天子誅錯以解難。事在袁盎語中。是後官者養交安祿而
已，莫敢復議。〔註114〕

秦禮特別強調君臣尊卑區分，內容多異古制，漢初雖有增益減損「大抵皆襲秦
故」「少所變改」；文帝時賈誼建議修改承秦之禮制，並興禮樂、更化改制，〔註
115〕但在軍功重臣反對下「其議遂寢」；景帝時鼂錯從維護皇權的角度要求更動
王國制度，他主張以強硬的方式，強化所有君尊臣卑的禮制象徵，但以諸侯王
國反彈，鼂錯遭到誅殺，七國亂後的一段時間裡，更禮之議不復再被提起。

至於富有國家宗教性質的漢初郊祀之禮，其儀大抵也由秦制損益。漢二年，
高祖立北時以祠黑帝，爲了表達重祠敬祭之意，他「悉召故秦祝官，復置太祝、
太宰，如其故儀禮。」巫祠雖眾，但是皇帝始終未曾親往，祭祀禮儀大抵亦承
秦未易。高祖建立「雍五時」的郊祭之制，以五位上帝爲最高神靈，惠帝、呂
后沿之。文帝時，海內安寧，爲了報饗神靈德佑諸祠各增廣壇場，「珪幣俎豆以
差加之」，並採新垣平之議在長安東北郊建立渭陽五帝廟，天子二度親郊，並有
意於巡狩、封禪、改服色之事，但後來新垣平詐事發覺，文帝遂「怠於改正朔
服色神明之事，而渭陽長門、五帝使祠官領，以時致禮」無有所興，〔註116〕儒
者更化改制的理想也告落空。班固說：「漢興之初，庶事草創」，故「正朔服色
郊望之事，數世猶未章。」〔註117〕在中央與王國間的政治問題尚未解決前，〔註

〔註114〕《史記》，卷二十三〈禮書〉，第一，頁1159～1160。
〔註115〕「漢承秦之敗俗，廢禮義，捐廉恥，……至於風俗流溢，恬而不怪，以爲是
適然耳。夫移風易俗，使天下回心而鄉道，類非俗吏之所能爲也。夫立君臣，
等上下，使綱紀有序，六親和睦，……漢興至今二十餘年，宜定制度，興禮
樂，然後諸侯軌道，百姓素樸，獄訟衰息。」參見《漢書》，卷二十二〈禮樂
志〉，第二，頁1030。
〔註116〕以上兩段見《史記》，卷二十八〈封禪書〉，第六，頁1378～1382。
〔註117〕《漢書》，卷二十五下〈郊祀志〉，第五下，頁1270。
〔註118〕李偉泰認爲漢承秦制是「秦本位政策」的一環。參見李偉泰，〈漢初沿用秦制

118）禮制改革尚非當務之急，朝廷郊祭之事多是行禮如儀，要到武帝以後，郊祭禮制在儒家經典的補充下才逐漸完備，三歲一郊成為定制，在此之前，郊失其義，唯陳其數，其品節儀文就只是祝史之事而已。

　　漢初法制承秦，但在反秦思潮影響下，統治者治獄卻是有意從寬就輕。劉邦初定天下時，以「兵不得休八年，萬民與苦甚，今天下事畢，其赦天下殊死以下。」執韓信時，又念他「身居軍旅九年，或未習法令，或以其故犯法，大者死刑，吾甚憐之。其赦天下。」〔註119〕高祖在位十二年，赦天下次數有九，惠帝、呂后也四度頒赦，〔註120〕不論是漢主有意表達施政寬緩，或是考慮法律施行應當先有適應期，漢主對於法治確實不若秦帝執著，用酷法重刑統治國家的觀念也有修正。漢初叔孫通雖為漢家草具儀法新訂朝儀，但是此一標榜尊君、能令朝廷大臣振恐肅敬的朝儀禮制，與秦廷作法似乎並無大異，漢對秦制的接收應是相當全面的。

　　漢初天下雖有形式的統一，但是劉邦仍為皇權鞏固問題戒慎憂懼，當政局紛擾之時，禮儀法度非當務之急，承秦制度是安定天下的辦法之一。漢初功臣舊將大多來自民間，「少文多質，懲惡亡秦之政，論議務在寬厚，恥言人之過失。」〔註121〕黃老強調國家奉法而治，與當時漢朝承秦的作法一致，其施民恩惠、與民休息的清靜無為思想，與恢復經濟、回復國力的現實需求相合，又能被質樸少文的統治階層接受，黃老便在漢初大為流行。再從西漢政權性格來看，漢初君臣大多出身社會底層，拜將封侯後仍不脫軍人本色，〔註122〕他們雖以反秦除暴號召起義，但真正的心態卻是以力假仁而爭天下，漢初政權的霸道性格強烈，統治者對於學者理想性的改制進言常常只是聽進一半，漢初禮法大抵都是承秦未易的。

　　　原因舊說辨正〉，收於《漢初學術及王充論衡論述稿》，頁37～39。

〔註119〕以上二段見《漢書》，卷一下〈高帝紀〉，第一下，頁51、59。

〔註120〕漢世諸帝所赦次數，可參沈家本，《赦考》，〈赦三〉，「漢世諸帝赦之次數」條，北京：北京中華書局，1985.12，頁582～583。收於《歷代刑法考》二。

〔註121〕《漢書》，卷二十三〈刑法志〉，第三，頁1097。

〔註122〕「自漢興至孝文二十餘年，會天下初定，將相公卿皆軍吏。」參見《史記》，卷九十六〈張丞相列傳〉，第三十六，頁2681。

秦無尺土之封而王跡興於閭巷，天數所定即如史家亦且感到迷惘，〔註123〕劉邦提三尺劍而取天下固然有些幸運的成分，漢政權成立後內憂外患不斷，光就機運也不能解決當前種種困難。初時劉邦雖迫於形勢分土封王，唯郡國並行既非漢主本意，皇帝與諸侯王間的心結、分封與集權下的矛盾便訴諸戰爭來解決，軍事行動頻繁不免造成政局不安，此外漢初經濟蕭瑟、人民痛苦指數飆高，戰亂之後百業凋弊，統治形勢相當嚴峻。漢人面對破敗的社會現實，對存亡、治亂之道有了更深刻的體悟，知識份子探討秦亡原因，對秦王、秦政多所批評，而號稱揭竿起義的漢軍，對秦印象自然已是惡劣到極點，向百姓列舉對手罪狀可以增強漢政權的正當性，大亂之後易為治，堅持反秦信念亦能安撫民心。反秦是漢初流行的思潮，也是漢人上下一致的共識，但是觀察漢初制度卻是承沿秦制，政權統治方式與反秦思潮實背道而馳。不過，統治思維的矛盾並未造成國家施政的困難，統治者以黃老思想吸納了反秦與承秦間的矛盾、緩和了中央與地方的緊張，清靜無為與民更化的想法符合社會所需，漢初統治困境無形中便逐步得到化解了。

第三節　小　結

思想的發生往往與時代背景、政治現實、社會環境有關，以經驗主義為基調，與政治現實密切連結的禮、法思想，更不能脫離上述條件的影響。劉邦立漢後，異姓諸侯瓜分權力、經濟不振、民生凋弊，政權面臨空前的危機，為了改變國內政治勢力佈局，劉邦立漢之後仍舊討伐征戰，以同姓取代異姓為王，勉強維持強幹弱枝的格局；經濟上，政府不斷勸民歸農，安撫流亡、抑制工商，終使生民日繁、衣食滋殖。漢初王國法律本與朝廷不同，諸侯王國得自為法令並有自己的司法系統，漢法不施於王國當中，直到漢廷在與王國相抗的政治局勢中佔得上風，皇權在國內擁有絕對控制的優勢，中央、地方法令漸趨一致，皇帝意志可以支配王國，漢廷法令亦能貫徹全國。禮制情況亦類如此。

漢初君主疲於征討國內反叛勢力，放手任治是恢復民生經濟的較好選擇，在中央權力尚未鞏固前，禮儀諸事並非當務之急，史、漢所言之漢初「庶

〔註123〕「此乃傳之所謂大聖乎？豈非天哉，豈非天哉！非大聖孰能當此受命而帝者乎？」參見《史記》，卷十六〈秦楚之際月表〉，第四，頁760。

事草創」背後顯然還有複雜的現實原因。漢初知識份子批評秦政、反對秦法之餘，對於漢朝政治也寄以很高的期望，他們對「漢承秦制」既有不滿，卻又無力影響君主推動全面制度改革，爲了解決當時政治社會危機，保障漢政權永續經營，他們一方面對統治者提出規諫，另方面則努力修正學說使與政治現況更契合。漢興之際，天下局勢猶未安定，統治階層既有因應現實的辦法，儒者政治理想也只能提供治國之大原則與大方向，這樣的政治社會環境正是黃老思想的溫床，時機未至則因循而不擅，靜默守藏之中仍然講求剛柔並施，這種攙雜刑德的君人之術既能滿足統治政權需要，無為執雌的作法與也苦秦下之民心所需相吻合。

第二章 漢初黃老的道法與禮思想

　　漢人將黃老之學稱爲道家或道德家，〈論六家要旨〉：「其爲術也，因陰陽之大順，采儒墨之善，撮名法之要。」所言因順陰陽兼採儒、墨、名、法等正是黃老之學的特點，而黃老學說結合他家務本圖治之要與嚴明人倫秩序之長，用以治國非常便利，司馬談便言，道家察天知道、因順陰陽，退可全生自養，進可治國用兵、大化天下，「與時遷移，應物變化，立俗施事，無所不宜，指約而易操，事少而功多。」〔註1〕班固也說：道家者流，「清虛以自守，卑弱以自持，此君人南面之術也。」〔註2〕由此可見漢人之黃老觀點其實便是漢初的統治術，所有清虛卑弱的退卻完全只是一種柔韌變化的政術。

　　漢初接秦之敝，國內百廢待舉，此時匈奴侵擾北方，南越亦割地自立，漢朝在內外交迫下，甚至連維繫統治政權也有危機，詳見前章所述。是時，統治者以安內爲先，既封趙佗爲南越王使「稱臣奉漢約」，面對匈奴欺侮亦百般忍辱，對內以黃老爲治，「治道貴清靜而民自定」，輕賦、薄斂、慈惠、恤民。不過，黃老無爲並非無所作爲，清靜思想的內容，其實包含秩序與法治的重建，《黃帝書‧稱》言：「有義（儀）而義（儀）則不過，侍（恃）表而望則不惑，案法而治則不亂。」〔註3〕即是認爲秩序建立與維持應當有式有則，法治效益仍遠過無法而求治。漢歷大亂之後，各項制度未遑更定，爲了確保統治順利，朝廷仍然因襲秦制，天下局勢穩定後，漢人在一元化政治主權中

〔註1〕 以上二段見司馬遷撰，《史記》，卷一百三十〈太史公自序〉，第七十，北京：北京中華書局，1997.9，頁 3289～3292。
〔註2〕 班固撰，《漢書》，卷三十〈藝文志〉，第十，北京：北京中華書局，1997.9，頁 1732。
〔註3〕 魏啓鵬箋證，《馬王堆漢墓帛書《黃帝書》箋證》，卷三《黃帝書‧稱》，北京：北京中華書局，2004.12，頁 191。

推動崇儒運動，以聖人經典標準成為人間秩序的指標。

馬王堆漢墓出土的帛書《老子》及其後所附《伊尹・九主》和《經法》、《十大經》、《稱》、《道原》四種合抄卷，一般都視之為漢初黃老思想的內容，〔註4〕這些著作可能成書於戰國時期，卻在前漢七十年間成為最富影響的政治哲學，漢初統治者休養生息的黃老思想，當由帛書內容以觀。

第一節　黃老道法思想

黃老帛書中有段黃帝與賢者討論治國的對話，闔冉曰：「左執規，右執柜（矩），何患天下？」國家規矩制度已立，統治可由循名責實而辨是明非，「欲知得失，請必審名察刑（形），刑（形）恒自定，是我俞（愈）靜。事恒自也（施），是我無為。」〔註5〕形名既成，萬事可定，可知清靜無為並非放任不作，法制仍是無為政治的前提或基礎。

一、從天之道到形名之法

帛書由天道談到人事治道，認為理想的治道、治法皆取效天道而來，「周遷（圈）動作，天為之稽，天道不遠，入與處，出與反。」〔註6〕天道還周的思想貫串在整部《黃帝書》當中，是帛書哲學體系的核心與焦點。黃老之法思想亦由天道而來，法的特點無一不與天道特色相對應。

（一）天道觀

古時中國人對宇宙的體認，表現在基本農業需求與原始的宗教信仰中，古

〔註4〕 唐蘭、金春峰、陳鼓應等認為，1973年馬王堆漢墓出土帛書中，《經法》、《十大經》、《稱》、《道原》四部係〈藝文志〉所錄之《黃帝四經》，但亦有其他學者持不同意見，如李學勤認為此四篇應當稱為《黃帝書》，丁原明、吳光則名之以《黃老帛書》，裘錫圭以「〈經法〉等四篇」或「馬王堆老子乙本卷前帛書《黃帝書》」代稱。當今學者對於出土帛書的不同命名或看法，可參景紅，〈80年代中期以來黃老學研究綜述〉，《管子學刊》，1998，第三期。或林靜茉，《帛書《黃帝書》研究》，國立台北師範大學博士論文，2001.6。學界雖對帛書的成書時間、流行地域、名稱等頗有異見，但對於帛書可為漢初流行的黃老思想提供佐證一事，倒是鮮有異議的。本文以下簡稱四篇帛書之文為「帛書」或「黃帝書」。

〔註5〕 以上二段見《馬王堆漢墓帛書《黃帝書》箋證》，卷二《黃帝書・經法》，〈五正〉，S3.1，〈十大經〉，S15，頁116、186。

〔註6〕 《馬王堆漢墓帛書《黃帝書》箋證》，卷一《黃帝書・經法》，〈四度〉，J5.1，頁42。

代天文發展始自觀察天體運行、四季迭替、晝夜變化等，天文學家由天象觀測中計算天體度、數、定位與其規律運動的相對位置，〔註7〕進而預測天體之見伏與贏縮。星體運行與節氣更遞對農事、作息都有影響，天道與人世事務實密切相關，這便是「厤象日月星辰，敬授人時」思想的根源，〔註8〕也是中國傳統的天人宇宙觀。實象宇宙可用抽象符號或占星式圖來說明，〔註9〕這套解釋系統亦爲時人所共信，〔註10〕故「爲天數者，必通三五。終始古今，深觀時變。」〔註11〕當人類能以抽象的符號系統完備詮解天道之模式，這就形成了戰國以來流行的術數之學。〔註12〕天是可知可識的客觀對象，也提供一種生生不息、條理井然的秩序觀，術數家由符號操作排列天人關係的類比與組合，黃老則「因陰陽之大順」安排人事的動靜，漢初黃老亦由此一天道思想脈絡繼續發展。

　　帛書提到宇宙生成的過程，

> 群群（混混）□□□□□□爲一困。无晦无明，未有陰陽。陰陽未定，吾未有以名。今始判爲兩，分爲陰陽。離爲○四【時】，□□□

〔註7〕　「度」與「數」是古天文學就有的概念，《周髀算經》中有大量的數學算式，用以精密計算天體周天的度數。參見陳遵嬀，《中國天文學史》第一冊，台北：明文書局，1990.6，頁82～133。

〔註8〕　孔穎達疏，《尚書》，卷二〈堯典〉，第一，北京：北京中華書局，1980.9，頁119。收於《十三經注疏附校勘記》。

〔註9〕　所謂「式」，就是將天盤、地盤依照蓋天說「天圓地方」的想法投影疊合，在天盤、地盤的配合、運動中呈現時間與空間的關係。式圖配數、配物可以演繹出四時、八位、十二度、二十四節氣等時空概念，藉由這套複雜的符號系統推算，或可爲人類問題找出某種解答。參見李零，《中國方術考》修訂本，北京：東方出版社，2000.4，頁40～42。

〔註10〕漢代陰陽思想流行，〈藝文志〉中有很多陰陽家作品，卜者甚至以言天地之利害、事之成敗爲業，分策定卦而「辯天地之道，日月之運，陰陽吉凶之本。」「分別天地之終始，日月星辰之紀，差次仁義之紀，列吉凶之符。」參見《史記》，卷一百二十七〈日者列傳〉，第六十七，頁3216。

〔註11〕《史記》，卷二十七〈天官書〉，第五，頁1351。

〔註12〕憑藉著戰國以來發達的天文知識與曆數之學爲基礎，便有所謂術數之家欲以一窺天道，並爲人事現象做預言，此即分策定卦，「旋式正棊，然後言天地之利害，事之成敗。」「辯天地之道，日月之運，陰陽吉凶之本」的卜人所事。參見《史記》，卷一百二十七〈日者列傳〉，第六十七，頁3216～3218。李約瑟將傳統占卜、星命、風水、相術、擇日及鬼神之說，視爲中國文化中準科學或原始科學的主要類型，中國古代的宇宙觀便也透過術數之學而呈見。參見李約瑟著、陳立夫主譯，《中國之科學與文明》第二冊，台北：商務印書館，1980.8修訂三版，頁1～2。

□□□□□□□□，因以爲常。〔註13〕

比起簡單的「道生一、一生二，二生三，三生萬物」，〔註14〕帛書將混沌到陰陽進而生成宇宙的歷程說得更清楚，天地之始無形無名，混混沌沌，陰陽有分後，「陰陽備物，化變乃生。」〔註15〕帛書中的天道思想雖有「五」的觀念，卻未提及木、火、土、金、水的五行觀，〔註16〕宇宙生成之時，道在其間，

> 恒先之初，迵同大（太）虛。虛同爲一，恒一而止。濕濕夢夢，未有明晦。神微周盈，精靜不配（熙）。古（故）未有以，萬物莫以。古（故）无有刑（形），大迵無名。天弗能復（覆），地弗能載。小以成小，大以成大。盈四海之内，又包其外。在陰不腐，在陽不焦。一度不變，能適規（蚑）僥（蟯）。鳥得而蜚（飛），魚得而流（游），獸得而走。萬物得之以生，百事得之以成。人皆以之，莫知其名。人皆用之，莫見其刑（形）。一者其號也，虛其舍也，无爲其素也，和其用也。是故上道高而不可察也，深而不可則（測）也。顯明弗能爲名，廣大弗能爲刑（形），獨立不偶，萬物莫之能令。〔註17〕

帛書所言陰陽與氣的關係曖昧不明，道體「濕濕夢夢」似亦帶有物質的特性，不過，道者「人皆以之，莫知其名。人皆用之，莫見其刑（形）。」「高而不可察也，深而不可則（測）也。」道體仍是一種抽象形上的概念。宇宙之初混混沌沌，莫名無形，然而道貫其間，神微周盈，此中萬物生成消滅都有一定客觀的規律，天道並非捉摸不定毫無規律可循，人類只需扼其總要，尋其道跡，稽於萬物便可體察天道天理，道是宇宙萬物的根源，「與天地同極，乃可以知天地之禍福。」知禍福而後能握成敗之機，事理成敗之關鍵盡在道中，

〔註13〕《馬王堆漢墓帛書《黃帝書》箋證》，卷二《黃帝書·經》，〈觀〉，S2.2，頁102。

〔註14〕引文甲乙本同。參見高明校注，《帛書老子校注》，〈德經校注〉，四十二，北京：北京中華書局，1996.5，頁29。

〔註15〕《馬王堆漢墓帛書《黃帝書》箋證》，卷二《黃帝書·經》，〈果童〉，S4.1，頁124。

〔註16〕帛書中提到「五逆」、「五正」、「五明」、「五邪」、「五年」、「五帝」等「五」的觀念，但是沒有「五行」，書中雖然也有木、土、金、水等字詞，但是彼此間不是一個有系統的結構，可見「五行」的觀念可能比帛書成書時期更晚，或尚未對帛書思想產生影響，帛書寫定年代應在陰陽五行觀念組合前。

〔註17〕《馬王堆漢墓帛書《黃帝書》箋證》，卷三《黃帝書·道原》，D.1、D.2，頁237～238、241。

故天地之道，「人之李（理）也。逆順同道而異理，審知逆順，是胃（謂）道紀。」〔註18〕

　　道是普遍而抽象的最高原理，本非人類感官可直接觸及，唯道非不可知不可識，可觀於四時、八位、十二度、二十四節氣的陰陽變化中，「此皆有驗」。

> 天執一以明三。日信出信入，南北有極，【度之稽也。月信生信】死，進退有常，數之稽也。列星有數，而不失其行，信之稽也。天明三以定二，則壹晦壹明，□□□□□□□□【天】定二以建八正，則四時有度，動靜有立（位），而外內有處。天建【八正以行七法】。明以正者，天之道也。適者，天度也。信者，天之期也。極而【反】者，天之生（性）也。必者，天之命也。□□□□□□□□□者，天之所以爲物命也。〔註19〕

天道之中，陰陽同出於一卻又相對爲二，「寒涅（熱）燥濕，不能並立；剛柔陰陽，固不兩行。」〔註20〕陰陽周而復始，相反相成，所展現的宇宙秩序和諧而緊密，所生之道法亦是如此。

（二）道生法

　　「道生法」，法由天道而來，天道中自有名理之誠如實常在，〔註21〕〈道法〉言：「凡事無大小，物自爲舍。逆順死生，物自爲名。」萬事萬物各有天賦之形、適當之名，其名若能妥切搭配其形則「物自爲正」。萬物生成時形名已經存在，「虛無有，秋稿（毫）成之，必有刑（形）名。」只要執道虛靜必可明察秋毫、觀形知名，「天下有事，无不自爲刑（形）名聲號矣。刑（形）名已立，聲號已建，則无所逃迹匿正。」天下可得而治。帛書另一段對話也透露了法與形名的關係，黃帝問：「唯余一人兼有天下，滑（猾）民將生，年（佞）辯用知（智）」，「請問天下有成法可以正民者？」力黑答曰：「昔天地

〔註18〕 以上二段見《馬王堆漢墓帛書《黃帝書》箋證》，卷二《黃帝書·經》，〈成法〉，S9.3，頁159；卷一《黃帝書·經法》，〈四度〉，J5.5，頁47。

〔註19〕 此謂「七法」。參見《馬王堆漢墓帛書《黃帝書》箋證》，卷一《黃帝書·經法》，〈論〉，J6.2，頁57。

〔註20〕 《馬王堆漢墓帛書《黃帝書》箋證》，卷二《黃帝書·經》，〈姓爭〉，S6.4，頁145。

〔註21〕 道生法，法又起於刑名，「可見，在某些情況下，『道』又是一種『刑名』。」參見陳麗桂，《戰國時期的黃老思想》，台北：聯經出版社，1991，頁66。

既成，正若有名，合若有刑（形），□以守一名。」形名是天下成法的來源，法據形名以分則可正民服人，只要把握名必隨形的要點，便可要求法如形名以別黑白，故「法者，引得失以繩，而明曲直者殹（也）。」〔註22〕

天道獨一、有度、有數、有信、有常，法也具有同樣的特點，

> 三時成功，一時刑殺，天地之道也。四時而定，不爽不代（忒），常有法式，□□□□，一立一廢，一生一殺，四時代正，冬（終）而復始。【人】事之理也。〔註23〕

天道爲道法的形上基礎，可知道法如同天道一樣地公平而公正。道生法，道貫天地，法治人間，天有死生之時，國有死生之政，天地有常道，人事有常理，自然有「三時成功，一時刑殺」的規律法式，對應統治方式便有德惠之施與廢殺之法。天地生殺有度，統治者非奮其私智即可任意妄行，故而黃老道法仍在天道規律約束之下，但相對來說，法由天道所生，是人類明得失、論曲直的最高準繩，道法在帛書中的哲學地位很高，違背法令已然不只是違反統治者規定，同時也悖逆了天道天理，亂法者是天地不容的。

黃老結合法家重視律法的精神，也吸收其法不阿貴的主張，強調執法者與法本身都需無私公正。

> 日月星辰之期，四時之度，【動靜】之立（位），外內之處，天之稽也。高【下】不敝（蔽）其刑（形），美亞（惡）不匿其請（情），地之稽也。君臣不失其立（位），士不失其處，任能毋過其所長，去私而立公，人之稽也。美亞（惡）有名，逆順有刑（形），請（情）僞有實，王公執【之】以爲天下正。〔註24〕

> 世恒不可，擇（釋）法而用我。用我不可，是以生禍。〔註25〕

> 執道者，生法而弗敢犯殹（也），法立而弗敢廢【也】。□能自引以

〔註22〕 以上七段見《馬王堆漢墓帛書《黃帝書》箋證》，卷一《黃帝書・經法》，〈道法〉，J1.1、J1.5、J1.2，頁 1、10、4；卷二《黃帝書・經》，〈成法〉，S9.1，頁 157。

〔註23〕 《馬王堆漢墓帛書《黃帝書》箋證》，卷一《黃帝書・經法》，〈論約〉，J8.1，頁 78。

〔註24〕 以上二段見《馬王堆漢墓帛書《黃帝書》箋證》，卷一《黃帝書・經法》，〈四度〉，J5.4、J5.6，頁 57、49～50。

〔註25〕 《馬王堆漢墓帛書《黃帝書》箋證》，卷三《黃帝書・稱》，頁 192。

繩，然後見知天下而不惑矣。〔註26〕

法度者，正之至也。而以法度治者，不可亂也。而生法度者，不可
亂也。〔註27〕

「天建八正以行七法」，道法先天便有正而必、恆而信、順正合宜等特性，〔註28〕而執法者也須公正客觀，才能樹立國法公正的形象，「是非有分，以法斷之。虛靜謹聽，以法爲符。」〔註29〕案法聽訟，「禁罰當罪，必中天理。」法的權威便無可挑戰。

天道有常，人類既有能力觀天象知曆數，便能認識道妙並且取效以應事，唯人之愚智不同，體道知見有異，由帛書來看，主動把握天道並非普羅大眾皆可勝任的工作，只有聖人之明才足以觀道、體道、服道並執道。

唯叩（聖）人能盡天極，能用天當。〔註30〕

唯叩（聖）人能察无刑（形），能聽无【聲】。知虛之實，后能大虛。
乃通天地之精，通同而无間，周襲而不盈。……上虛下靜而道得其
正。〔註31〕

聖人仰天觀地，「知人之所不能知，服人之所不能得。」執道者觀於天下，「萬舉不失理，論天下而无遺筴。故能立天子，置三公，而天下化之。」唯現實當中，能登天子之位、置三公、道化天下者顯然只有君主一人，故「人主者，天地之□也，號令之所出也，□□之命也。不天天則失其神，不重地則失其根。不順【四時之度】而民疾。」王者居天下高位，應於動靜之化，「守天地之極，與天俱見，盡□于四極之中，執六枋（柄）以令天下，審三名以爲萬

〔註26〕 《馬王堆漢墓帛書《黃帝書》箋證》，卷一《黃帝書・經法》，〈道法〉，J1.1，
頁1。

〔註27〕 《馬王堆漢墓帛書《黃帝書》箋證》，卷一《黃帝書・經法》，〈君正〉，J3.4，
頁25。

〔註28〕 「天建【八正以行七法】。明以正者，天之道也。適者，天度也。信者，天之
期也。極而【反】者，天之生（性）也。必者，天之命也。□□□□□□□□
□□者，天之所以爲物命也。此之胃（謂）七法。」參見《馬王堆漢墓帛書
《黃帝書》箋證》，卷一《黃帝書・經法》，〈論〉，J6.2，頁57。

〔註29〕 《馬王堆漢墓帛書《黃帝書》箋證》，卷一《黃帝書・經法》，〈名理〉，J9.3，
頁87。

〔註30〕 《馬王堆漢墓帛書《黃帝書》箋證》，卷一《黃帝書・經法》，〈國次〉，J2.2，
頁16。

〔註31〕 《馬王堆漢墓帛書《黃帝書》箋證》，卷三《黃帝書・道原》，D.2、D.3，頁241。

事□，察逆順以觀于朝（霸）王危亡之理，知虛實動靜之所為，達於名實【相】應，盡知請（情）偽而不惑」，然後帝王之道成。黃老相信公正虛靜的統治者，其實便是能夠知道、體道、執道的聖人，唯有聖王能秉公執正，訂立順道合理的法度，法立之後，亦不擅自廢法、釋法用我，主不亂法使得法以自正，「精公无私而賞罰信，所以治也。」〔註32〕「觀國者觀主」，君主若能稽天地而出號令，已足可擔當道法的代言人，其執道一以立刑名，則統治必能以簡御繁、操正正奇，南面而天下從矣。

人類農事活動仰賴自然週期維生，自然也為人類示現某種恆常的法則，在這種天人不離的思考模式中，自然界中的任何現象與規律，對於人類都有特殊的意義。黃老將宇宙視為一個可轉化的整體，世間法則亦包羅在此整體規律中，「天地有恒常，萬民有恒事，貴賤有恒立（位），畜臣有恒道，使民有恒度。」〔註33〕「道生法」，法律據天道而立，立法之人是虛靜公正的執道者，由自然規律而來的道法，經過聖人理性的價值判斷，因時制宜地訂定為成文法律規範後，政治社會的名、分、度、位都可確定，用刑施德皆有標準，是故道雖虛無，其用則有，內容就在道法形名中。由此天道觀念思考，黃老認為人事之法亦應符合天道秩序，帛書雖然標舉自然，把天道抬到最高，目的卻在說解治國的形名與道法，使天道得而支撐人事之理與施政之道的正當性與合理性，張舜徽指出，「將道家之道視為君人南面之術，早已是西漢學者的共識，〔註34〕今觀帛書首篇〈經法〉的內容，主要便是道法的政治理論。「抽象的『道』如果要讓他在人世社會，尤其是政治運作上產生功能，就每每必須下降落實而為形名、法術。」〔註35〕不過也因為帛書非常重視道法，甚至有學者就直接將《黃帝書》列為法家。〔註36〕

〔註32〕 以上五段見《馬王堆漢墓帛書《黃帝書》箋證》，卷三《黃帝書・道原》，D.2、D.3，頁244；卷一《黃帝書・經法》，〈論約〉，J8.2，頁80；〈論〉，J6.1、J6.3，頁55、60；〈君正〉，J3.4，頁25。

〔註33〕 《馬王堆漢墓帛書《黃帝書》箋證》，卷一《黃帝書・經法》，〈道法〉，J1.4，頁8。

〔註34〕 張舜徽，《周秦道論發微》，台北：木鐸出版社，1983.9，頁2～8。

〔註35〕 陳麗桂，《戰國時期的黃老思想》，頁65。

〔註36〕 唐蘭，〈馬王堆出土《老子》乙本卷前古佚書的研究〉，《考古學報》，1975，第一期。程武，〈漢初黃老思想和法家路線〉，《文物》，1974，第十期。金春峰也認為：法家思想「和黃老本來就是一個體系。」參見金春峰，《漢代思想

二、因道全法的無爲治術

漢初朝廷對民生相關事宜都盡量避免干預擾動，「孝惠皇帝、高后之時，黎民得離戰國之苦，君臣俱欲休息乎無爲，故惠帝垂拱，高后女主稱制，政不出房戶，天下晏然。刑罰罕用，罪人是希。民務稼穡，衣食滋殖。」〔註37〕孝惠以後，黃老治事的成效逐漸浮現，百姓歌之：「蕭何爲法，顜若畫一；曹參代之，守而勿失。載其清淨，民以寧一。」〔註38〕漢初的無爲治術，是奠定在蕭何立法基礎上的無爲，統治在強調慈惠寬緩之餘並未否定秦朝法令，道法思想與無爲政策並不衝突，二者在黃老觀點中反而是相容互濟的。

（一）刑、德並用

帛書道法的意涵較「刑」爲廣，唯法施於治者最顯明可見的主要是刑，道法可治，但是黃老也再三強調刑德不離，〔註39〕統治應恩威並施。

> 春夏爲德，秋冬爲刑。先德後刑以養生。姓生已定，而適（敵）者生爭，不諶（戡）不定。凡諶（戡）之極，在刑與德。〔註40〕

> 刑德皇皇，日月相望，以明其當。……天德皇皇，非刑不行。繆（穆）繆（穆）天刑，非德必頃（傾）。刑德相養，逆順若成。刑晦而德明，刑陰而德陽，刑微而德章。其明者以爲法，而微道是行。〔註41〕

天道陰陽思想落到實際施政便是刑與德，君主施刑用德皆應光明正大、適時恰當，「過極失當，變故易常。德則无有，昔（措）刑不當。居則无法，動作爽名。是以僇受其刑。」刑德失準、失時、失度都會造成國家災殃。刑德觀念亦可以文武、剛柔來表述，「柔剛相成，牝牡若刑（形）。」「天有死生之時，

〔註39〕帛書中德與天道密切相關，通常指爲恩惠慶賞嘉勉之善行，如「德者，愛勉之（也）。」「受賞無得，受罪無怨，當也。」「無母之德，不能盡民之力。」「文德廄（究）於輕細」，「明德徐（除）害」，「行逆德」，「德虐之行」等。以上分別見〈君正〉、〈大分〉、〈論〉、〈亡論〉、〈觀〉等篇，也有進用人才之意，如「二年用其德。」參見〈君正〉。有時也解爲隨於姓氏的原始神聖屬性意義，如「唯余一人（德）乃肥（配）天。」參見〈立命〉。

史》，北京：中國社會科學出版社，1997.12二版，頁5。
〔註37〕《史記》，卷九〈呂太后本紀〉，第九，頁412。
〔註38〕《史記》，卷五十四〈曹相國世家〉，第二十四，頁2029。
〔註40〕《馬王堆漢墓帛書《黃帝書》箋證》，卷二《黃帝書・經》，〈觀〉，S2.3，頁104～105。
〔註41〕《馬王堆漢墓帛書《黃帝書》箋證》，卷二《黃帝書・經》，〈姓爭〉，S6.2，頁142。

國有死生之政。因天之生也以養生，胃（謂）之文，因天之殺也以伐死，胃（謂）之武。」原則上，天地之道「三時成功，一時刑殺」，「始於文而卒於武」，依四時之序應「先德後刑以養生」，但若順應天道應誅當亡者，則要先之以武，「武刃而以文隨其後，則有成功矣。」〔註42〕可知刑德文武之用並無絕對先後，吉凶成敗取決於人之因應天道是否得宜，只要「靜作得時，天地與之」，行文德抑用武刑無所不可。

　　德禮慈惠屬於國家文治之道，誅法禁罰則包含於統治武力中，「文武並行，則天下從矣。」帛書繼承《老子》動靜、變化、極反、益損、禍福、虛盈、盛衰等相對轉化的概念，同時又有自己以退為進的守雌主張，觀勢之變、因時順轉、應物變化而後決定作為，行文用武應由當下時機來決定，「剛不足以，柔不足寺（恃）」，一味居下守柔並非最好的姿態，是故無為虛靜之時並非靜止不動而是蓄勢待發。人主動靜與天地相參，時宜則「天地與之」、「民無不聽」，反之「動靜不時」，則天怒人怨事無可成。黃老重視成功的結果，「作爭者凶，不爭亦毋（無）以成功。」時機未至則靜默藏行守柔不先，一旦時機到來就要發揮全力爭取勝利，是故「以強下弱，何國不克。以貴下賤，何人不得。」「以有餘守，不可拔也。以不足功（攻），反自伐也。」〔註43〕退下居弱只是一時作法，應時變化完成替天行道式的霸業才是最後的成就，王者不應固執只持一端。

　　　　聖人之功，時為之庸，因時秉□，是必有成功。〔註44〕

　　　　時若可行，亟應勿言。【時】若未可，塗其門，毋見其端。……時極未至，而隱於德。既得其極，遠其德。○淺□以力，既成其功，環（還）復其從，人莫能代。〔註45〕

吉凶成敗的關鍵在時之把握，「靜作得時，天地與之。靜作失時，天地奪之。」

〔註42〕以上五段見《馬王堆漢墓帛書《黃帝書》箋證》，卷二《黃帝書・經》，〈爭姓〉，S6.4，頁145；〈觀〉，S2.2，頁102；卷一《黃帝書・經法》，〈君正〉，J3.3，頁24；〈論約〉，J8.1，頁78；〈四度〉，J5.7，頁51。

〔註43〕以上五段見《馬王堆漢墓帛書《黃帝書》箋證》，卷一《黃帝書・經法》，〈君正〉，J3.3，頁24；〈四度〉，J5.5，頁47；卷二《黃帝書・經》，〈三禁〉，S10.1，頁163；〈爭姓〉，S6.1，頁140。

〔註44〕魏啓鵬依《列子敘錄》以爲闕文可補作「要」。《馬王堆漢墓帛書《黃帝書》箋證》，卷二《黃帝書・經》，〈兵容〉，S8.1，頁152。

〔註45〕魏啓鵬依《管子》補闕文補爲「致」。《馬王堆漢墓帛書《黃帝書》箋證》，卷三《黃帝書・稱》，頁192。

若是違背天道任意濫刑,「達刑則傷」。此外,帛書注意到平民百姓對於國事成敗也有很大的力量,立法必須考量民心所向,「號令闖(合)於民心,則民聽令。兼愛无私,則民親上。」君主應爭取人民擁護,廣施恩惠於百姓,先富之而後能夠以法繩之,「民富則有佴(恥),有佴(恥)則號令成俗而刑伐(罰)不犯。」〔註 46〕國家減少干預百姓,慈惠愛民方能獲得百姓擁戴。是而所謂文武之道、禮法之施都從「因」的觀點出發,刑德互濟長短,擇時而用。

如前章所述,漢初律令幾乎全部承秦而來,但在黃老刑德觀念影響下,朝廷審議案件還是減輕了處罰的刑度,黃老重視法令而又不廢恩德的想法,影響西漢政治甚深。惠帝優容老幼,命「民年七十以上若不滿十歲有罪當刑者,皆完之。」並除挾書律,高后去三族罪、妖言令,文帝也反對一味重法治民,要求檢討「斷支體,刻肌膚,終身不息」的法令,「令罪人各以輕重,不逃亡,有年而免。」〔註 47〕令刑罰有期,並廢肉刑,〔註 48〕景帝改磔爲棄市,制定箠令規範笞刑,期以減輕行刑虐民的感受。帛書說:「善爲國者,大(太)上無刑。」對反秦起家的漢朝統治者來說,無刑無訟也許仍是最高政治境界,雖然「以刑正者,罪殺不赦」,法律不可任意廢棄或扭曲,但統治既應「參於天地,合於民心。」〔註 49〕人君便不可一味追求重罰或必刑。從可見的詔令來看,漢初帝王似乎都有意傳達愛民施惠的德政,並盡量減刑,不管其輕刑理想能否眞正落實,漢代的酷烈刑罰確實持續在修正,國家對司法政策也不斷進行檢討。秦漢二朝雖然都很重視法的統治效用,但是漢朝從黃老愛民惜力的思想出發,統治者對法的看法顯比秦人更變通,唯若由法家角度來看,因爲政治目的的考量使得行刑世輕世重,執法彈性空間加大,法本身的確定性就不免模糊。

〔註 46〕 以上三段見《馬王堆漢墓帛書《黃帝書》箋證》,卷二《黃帝書‧經》,〈姓爭〉,
　　　　　S6.3,頁 144;卷一《黃帝書‧經法》,〈君正〉,J3.5、J3.4,頁 27、25。

〔註 47〕 以上三段見《漢書》,卷二〈惠帝紀〉,第二,頁 85;卷二十三〈刑法志〉,第
　　　　　三,頁 1098。

〔註 48〕 文帝雖除肉刑,但「外有輕刑之名,內實殺人。斬右止者又當死。斬左止者
　　　　　笞五百,當劓者笞三百,率多死。」參見《漢書》,卷二十三〈刑法志〉,第
　　　　　三,頁 1099。

〔註 49〕 以上三段見《馬王堆漢墓帛書《黃帝書》箋證》,卷三《黃帝書‧稱》,頁 194;
　　　　　卷一《黃帝書‧經法》,〈君正〉,J3.2,頁 22;〈四度〉,J5.2,頁 43。

（二）道法與無為

道是絕對、無限的存在、萬物生有動靜的本根本源，道妙神奇，既是人間最高的理則，也是人類的學習對象與智慧泉源，〔註50〕「天稽還周」，天地之道規律有常，「天地之道也，人之李（理）也。」〔註51〕聖王可準乎天道，透過名、分、度、位的順逆之理，〔註52〕將人事之理與天道一體而觀。

> （聖）人不巧，時反是守。優未（昧）愛民，與天同道。卹（聖）人正以侍（待）天，靜以須人。不達天刑，不襦不傳。當天時，與之皆斷。〔註53〕

> （聖）【人】舉事也，闔（合）於天地，順於民，羊（祥）於鬼神，使民同利。〔註54〕

> 刑（形）恒自定，是我俞（愈）靜。○事恒自包（施），是我无爲。靜翳不動，來自至，去自往。……萬物群至，我无不能應。我不臧（藏）故，不挾陳。鄉（嚮）者已去，至者乃新。新故不翏（摎），我有所周。〔註55〕

帛書指出，治術體現天道當是順乎天道自然的無爲，故「天有明而不憂民之晦也。【百】姓辟（闢）其戶牖而各取昭焉。天无事焉。地有【財】而不憂民之貧也。百姓斬木荆（刈）新（薪）而各取富焉。地亦无事焉。」天地虛靜無爲不動，萬物卻能自化自定，聖人治道亦應是如此。黃帝曾疑大庭氏：「不辨陰陽，不數日月，不志（識）四時，而天開以時，地成以財。其爲之若何？」力黑答曰：其「安徐正靜，柔節先定。晃濕共（恭）僉（儉），卑約生柔。常後而不失

〔註50〕 道者，神明之原也。神明者，處於度之內而見於度之外者也。……見知之稽也。參見《馬王堆漢墓帛書《黃帝書》箋證》，卷一《黃帝書・經法》，〈名理〉，J9.1，頁83。

〔註51〕 《馬王堆漢墓帛書《黃帝書》箋證》，卷一《黃帝書・經法》，〈四度〉，J5.4，頁47。

〔註52〕 「物各□□□□胃（謂）之理。理之所在，胃（謂）之□。物有不合於道者，胃（謂）之失理。失理之所在，胃（謂）之逆。」參見《馬王堆漢墓帛書《黃帝書》箋證》，卷一《黃帝書・經法》，〈論〉，J6.2，頁57～58。

〔註53〕 《馬王堆漢墓帛書《黃帝書》箋證》，卷二《黃帝書・經》，〈觀〉，S2.5，頁111。

〔註54〕 《馬王堆漢墓帛書《黃帝書》箋證》，卷二《黃帝書・經》，〈前道〉，S12，頁170。

〔註55〕 《馬王堆漢墓帛書《黃帝書》箋證》，卷二《黃帝書・經》，〈名刑〉，S15，頁186。

體（體）。」〔註56〕無爲虛靜的統治者表面上雖不知不識，實對陰陽已是了然於胸，故能與天同道，合天順民，無爲而自治，「能爲國者能爲主」，君主端己正靜，施政示以無爲，能審知刑名而以簡御繁，治道遂能應事而無窮。

從黃老天道觀點來看，宇宙由陰陽組成，「陰陽備物，化變乃生。」〔註57〕萬有在陰陽關係中本已各有定位，

> 天陽地陰。春陽秋陰。夏陽冬陰。晝陽夜陰。大國陽，小國陰。重國陽，輕國陰。有事陽而无事陰。信（伸）者陰者屈者陰。主陽臣陰。上陽下陰。男陽【女陰。父】陽【子】陰。兄陽弟陰。長陽少【陰】。貴【陽】賤陰。達陽窮陰。取（娶）婦姓（生）子陽，有喪陰。制人者陽，制人者制於人者陰。客陽主人陰。師陽役陰。言陽黑（默）陰。予陽受陰。諸陽者法天，天貴正，過正曰詭，□□□□祭乃反。諸陰者法地，地【之】德安徐正靜，柔節先定，善予不爭。此地之度而雌之節也。〔註58〕

陰陽大義落到萬有上說，自然界有四時、晝夜之分，政治有大國小國、輕國重國之別，人際關係有君臣、上下、貴賤、男女、父子、兄弟、長少、主客、師役之異，也有窮達、順逆、剛柔、制人制於人、言默等相對的處境。「天地之道，寒涅（熱）燥濕，不能並立；剛柔陰陽，固不兩行。」〔註59〕陰陽屬性不同不可以相亂，人事關係一樣要嚴守天道陰陽的安排，身份階級各應依所然而不亂。

陰陽大義尤可視察政治上下的絕對關係，凡「君臣易立（位）胃（謂）之逆，賢不宵（肖）並立胃（謂）之亂，動靜不時胃（謂）之逆，生殺不當胃（謂）之暴。逆則失本，亂則失職，逆則失天，【暴】則失人。」帛書一再強調君主是國中位階最高的執法者，「邦出乎一道，制命在主，下不別黨，邦無私門，諍（爭）李（理）皆塞。」「主主臣臣」上下有等，其「法天地之則」，聽名執符以爲考核，故主不妄予，臣不誣能。而「法君之佐佐主无聲」，「法君之邦若无人。非无人也，皆居其職也。」是「君臣當立（位）胃（謂）之

〔註56〕以上三段見《馬王堆漢墓帛書《黃帝書》箋證》，卷三《黃帝書・稱》，頁193；卷二《黃帝書・經》，〈順道〉，S14，頁179。

〔註57〕《馬王堆漢墓帛書《黃帝書》箋證》，卷二《黃帝書・經》，〈果童〉，S4.1，頁124。

〔註58〕《馬王堆漢墓帛書《黃帝書》箋證》，卷三《黃帝書・稱》，頁194。

〔註59〕《馬王堆漢墓帛書《黃帝書》箋證》，卷二《黃帝書・經》，〈姓爭〉，S6.4，頁145。

靜」，「靜則安」，「安【則】得本。」在形名相符的前提下，君臣人民各有司職，「主執度，臣循理」，「主法天，佐法地，輔臣法四時，民法萬物」，則「刑（形）名立，則黑白之分已。」循名責實，天下事物也自然能夠得其所理。反之，若子越父、其臣主、后妃擅政、賢不肖並立，為人臣子而代君上立法治民、專擅生殺，「在強國削，在中國破，在小國亡。」〔註60〕大臣專授、半君、寄主，「所因以破邦也」，有國者不能不特別注意。帛書認為，陰陽順逆之道與人事之理相通，觀察陰陽道理可知人間上下不容悖亂的尊卑秩序，在君為國主的統治型態下，只有一國之君擁有治國優勢，進而掌握天道解釋權與道法廢立權限，統治者便能正靜無為，以道法維持國家社會的秩序。

　　帛書中的天道虛靜客觀而有規則可循，道對全體人類開放，但是一般百姓日用而不知，這種有等級的天道思想不僅與中國傳統階級社會相應，在王權擴張、王國弱化的時代背景下自然深獲漢主之心，太史公說：「自初生民以來，世主曷嘗不曆日月星辰？及至五家、三代，紹而明之，內冠帶，外夷狄，分中國為十有二州，仰則觀象於天，俯則法類於地。天則有日月，地則有陰陽。天有五星，地有五行。天則有列宿，地則有州域。三光者，陰陽之精，氣本在地，而聖人統理之。」〔註61〕天象、曆數既能影響社會實際生活運作，自然也能動搖受命政權的正當性，〔註62〕天象觀測預言既足以影響施政，解釋天道曆法若與官學不同便可能招致「妖言」亂政的罪名，因此中國天文學自始一直具有濃厚的官方性。〔註63〕黃老天道思想既合理化了統治一人的權威，也使執道立法的權力理所當然地歸屬漢廷，當形上之道具體下落為施政準則，「道生法。法者，引得失以繩，而明曲直者殹（也）。」〔註64〕道體虛

〔註60〕以上七段見《馬王堆漢墓帛書《黃帝書》箋證》，卷一《黃帝書·經法》，〈四度〉，J5.1，頁 42；卷四《伊尹·九主》，Yj3、Yj4，頁 254、259；卷一《黃帝書·經法》，〈大分〉，J4.3，頁 34，卷四《伊尹·九主》，Yj3，頁 253；卷一《黃帝書·經法》，〈道法〉，J1.2，頁 4；〈大分〉，J4.3，頁 32。

〔註61〕《史記》，卷二十七〈天官書〉，第五，頁 1342。

〔註62〕曆數是古代政權正當性的重要基礎之一，由「掌握天之曆數以條理人間秩序」的層面來看，古代「天子」扮演中介角色，而成為人世間的最高權威。參見王健文，《奉天承運──古代中國的「國家」概念及其正當性基礎》，台北：東大圖書公司，1995.6，頁 26～29。

〔註63〕大庭脩著，林劍鳴等譯，〈漢律中「不道」的概念〉，收於《秦漢法制史研究》，上海：上海人民出版社，1991.3。

〔註64〕以上二段見《馬王堆漢墓帛書《黃帝書》箋證》，卷一《黃帝書·經法》，〈道法〉，J1.4、J1.1，頁 8、1。

靜的超然性模糊了，治道由此開出，道法的政治功能更顯清晰。

　　漢由反秦立國，滅秦以後，漢人論政仍必檢討秦政敗亡之例，陸賈說：
「秦任刑法不變，卒滅趙氏。」張釋之批評故秦吏政：「秦以任刀筆之吏，吏
爭以亟疾苛察相高，然其敝徒文具耳，無惻隱之實。」主父偃謂：「秦之所以
滅者，嚴法刻深，欲大無窮也。」漢人反秦，但是統治者也深知便治必因秦
故以爲資，是故漢初各種官制等級、服制稱號、徭役兵制、法令章程、財政
經濟，甚至曆法、服色以及五德之運等與秦幾無大異，顯然漢主對於統治需
求的重視，遠大過那些象徵意味濃厚的政治理論，漢初儒者每謂：「王者易姓
受命，必愼始初，改正朔，易服色，推本天元，順承厥意。」〔註 65〕文帝始
終謙讓未遑，秦制的有效性當是一大原因。武帝以前，漢主都不願大肆興作
影響國內民生，更不欲輕舉妄動致使諸侯王國有機可趁，他們深諳於黃老因
時的哲學，是故因循舊秦的作法雖近消極，惟「單（戰）視（示）不敢，明
埶不能。守弱節而堅之，胥雄節之窮而因之。」「不擅作事，以寺（待）逆節
所窮。」才能「單（戰）朕（勝）於外，福生於內。」〔註 66〕用力少而名聲
章明，此與黃老想法正相吻合。
　　漢初七十年間，黃老清靜守柔思想是此時無爲治道的根源，史書中標榜
黃老爲治者首推曹參，「其治要用黃老術，故相齊九年，齊國安集。」他挾齊
國經驗爲漢相國，「擇郡國吏木拙於言辭，重厚長者，即召除爲丞相史。吏之
言文刻深，欲務聲名者，輒斥去之。」〔註 67〕一切示其無爲務使百姓休息。
漢初無爲政策的成功奠基於蕭何承秦所立之法令，法度既明，繼位者又少有
改易，統治只要照章循舊便有治績，因循勿擾的施政方式也是時人所期，前
章提過，漢初九章律的內容應與秦法相當接近，但是秦治失敗，漢政有成，
不能不說是黃老思想的成績。

　　　　漢興之初，反秦之敝，與民休息，凡事簡易，禁罔疏闊，而相國蕭、
　　　　曹以寬厚清靜爲天下帥，民作「畫一」之歌。孝惠垂拱，高后女主，

〔註 65〕以上四段見《史記》，卷九十七〈酈生陸賈列傳〉，第三十七，頁 2697～2699；
　　　　卷一百二〈張釋之馮唐列傳〉，第四十二，頁 2752；卷一百一十二〈平津侯主
　　　　父列傳外戚世家〉，第五十二，頁 2960；卷二十六〈曆書〉，第四，頁 1256。
〔註 66〕以上三段見《馬王堆漢墓帛書《黃帝書》箋證》，卷二《黃帝書・經》，〈爭姓〉，
　　　　S14，頁 180。
〔註 67〕以上二段見《史記》，卷五十四〈曹相國世家〉，第二十四，頁 2031。

　　不出房闥，而天下晏然，民務稼穡，衣食滋殖。〔註68〕

不只「蕭、曹爲相，塡以無爲，從民之欲，而不擾亂。」〔註69〕漢初足以影響統治的功臣中，張良「學辟穀，道引輕身」，陳平「本好黃帝、老子之術。」〔註70〕其他質樸少文的大將在對亡秦之政的厭棄下，都能認同施政寬厚與無爲治民的主張。〔註71〕其後孝惠垂拱，高后爲政亦不出於房闥，文帝「好道家之學」，「及至孝景，不任儒者，而竇太后又好黃老之術。」〔註72〕黃老之風瀰漫漢初政壇的情況可見一斑。

　　帛書天道思想從當時對天文星象的認識出發，天道之常，就在陰陽變換的規律轉化中，天道之廣，於萬事萬物當中皆可尋覓，天道是萬有理則、社會的法度與規章，天道有度、有數、有時、有位、有理、有常，人事規則無非天理天道之取法，故「一立一廢，一生一殺，四時代正，多（終）而復始。」統治者只要法天合德、「動靜參於天地」，分判陰陽便能知悉名理，進而洞察各種人事的法則，是故而君主治國其術應當體現天道，「服此道者，是胃（謂）能精。明者固能察極，知人之所不能知，服人之所不能得。是胃（謂）察稽知○極。耵（聖）王用此，天下服。」〔註73〕此亦聖主握少以知多、操正以正奇的王天下之道。

　　在黃老陰陽天道觀下，物各有名，分各有位，形名有其先天的必然性，法令若能上合天道形名，依法條理眾端，亦能分之以其份、授之以其名，而後萬民不爭，萬物自定。唯君主既由體天之道而立法，制定法令時便需排除一己私意，法立之後，須「自引以繩」不可擅亂其令，「上信无事，則萬物周扁（遍）。分之以其分，而萬民不爭。授之以其名，而萬物自定。」統治者亦不能違反天道規律。從道法本身來說，帛書將法與天道連結，法之價值遂有

〔註68〕《漢書》，卷八十九〈循吏傳〉，第五十九，頁3623。

〔註69〕《漢書》，卷二十三〈刑法志〉，第三，頁1097。

〔註70〕以上二段見《史記》，卷五十五〈留侯世家〉，第二十五，頁2048；卷五十六〈陳丞相世家〉，第二十六，頁2062。

〔註71〕「將相皆舊功臣，少文多質，懲惡亡秦之政，論議務在寬厚，恥言人之過失。」參見《漢書》，卷二十三〈刑法志〉，第三，頁1097。

〔註72〕《史記》，卷一百二十一〈儒林列傳〉，第六十一，頁3117。

〔註73〕以上二段見《馬王堆漢墓帛書《黃帝書》箋證》，卷一《黃帝書‧經法》，〈論約〉，J8.1，頁78；卷三《黃帝書‧道原》，D.3，頁244。

一個客觀、權威的來源，法的哲學地位提升了，更足以擔當統治的功能，黃老雖然認爲法令主要用以管理人民，卻非只是統治者遂行其意的長鞭，帛書一再強調主國理政應「參於天地，闔（合）於民心」，〔註74〕執法要如天道公平公正，也要注意用刑輕緩、恰如其宜，用法忌以威嚇脅迫爲能，酷刑苛罰仍然應避免。由於道法思想比起任法之術更加周到與圓融，採用黃老爲治對穩定漢初政局很有助益，在黃老思想影響下，漢初雖然襲秦法制，朝廷對於行刑用法顯得謹慎小心，西漢早期未見增訂太多治民之法，朝廷一再檢討刑罰過重的有關律令，用刑從寬的人道思考是黃老和法家之治不同的地方，這也是漢初統治者成功的秘密。

第二節　黃老的禮思想

馬王堆帛書甚少言禮，〔註75〕但不能便說黃老學說中沒有禮，或謂漢初統治意識型態中否定禮的價值，黃老禮思想的討論，應參考同樣也在漢初流行的其他黃老著作。1973 年河北定縣八角廊四十號漢墓出土竹簡本《文子》，墓主是卒於宣帝五鳳三年的中山懷王，簡本《文子》成書時間應該更早，〔註76〕其書曾在漢初流傳則無爭議。仔細尋繹書中哲學思想確與《老子》密切相關，當是在《老子》思想基礎上創造推衍的作品，〔註77〕屬於戰國以來流行的黃老思想之一環。《鶡冠子》的情況亦類如此，〔註78〕李學勤認爲《鶡冠子》

〔註74〕以上二段見《馬王堆漢墓帛書《黃帝書》箋證》，卷三《黃帝書・道原》，D.3，頁 244：卷一《黃帝書・經法》，〈四度〉，J5.2，頁 43。

〔註75〕《伊尹・九主》中有：「禮數四則，曰天綸」。魏啓鵬以爲此處「禮數」是「禮制中法天地、成萬物之形名順序。」非禮儀之等差。《馬王堆漢墓帛書《黃帝書》箋證》，卷四《伊尹・九主》，Yj3，頁 253～254。

〔註76〕李定生主張簡本《文子》成書於先秦，參見李定生，〈《文子》非偽書考〉，收於《道家文化研究》第五輯，上海：上海古籍出版社，1994.11，頁 462～473。王博主張成書於西漢，參見王博，〈關於《文子》的幾個問題〉，《哲學與文化》，1996.8，第二十三卷第八期。陳麗桂認爲簡本爲先秦典籍，西漢以後又有改動成爲今本，參見陳麗桂，〈從出土竹簡《文子》看古、今本《文子》與《淮南子》之間的先後關係及幾個思想論題〉，《哲學與文化》，1996.8，第二十三卷第八期。

〔註77〕丁原植，《文子新論》，台北：萬卷樓圖書公司，1999.10，頁 8～9、57。

〔註78〕《鶡冠子》吸收了儒家仁義、禮樂、忠信等道德思想，其書雖仍「原於道德之意」，卻不免使得「其道踳駁」，這是黃老思想的特點。此外，《鶡冠子・兵政》：「道生法，法生神，神生明。」參見鶡冠子撰、黃懷信校注，《鶡冠子》，

成書甚晚，他並由賈誼〈鵬鳥賦〉推測，「在漢文帝時的長沙，鶡冠子一派道家正在流傳。」〔註79〕唐蘭最早注意到《鶡冠子》、《文子》與帛書《黃帝書》行文用語近似，〔註80〕兩書與帛書重出互見之處觸目皆是，《文子》與帛書行文有二十三處雷同，《鶡冠子》徵引帛書者也有十七處；此外再由思想脈絡與用韻比對可以發現，《黃帝書》的「思想內容和風格，近於《國語‧越語》、《文子》、《鶡冠子》等書。」〔註81〕「從與《黃帝四經》的關係上來說，《文子》、《鶡冠子》與它的內在聯繫最為密切。」〔註82〕〈越語〉有三處談禮，「禮」皆作禮尊人解，相較之下，《文子》、《鶡冠子》對禮的討論便豐富許多。由於定州八角廊出土的竹簡本《文子》殘缺散亂，今本《文子》經過後人編輯或有竄入他書字句，內容非常駁雜，本章討論只取今本簡本可以相互對應的篇章，即以〈道原〉、〈道德〉、〈精誠〉、〈微明〉、〈自然〉諸篇作為文本。〔註83〕

一、《文子》中的禮

簡本《文子》談「禮」的思考脈絡與帛書《老子》相近，觀點則略有不同。〔註84〕《老子》中「上德」屬無為之道，仁、義是道、德理想迭落後的有為，至若以禮強迫別人認同，已是無德而遠道了；《文子》則以天道為本源，

〈兵政〉，第十四，北京：北京中華書局，2004.10，頁 320。「道生法」的說法與《黃帝書》的道法觀點幾乎相同。其他如抬舉君主地位、強調刑德四時配合等想法，與《黃帝書》的看法頗多吻合。

〔註79〕 李學勤，《簡帛佚書與學術史》，台北：時報出版社，1994.12，頁 24。

〔註80〕 唐蘭，〈馬王堆出土《老子》乙本卷前古佚書的研究〉，《考古學報》，1975，第一期。龍晦、李學勤、姚文田等人對此陸續有補充，學者不但確認《鶡冠子》並非偽書，並肯定其為影響漢初學術的黃老思想重要典籍。參見李學勤，〈馬王堆帛書與《鶡冠子》〉，《江漢考古》，1983，第二期。丁原明，〈《鶡冠子》及其在戰國黃老之學中的地位〉，《文史哲》，1996，第二期。

〔註81〕 李學勤，《簡帛佚書與學術史》，頁 20。

〔註82〕 陳鼓應，〈先秦道家研究的新方向〉，收於《黃帝四經今注今譯》，台北：商務印書館，1995.6。

〔註83〕 河北省文物研究所定州漢簡整理小組，〈定州西漢中山懷王墓竹簡《文子》的整理和意義〉，《文物》，1995，第十二期。以下引文採王利器疏義，《文子疏義》，北京：北京中華書局，2000.9。

〔註84〕 乙本：「上德不德，是以有德；下德不失德，是以无德。上德无為而无以為也。上仁為之而无以為也。上德（義）為之而有以為也。上禮為之而莫之應（應）也，則攘臂而乃（扔）之。故失道而后德，失德而句（后）仁，失仁而句（后）義，失義而句（后）禮。夫禮者，忠信之泊（薄）也，而亂之首也。」參見《帛書老子校注》，〈德經校注〉，三十八，頁 1～4。

合德、仁、義、禮四者說明如何以道蒞天下：

> 文子問德。老子曰：「畜之養之，遂之長之，兼利無擇，與天地合，此之謂德。」「何謂仁？」曰：「爲上不矜其功，爲下不羞其病，大不矜，小不偷，兼愛無私，久而不衰，此之謂仁也。」「何謂義？」曰：「爲上則輔弱，爲下則守節，達不肆意，窮不易操，一度順理，不私枉撓，此之謂義也。」「何謂禮？」曰：「爲上則恭嚴，爲下則卑敬。退讓守柔，爲天下雌，立於不敢，設於不能，此之謂禮也。故修其德則下從令，修其仁則下不爭，修其義則下平正，修其禮則下尊敬。四者既修，國家安寧。故物生者道也，長者得德也，愛者仁也，正者義也，敬者禮也。不畜不養，不能遂長。不慈不愛，不能成遂。不正不匡，不能久長。不敬不寵，不能貴重。故德者民之所貴也，仁者民之所懷也，義者民之所畏也，禮者民之所敬也。此四者，文之順也，聖人之所以御萬物也。君子无德則下怨，无仁則下爭，无義則下暴，无禮則下亂。四經不立，謂之无道。」〔註85〕

黃老的宇宙觀中，聖人治世必須取效天道，《文子》以「道之於人，无所不宜也。」「內以脩身，外以治人，功成事立，與天爲鄰，无爲而无不爲。」〔註86〕同樣將虛靜謙讓的天道，化爲無爲而無不爲的統御術。

　　上面引文中，德是畜養、遂長、兼利萬物；仁是不衿、不偷、兼愛、無私；義是輔弱、守節，不論窮達始終如一；禮是恭嚴、卑敬、守柔退讓、不敢、不能，德、仁、義、禮並稱「四經」，它們在《文子》道論系統中的價值地位相等。不過，治世之道中德、仁、義、禮不只是順理人文世界的方向，「此四者，文之順也，聖人之所以御萬物也。」它們也是統治的工具，可以用來維護統治秩序。《文子》認爲，禮是因其身份而表現合宜的行爲，所約束的對象兼及上下，居上位者其禮恭敬、威嚴，處下位者禮當敬畏、卑讓，「逾節謂之無禮也」，〔註87〕無禮則制度混亂、身份混亂，社會人心也因此混亂；禮是一種謙柔的態度，不倨傲、不爭先；禮可以烘托身分地位的高貴，故「不敬不寵，不能貴重」。上位者是否以身作則對整體社會秩序有廣泛影響，「無禮

〔註85〕《文子疏義》，卷五〈道德〉，頁224～225。
〔註86〕以上二段見《文子疏義》，卷五〈道德〉，頁219。
〔註87〕定簡《文子》編號591。參見河北省文物研究所定州漢簡整理小組，〈定州西漢中山懷王墓竹簡《文子》釋文〉，《文物》，1995，第十二期。

則下亂」，統治者不能不予留意。

　　文子由道德之問而談禮，進論禮為王者之道的重要內涵，此處由政治著眼而強調禮的重要性，「修其禮則下尊敬」便成為王者制禮的重要考量。前文提過，黃老陰陽大義中陽法天、陰法地的天道思想，寓意了傳統社會中不可悖逆的尊卑關係，觀《文子》言禮，同樣留意於尊卑上下的區隔，〈道德〉篇中所呈現的統治關係中，禮節雖然對於上下身份各有約束，但作者意圖由禮強化上位的權威，禮在統治中的意義似乎仍比其道德內涵要醒目得多。

二、《鶡冠子》談禮

　　《鶡冠子》和帛書一樣都把君主地位抬得很高，「所謂命者，靡不在君者也。君也者，端神明者也。」甚至「君者，天也。天不開戶，使下相害也。」君主稽考天地行道治世，故「天地動作於胸中，然後事成於外；萬物出入焉，然後生物無害，闔閭四時，引移陰陽，怨沒澄物，天下以為自然。此神聖之所以絕眾也。」君主理所當然便是聖人，而「聖人之道與神明相得，故曰道德。」〔註88〕德係聖主得之於天道者，如此的道德概念便與儒家仁政思想無關，以仁之功為「善與不爭」，或謂「臨貨分財使仁」都與儒家親親愛民之類的想法有異。

　　「祀以家王，以為神享。禮靈之符，藏之宗廟。」指宗廟祭祀儀文之禮，〈著希〉：「文禮之野與禽獸同則，語言之暴與蠻夷同謂。」則呼應了孟荀論點，把禮視為文明產物與人獸有別的關鍵，這樣說來，禮便非只是表面儀文，而是內心沈澱思考後所表現的言行舉止。在《鶡冠子》有限的論述中，「人情者，小大愚知賢不肖熊俊英豪相萬也。」「若有所移徙去就，家與家相受，人與人相付，亡人姦物，無所穿竄，人之情也。」但是人性好利、「惡死樂生」，「緩則怠，急則困，見間則以奇相御」，君子「體雖安之而弗敢處，然後禮生。」「禮，反情而辨者也。故君子弗徑情而行也。」〔註89〕君子對禮有堅持，能夠分辨是非、反省人情，故其品德不同於凡人。

　　〈學問〉中指出，禮、樂、仁、義、忠、信皆為道數之一端，其有「合

〔註88〕以上五段見《鶡冠子》，卷上〈博選〉，第一，頁4～5；卷上〈道端〉，第六，頁96；卷中〈泰錄〉，第十一，頁263～264；卷中〈泰鴻〉，第十，頁224。

〔註89〕以上六段見《鶡冠子》，卷中〈王鈇〉，第九，頁181～182、203～204；卷上〈著希〉，第二，頁17～19；卷上〈天則〉，第四，頁46；卷下〈學問〉，第十五，頁324。

之於數」者，

> 所謂禮者，不犯者也。所謂樂者，無菑者也。所謂仁者，同好者也。
> 所謂義者，同惡者也。所謂忠者，久愈親者也。所謂信者，無二響
> 者也。聖人以此六者，卦世得失逆順之經。夫離道非數，不可以□
> 緒端。〔註90〕

所謂的禮，是不與人爭、不違犯應遵守之事，其他樂、仁、義、忠、信也都是優良的個人品質，但是其中道理並無更深的含意，這些人格特質皆爲道之數，彼此沒有上位下屬的關係，仁者、勇者、辯者、智者、謙者、禮者、信者、聖者各有優點，君主只要藉由適當的觀察與試煉，便能擇選能臣或是知禮之人。

《鶡冠子》重在行道與治世，而天下事非一人可獨知，是故君主治國應博選天下賢才，不親治事，方可不爲眾務所亂，故而何以擇人便是書中討論的要點。〔註91〕《鶡冠子》中談道德禮義處不少，但道德人倫並非作者論述的重心，「禮」雖有宗教性與儀式性，也有道德品質的意涵，但是卻不見有更深入的闡釋與含意，鶡冠子所關心的畢竟只是君主如何締造盛世的問題，道德既是「聖人之道與神明相得」者，道數中的禮、樂、仁、義、忠、信等特質也脫離不了統治者所需，禮中儘管仍有道德的特質，卻只是「君之所取於外也」，而非根植人心之中了。

《文子》、《鶡冠子》認爲禮的理論位階應與仁、義等其他德目相當，唯就禮與道的關係而言，二者觀點略有差異：《文子》以禮爲「四經」之一，「四經不立，謂之无道」，可知立禮展現了治道部份的內容，「四者既修，國家安寧。」〔註92〕便以凸顯道法以外，德、仁、義、禮對於國家的重要性，禮是治道必要的選項，其於治世份量不輕；《鶡冠子》中論禮則只是眾多操行的內容之一，眾德爲道所分殊，禮對天道或是治道而言都不具有必然性。《文子》、《鶡冠子》由道論定位禮的人文意義，與黃老由天道推衍人事的思考脈絡相同，二書談禮雖然都觸及禮意、儀節等內容，但卻大多強調禮的政治作用，少言其社會性與倫理性。黃老著作中對禮討論不多，「所謂禮者，不犯者也。」〔註93〕「爲上則恭

〔註90〕　《鶡冠子》，卷下〈學問〉，第十五，頁 327～328。

〔註91〕　「明主之治世也，急於求人，弗獨爲也。」「不任賢，無功必敗。」參見《鶡冠子》，卷上〈道端〉，第六，頁 92～93。

〔註92〕　以上二段見《文子疏義》，卷五〈道德〉，頁 225。

〔註93〕　《鶡冠子》，卷下〈學問〉，第十五，頁 327。

嚴，爲下則卑敬。退讓守柔，爲天下雌，立於不敢，設於不能，此之謂禮也。」
〔註94〕運用在政治層面的禮思想，仍然充滿執雌守柔的內容。禮既分別上下，
又以威嚴、敬畏等內心修養意圖化解雙方可能的對立與衝突，可見黃老講禮具
有協調、圓緩的特色。行禮既無規律可遵守，又不依靠外在力量強制其實現，
完全訴諸個人自我涵養，在黃老學者看來，禮的作用與影響範圍都要比道法小
很多。黃老思想雖仍看重禮的意義，但卻不認爲君主必須守禮，統治治道中禮
的作用有限，守禮君子仍是可遇而難求，禮的重要性還是不能與法並論。

　　漢初承秦之弊，朝廷撙節用度、約法省禁、輕徭薄役以使民能休息，
此時統治雖以無爲爲治，中央卻非一個消極懦弱、居下不爭的權力結構，朝
廷一方面立王封侯，卻又逐步削藩眾建、集權中央，一方面繼承秦制，卻又
不忘施德行惠爭取百姓支持，一方面強調「令治獄者務先寬」，又據秦法施行
漢律，〔註95〕可見所謂無爲治道只是手段，慈惠寬簡的作風，可以淡化執法
者苛酷無情的負面形象，當國內經濟環境不佳時，施惠多賞的作法更能贏得
眾人好評。班固說：「漢興之初，庶事草創」，「正朔服色郊望之事，數世猶未
章。」〔註96〕漢初法令禮制多遺留舊秦規模，而和秦朝一樣有著不重禮教而
重法教的特點，黃老談到禮的價值，也未凸顯禮教施之於眾的重要性，朝廷
和黃老思想對施禮設教之事都不甚熱心，倒是有其一致性。漢初禮樂未興，
但是黃老也未壓抑禮思想，在兼容並蓄的漢代思潮中，刑德調和思想符合漢
人務實的作風，統治者一方面重視以法爲治的成效，另一方面還能肯定禮的
價值，這便給後來儒者可以重新發揚禮思想的空間。
　　就法而論，漢朝對於加諸於民的刑罰趨於收斂，唯對危害君主神聖或是
背叛國家體制者的懲罰則絕不放鬆，不論皇親國戚、侯王重臣一旦冠上「不
道」的罪名，國法絕無寬容，武帝以後「不道」罪的概念更加膨脹，舉凡言

〔註94〕《文子疏義》，卷五〈道德〉，頁225。
〔註95〕「漢承秦制，蕭何定律，除參夷連坐之罪，增部主見知之條，益事律興、廄、
　　　　戶三篇，合爲九篇。叔孫通益律所不及，傍章十八篇，張湯越宮律二十七篇，
　　　　趙禹朝律六篇，合六十篇。又漢時決事，集爲令甲以下三百餘篇，及司徒鮑
　　　　公撰嫁娶辭訟決爲法比都目，凡九百六卷。」參見房玄齡撰，《晉書》，卷三
　　　　十〈刑法志〉，第二十，北京：北京中華書局，1997，頁922～923。
〔註96〕《漢書》，卷二十五下〈郊祀志〉，第五下，頁1270。

語不敬、「背違正道」、從事巫蠱等，對神器有潛在窺探的可能都要遭受國家律法處罰。〔註97〕若將漢律分為安定社會生活與維護統治秩序兩個層次，前者多與百姓民生有關，其涵蓋範圍較大，觸犯統治權威的比例少，漢法對此庶民易犯的一般罪行可以不拘小節；後者與皇權秩序有關，體制內外有能力構成該項犯罪者不多，但是由於其罪動輒牽動國家存亡，統治者對此便毫不手軟。漢初黃老道法思想流行時期，國家法制傾向維持現狀，「凡變之道，非益而損，非進而退。首變者凶。」〔註98〕在安定天下的考量前提下，朝廷王國之間的法令變動便會成為頭條大事，統治者對變法之事慎之又慎，於是數十年間「郡國諸侯各務自拊循其民」，漢家江山也得以鞏固。

第三節　小　結

　　漢在亡秦廢墟上建國，國家面臨外患、經濟、政治社會等多重困境，最初統治者試以武力動員解決政治、外交等難題，後來則逐漸採取黃老因時待變的方式，以求安然度過眼前的危機。黃老思想認為，欲在亂世當中立於不敗之地，首先要處理好國家內政的問題，養民以生，順民心而愛勉之，民富有恥才能實施刑賞與軍事化管理，統治者因天時、知地宜、節民力、賦斂有度，民生富厚以後便可驅民之戰，並且獲得最後的勝利。黃老節用薄賦的想法，本與漢初社會需求相符，其因時待變的思想，也與漢初外交內政忍辱消極的政治作風很接近，黃老思想因此成為前漢七十年間最富影響力的政治哲學，對漢初政局穩定很有助益。

　　黃老思想認為，宇宙是一個包羅萬有的有機體，人間各種律則都應合乎此一整體的規律，表現為全體大用之一端，是故法由天道而來，聖人據之制訂為法律，但立法者不能隨心制法，不能曲法亂判，也不能違背法令。再者，道法雖然強調君臣上下之別，職分各有所司，但若統治者不能施恩行惠，一味酷法濫刑，「刑於雄節」只是「危於死亡」。黃老思想從陰陽與天道模型中推演人間政治秩序：君主是一國的中心，統治者以「正靜」之術自我修養，「靜則平，平則寧，寧則素，素則精，精則神。至神之極，【見】知不惑。」〔註99〕便可察知

〔註97〕陳乃華，〈秦漢「不道」罪考述〉，《中國史研究》，1991，第二期。
〔註98〕《馬王堆漢墓帛書《黃帝書》箋證》，卷三《黃帝書・稱》，頁191。
〔註99〕《馬王堆漢墓帛書《黃帝書》箋證》，卷一《黃帝書・經法》，〈論〉，J6.3，頁60。

天道，進而重建人間政治秩序。黃老無爲離不開道法，只有在因道全法中才能保障無爲的存在，而無爲是一種柔韌變化的統治術，如果相信化民求治的方式很多，統治者本無須以苛刑酷罰而自招民怨，在黃老思想影響下，漢朝統治者對於法治之用顯然不若秦人執著。

　　黃老討論禮思想不多，《文子》、《鶡冠子》從王者治天下的需求出發，對於禮的價值都能給予肯定。禮是天道下的眾德之一，是王者之道的重要內涵，禮有道德操守的意義，但如何修德而成爲君子？怎樣由禮以化民？卻非黃老思想所關注。「所謂禮者，不犯者也。」〔註100〕「爲上則恭嚴，爲下則卑敬。退讓守柔，爲天下雌，立於不敢，設於不能，此之謂禮也。」〔註101〕黃老談禮，仍由執雌守柔的角度來說，禮既分別外在的階級身分與儀節，又以恭嚴、卑畏等內在修養，化解雙方的對立性，其折衷、調和的特色表露無遺。不過，由於禮本身沒有強制性，行禮也無規則可守，禮所規範的對象只在個體，修禮的目的也僅在使下尊敬，禮對於治道的影響似乎不夠深遠，其重要性還是不能與法並論。

　　在黃老刑德並用的思考下，法的哲學地位雖高，但執法之時還是傾向寬緩，漢初政治或者因此避免了秦朝法治的極端。若以政權勢力消長情況來看，西漢初期王國林立，天下法令未一，黃老限制國君由一己之利操縱國家法令，對於地方政權的獨立性反而有利，道法雖然掌控在君主手中，但若作爲打擊王國或是維護集權的工具來說，其實質政治功效也許不如想像中顯著。

〔註100〕《鶡冠子》，卷下〈學問〉，第十五，頁 327。
〔註101〕《文子疏義》，卷五〈道德〉，頁 225。

第三章　叔孫通「起朝儀」與陸賈禮法思想

　　西漢開國君臣大多來自民間，欠缺五經六藝等知識背景的權力結構，本不易接受儒家《詩》、《書》教化之學，復以焚書之後經籍散亂，秦楚漢間天下大亂，典籍蒐集整理需要更長的時間，儒學在漢初統治圈中的傳播有限。漢初儒者面對的是一個儒學式微的環境，經濟衰敗，禮教不興，朝廷主事者多尚武，政治上中央與王國間猶爭鬥不息，儒者雖有重建政治社會秩序的理想，但如何使統治者接納儒家學說，卻是其用世之先的首要難題。〈高帝紀〉說：「天下既定，命蕭何次律令，韓信申軍法，張蒼定章程，叔孫通制禮儀，陸賈造新語。」「雖日不暇給，規摹弘遠矣。」〔註1〕西漢初立，有識者很快地體認到建立統治制度、釐定禮法關係對於政權穩定的重要性，蕭何等人訂立的制度典章，既開啓了漢室統治規模，也奠下了政權延續的基礎，叔孫通更透過此次制禮順利登上政治舞台。

　　叔孫通善於觀察時勢，又能隨時改變自己迎合主上所需，他引進儒生並將古禮重新包裝，使漢主開始瞭解禮的價值，儒者亦以言禮進入朝廷。由於叔孫通所制之禮與先秦古禮不同，其禮近儀，當時儒生已有非議，史上學者對他的評價也是褒貶紛紜，很多人都認為他沒有原則、投機逢迎，但是當時追隨他的儒生卻說：「叔孫生誠聖人也，知當世之要務。」〔註2〕叔孫通成功地向劉邦推

〔註1〕　以上二段見班固撰，《漢書》，卷一下〈高帝紀〉，第一下，北京：北京中華書局，1997.9，頁81。

〔註2〕　司馬遷撰，《史記》，卷九十九〈劉敬叔孫通列傳〉，北京：北京中華書局，1997.9，第三十九，頁2724。

出儒禮，又將儒生引入西漢朝廷，這才改變當時儒學沈寂的情況，在儒學發展史上，叔孫通實功不可沒，漢代禮學也才能走出與先秦不同的路來。

陸賈亦漢初著名的儒者，〔註3〕班固列舉漢初幾項重要建樹時，將《新語》和其他禮、法制度並列，可以想見陸賈思想在當時的重要性。漢初各式制度規範多襲秦故，或為迎合帝王所需重儀輕禮，相形之下，陸賈有意識地歸納秦亡教訓、盱衡社會現實所需，結合儒家理想所談的禮與法，便有不同前人的意義。劉邦也很明白，沿用秦法、創設漢儀或許能夠暫時穩住政局，但是光有制度形式卻不足以在天下殘破之際迅速收服人心，只有從社會底層建立起對統治政權的向心力，才能維繫政權長久的存續，陸賈的禮、法思想，正為新世界秩序之建構，築起一座可行的橋樑，這是他思想可貴的地方。陸賈之於叔孫通，不論禮之主張或法的態度都大不相同，相較於後者的媚主求用，陸賈對於仕途升降顯得淡漠而從容，這也使得他的思想能站穩儒家立場，不因權勢輕易扭曲自家學說，黃錦鋐以「西漢孔學之先驅」讚譽陸賈，謂之「能說用武之主，重詩書之教，行仁義之政，闡先聖之德化，移風俗於無形者。」〔註4〕已點出他與漢初求宦之儒的不同。

陸賈、叔孫通同為為高惠時期的儒者，其活躍時間亦在黃老流行的西漢初年，文景之時，宮廷內外無不習讀黃、老，其間雖有陸賈、賈誼之儒輩出，

〔註3〕 熊鐵基、楊鶴皋將陸賈視為黃老人物，楊鶴皋謂：「陸賈在《新語》一書中寫了《無為》等篇，直接向劉邦宣傳黃老『無為而治』的思想，為漢初『黃老之治』提供了一套比較完整的治國理論。」參見楊鶴皋《中國法律思想史》，台北：漢興出版社，1993.10，頁232。熊鐵基認為，陸賈思想與漢初以來的新道家同屬一系，其「以道為指導思想，把『道法自然』的思想創造性地用於人生和政治，是新道家的主要特點，《新語》正具有這樣的特點。」參見熊鐵基，《秦漢新道家》，上海：上海人民出版社，2001.3，頁297。黃老強調法由道生，不重視制禮作樂之事，黃老帛書所謂「無為」以順自然為主，詳見本文第二章第一節，陸賈則以「舜治天下也，彈五弦之琴，歌南風之詩」、「周公制作禮樂，郊天下，望山川，師旅不設，刑格法懸，而四海之內，越裳之君，重譯來朝。」說解「道莫大於無為，行莫大於謹敬」之義，參見《新語校注》，卷上〈無為〉，第四，頁59。「無為」內涵實與儒家「恭己南面」的無為治世更接近。參見何晏集解、邢昺疏，《論語注疏》，卷十五〈衛靈公〉，北京：北京中華書局，1980，頁2517。取他家所說以使自家學問更「務於治」是漢代學術流行的作法，陸賈雖有取於黃老之說，論政亦講道德、無為，但其道德既與道家不同，無為也是從儒家角度來說，仍應視為儒家代表人物。金春峰說：「漢初黃老思想對儒家的影響，不能低估」，但「黃老影響不能誇大」，所言有據。參見金春峰，《漢代思想史》，北京：中國社會科學出版社，1997.12二版，頁67。

〔註4〕 黃錦鋐，《秦漢思想研究》，台北：學海出版社，1979.1，頁73。

猶未撼動黃老的影響與地位。考量黃老著作年代較早，至少可以上推至戰國時期，其在西漢初年的影響層面又非常廣大，陸賈與叔孫通的儒家立場與黃老思想並不相同，本文將兩人的禮法觀點置於黃老一章之後，除可凸顯其與黃老不同的學術派別，也可比較同一時期兩種不同的儒者立場，觀察他們頗不相同的禮法態度與思想。今本《新語》有二卷十二篇，其篇數與史、漢陸賈傳記所載相同，唯〈藝文志〉中未錄《新語》，而諸子略儒家類中又稱「陸賈二十三篇」，一般認為二十三篇之數包含了陸賈其他著作在內，經過後人多方考證，確定《新語》一書係陸賈所著，並非偽書。〔註5〕

第一節 叔孫通制禮儀

「禮」原指宗教祭祀之事，宗法社會中則著重描述人的身份與政治關係，封建崩解後，孔子門生仍然繼續發揚禮學，初始富有祈福免禍神聖性意義的禮，不但成為道德政治的一環，其修齊治平的世俗性功用更不斷地強化，古禮於是結合時代需求形塑禮的新意象，儘管政治動盪、諸子對於古禮迭有挑戰，但禮的價值已經確立，漢朝帝國成立後，儒禮更給漢主帶來新的驚喜，漢帝對禮重要性的體悟，便是由制禮帶來的實際效應所開始的。

一、起朝儀與宗廟之禮

春秋戰國以來，禮文化經歷鑄刑書、焚經典的打擊後日益衰弱，前已論之，叔孫通「起朝儀」是漢朝禮學轉折的契機，〈叔孫通列傳〉中的這段文字，生動地描繪了儒禮進入王朝體制的過程。

> 漢五年，已并天下，諸侯共尊漢王為皇帝於定陶，叔孫通就其儀號。高帝悉去秦苛儀法，為簡易。群臣飲酒爭功，醉或妄呼，拔劍擊柱，高帝患之。叔孫通知上益厭之也，說上曰：「夫儒者難與進取，可與守成。臣願徵魯諸生，與臣弟子共起朝儀。」高帝曰：「得無難乎？」叔孫通曰：「五帝異樂，三王不同禮。禮者，因時世人情為之節文者也。故夏、殷、周之禮所因損益可知者，謂不相復也。臣願頗采古禮與秦儀雜就之。」上曰：「可試為之，令易知，度吾所能行為之。」

〔註5〕 王更生，〈陸賈及其學術思想之探究〉，《師大學報》，1977，第二十二期，頁308～309。

叔孫通希世度務充分掌握劉邦疏略、不喜繁文縟節的個性，他能迎合皇帝唯我獨尊的心理，毛遂自薦爲漢制儀。漢初草創，禮制只需簡易實用，叔孫通遂據秦儀損益變通推出漢朝朝儀，正符合當時朝堂所需。

> 先平明，謁者治禮，引以次入殿門，廷中陳車騎步卒衛宮，設兵張旗志。傳言「趨」。殿下郎中俠陛，陛數百人。功臣列侯諸將軍軍吏以次陳西方，東鄉；文官丞相以下陳東方，西鄉。大行設九賓，臚傳。於是皇帝輦出房，百官執職傳警，引諸侯王以下至吏六百石以次奉賀。自諸侯王以下莫不振恐肅敬。至禮畢，復置法酒。諸侍坐殿上皆伏抑首，以尊卑次起上壽。觴九行，謁者言「罷酒」。御史執法舉不如儀者輒引去。竟朝置酒，無敢讙譁失禮者。〔註6〕

漢七年長樂宮落成，叔孫通在朝歲大典上向皇帝展現制禮的成績，大典之上，諸侯群臣舉止動作都需遵照制度規定，「舉不如儀者輒引去」，於是百官振恐肅敬，行禮如儀，在嚴厲的制度化朝儀規範下，便有效區別了君尊臣卑的上下等級，叔孫通因此成爲朝廷權力的化妝師，劉邦也過足了當皇帝的癮。

朝儀之外，帝王有專屬的冠服佩綏、章紋冕旒，量身訂做的天子禮節亦能襯托皇帝之神聖與崇高，丙吉條奏西漢故事，載有叔孫通向高祖所上奏議：「春夏秋冬天子所服，當法天地之數，中得人和。故自天子王侯有土之君，下及兆民，能法天地，順四時，以治國家，身亡禍殃，年壽永究，是奉宗廟安天下之大禮也。」〔註7〕天子之服相應時令的想法，忽略了眞實禮意卻凸顯天意，不符於儒家修德俟命的傳統，卻能夠展現天子神聖超然的地位，叔孫通制禮的目地正在這裡。

漢初郊禮大多承秦而行禮如儀，已見於第一章，唯漢主在國家祭禮中對宗廟禘祭的重視卻頗値留意。本來禮樂淪亡至漢初，「樂家有制氏，以雅樂聲律世世在大樂官，但能紀其鏗鎗鼓舞，而不能言其義。」〔註8〕叔孫通因秦樂人制宗廟樂舞，舉其象徵含意並訂定奏樂程序，高祖駕崩後，他又定宗廟儀法使群臣能習祭高廟之禮。高帝十年「令諸侯王都皆立太上皇廟」，惠帝「令郡諸侯王立高廟」，文帝生時已自爲廟，〔註9〕景帝「尊孝文廟爲太宗廟，行

〔註6〕以上兩段見《史記》，卷九十九〈劉敬叔孫通列傳〉，第三十九，頁2722～2723。
〔註7〕《漢書》，卷七十四〈魏相丙吉傳〉，第四十四，頁3140。
〔註8〕《漢書》，卷二十二〈禮樂志〉，第二，頁1043。
〔註9〕西漢皇帝有生時立廟的傳統，應劭曰：「文帝自爲廟，制度卑狹，若顧望而成，

所嘗幸郡國各立太祖、太宗廟」，〔註10〕此後全國郡縣陸續設立更多宗廟，禘祭活動頻繁。郡國立廟是西漢特有的產物，表面上朝廷立廟以表彰孝道、神聖化統治家族，並且加強宗族團結，實則廣益宗廟還有更深層的政治企圖，當漢初中央政治勢力尚未能控制全國時，靠著立廟所塑造起來的劉氏宗族神聖性，便代劉邦向異姓諸侯宣告了劉氏天下的主權；此後即使諸侯改立同姓，富有宗教色彩的祭禮依然向地方「宣示朝廷的宗主權，強化『庶孽』依附朝廷的血緣，保證『用承衛天子』的目標得以實現。」〔註11〕利用宗廟禮制促進集權、強化帝國統治的作法，高祖已然行之，叔孫通更深闇其中三昧，藉孝道之名進言惠帝「起原廟」、「衣冠月出游」。

> 惠帝為東朝長樂宮，及閒往，數蹕煩人，迺作複道，方築武庫南。叔孫通奏事，因請閒曰：「陛下何自築複道高寢，……奈何令後世子孫乘宗廟道上行哉！」……「人主無過舉。今已作，百姓皆知之。今壞此，則示有過舉。願陛下為原廟渭北，衣冠月出游之，益廣多宗廟，大孝之本。」〔註12〕

古時為先王立廟，未嘗立兩廟於京師，衣冠出遊於禮亦無所據，〔註13〕叔孫通以孝為名掩君之惡、投其所好，宗廟祭禮亦淪為政治活動中的一項祭品。此外，他又根據古有春嘗果之事，建議惠帝依時進獻櫻桃祭宗廟，諸果之獻遂由此興，在漢初制訂宗廟祭典禮儀過程中，叔孫通完全沒有缺席。

　　立廟設祭本為追述祖德，對漢初統治者而言，更重要的卻在表彰君主功業與孝心，祭禮中的廟制倫理宗法，既可彰顯繼統君主有別於劉氏支庶的神聖地位，也能宣示統治中央的政治主權，立廟制儀既合倫理，又能宣告主臣有別的政治意涵，帝王自是樂在其中。漢初「宗廟儀法。及稍定漢諸儀法，皆叔孫通

猶文王靈臺不日成之，故曰顧成。」如淳曰：「景帝廟號德陽，武帝廟號龍淵，昭帝廟號徘徊，宣帝廟號樂游，元帝廟號長壽，成帝廟號陽池。」參見《漢書》，卷四〈文帝紀〉，第四，頁121。

〔註10〕《漢書》，卷七十三〈韋賢傳〉，第四十三，頁3115。

〔註11〕林聰舜，〈西漢郡國廟之興廢──禮制興革與統治秩序維護之關係之一例〉，收於《第三屆漢代文學與思想學術研討會論文集》，政大中文系編印，2000.12。

〔註12〕《史記》，卷九十九〈劉敬叔孫通列傳〉，第三十九，頁2725～2726。

〔註13〕胡致堂曰：「衣冠出游於禮何據？《中庸》記宗廟之禮，陳其器物，設其裳衣，非他所也，謂廟中也；非他時也，謂祭祀之時也。今以死者衣冠月出游之，於禮褻矣。」參見馬端臨撰，《文獻通考》，卷九十二〈宗廟考〉二，「天子宗廟」條，北京：北京中華書局，1986.9，頁831。

爲太常所論箸也。」〔註14〕可知他在諸事草創的西漢初年的重要地位，此後，叔孫通所訂朝儀沿用十數年，文帝時有司議請重定儀禮，當在舊朝儀基礎上增附新的規定，不過文帝以「繁禮飾貌，無益於治」否決這項提議，武帝再度招致儒生令共定儀，儒生卻「十餘年不就」，箇中原因是很令人玩味的。

二、叔孫通制禮的意義

叔孫通是漢初制訂國家儀典的重要人物，不但漢初諸儀皆其所著，〈梅福傳〉尙言：「叔孫通遁秦歸漢，制作儀品。」但不論是《漢儀》或《儀品》內容皆已不傳，杜貴墀據〈禮樂志〉「叔孫通所撰禮儀，與律令同錄，臧於理官。」〔註15〕《後漢書》言應劭「刪定律令爲漢儀」，〔註16〕《晉書》「叔孫通益律所不及，傍章十八篇」〔註17〕言「漢禮儀多在律令中。」〔註18〕似乎認爲漢初諸禮多數已被叔孫通訂爲律令。沈家本對〈傍章〉與叔孫通《禮儀》、《漢禮器制度》同異雖有疑惑，〔註19〕仍就《廣雅》訓「傍」之義，言叔孫通制禮係於「律所不及者，廣而衍之，於律之中拾其遺，於律之外補其闕。」〔註20〕程樹德亦以叔孫通所撰禮儀，「蓋與律令同錄，故謂之傍章。」指「通之傍章，即《漢儀》也。」〔註21〕將傍章、漢儀與漢律劃上了等號。張景賢以《禮儀》、律令不同，認爲傍章應是叔孫通所編撰的律令；〔註22〕華友根則據沈家本考釋的〈傍章〉內容，〔註23〕認爲其禮和天子、諸侯、中央地方官吏、百

〔註14〕 《史記》，卷九十九〈劉敬叔孫通列傳〉，第三十九，頁2725。

〔註15〕 以上二段見《漢書》，卷六十七〈楊胡朱梅云傳〉，第三十七，頁2917；卷二十二〈禮樂志〉，第二，頁1035。

〔註16〕 范曄撰，《後漢書》，卷四十八〈楊李翟應霍爰徐列傳〉，第三十八，北京：北京中華書局，1997，頁1614。

〔註17〕 房玄齡撰，《晉書》，卷三十〈刑法志〉，第二十，北京：北京中華書局，1997，頁922。

〔註18〕 杜貴墀輯證，《漢律輯證》，六「無干車無自後射」條，台北：新文豐出版社，1988，頁500。收於《叢書集成續編》。

〔註19〕 「《曹褒傳》有叔孫通《禮儀》十二卷，《周禮》、《儀禮》疏所引有叔孫通《漢禮器制度》，未知與《傍章》同異何如？」參見沈家本，《漢律摭遺》，卷一，北京：北京中華書局，1985.12，頁1377。收於《歷代刑法考》三。

〔註20〕 沈家本，《漢律摭遺》，卷一，頁1377。

〔註21〕 程樹德撰，《九朝律考》，卷一〈漢律考〉，一，北京：北京中華書局，2003.1，頁18。

〔註22〕 張景賢，《漢代法制研究》，哈爾濱：黑龍江教育出版社，1997，頁9～10。

〔註23〕 沈家本所輯〈傍章〉包括宗廟、陵墓、守喪、省親、休假、洗沐、祝福、祭祠、消災等禮儀，唯相關典籍所載之漢禮、漢律未必皆叔孫通所作，難以就

姓都有關連，「并有免職、廢國、遣歸、譴責、警告、治罪、論殺等處罰。」
可說是「中華法律史上禮法結合的先驅，也是中華法系或《唐律》某些立法
例的根據和先例」；〔註24〕張建國則質疑叔孫通所制只是禮儀不是傍章，「傍
章」應為《晉書·刑法志》中之「旁章」，〔註25〕是相對於正律之稱而非法條
篇名。〔註26〕

　　漢初制禮文獻失傳已久，史載「禮儀與與律令同錄」確實不能說明叔孫
通之禮已經成為漢律的一部份，後人輯佚的《漢禮器制度》只記宮廷衣冠器
具等制度，〔註27〕當中未見罰則，與一般律令仍有區隔；唯若觀察史書所載
漢初朝儀正式操演情況，「御史執法舉不如儀者輒引去」，嚴格要求所有人的
舉動標準、整齊劃一，而「諸侯王以下莫不振恐肅敬」、「竟朝置酒，無敢讙
譁失禮者。」執行成效確實驚人。這些草莽出身的諸侯王臣，短時間內便能
萬無一失地行禮如儀，實在難以想像是因道德教育成功所致，合理猜測「舉
不如儀者」應會受到某種約束或處罰。《文獻通考》引胡致堂評：

> 叔孫通委已從人，諧世而取寵也。夫呂政所為，無一可以垂世立法
> 者，自漢興，議論之臣禍敗之戒，有所不言，言則必借秦為諭，豈
> 有朝廷之上，君臣之儀，所以表正百官，觀示列辟者，乃獨可用乎？
> 遂使周室禮文，泯不復見，而秦禮得傳，通之罪大矣。〔註28〕

　　　　此認定為〈傍章〉內容。參見沈家本，《漢律摭遺》，卷十六，頁 1659～1664。
〔註24〕華友根，〈叔孫通為漢訂禮樂制度及其意義〉，《學術月刊》，1995，第二期。
〔註25〕《晉書·刑法志》云晉律編修時，「凡所定增十三篇，就故五篇，合十八篇，
　　　　於正律九篇為增，於旁章科令為省矣。」參見《晉書》，卷三十〈刑法志〉，
　　　　第二十，頁 924。
〔註26〕張建國，〈叔孫通定《傍章》質疑——兼析張家山漢簡所載律篇名〉，收於《帝
　　　　制時代的中國法》，北京：法律出版社，1998.8，頁 47～70。張文認為，漢人
　　　　所著漢初制禮之事，俱未談及叔孫通禮為傍章，而《漢書·禮樂志》言禮儀
　　　　與律令同錄，非謂禮儀從此成為法律，係指禮的重要性與漢律等同，其質疑
　　　　有合理之處。不過，張文判定《後漢書》應劭「刪定律令為漢儀」與二年「著
　　　　漢官禮儀故事」不同，故前者當為法律，後者為禮儀制度，「此一"漢儀"非
　　　　彼一"漢儀"」的推測，仍未能將叔孫通之禮與漢律的關係釐清。該文復以
　　　　《晉書·刑法志》錯誤甚多，導致後人誤將叔孫通禮儀與漢代傍章劃上等號，
　　　　唯史料記載的部分錯誤並不能說明其他部分必然有誤，張文推論將難使人完
　　　　全認同。
〔註27〕叔孫通撰、陳懷玉校、嚴一萍選輯，《漢禮器制度》，台北：藝文印書館，1970。
　　　　收於原刻景印《叢書集成續編》。
〔註28〕《文獻通考》，卷一百六〈王禮〉一，「朝儀」條，頁 957。

胡氏痛指叔孫通媚主取寵，竟使儒家君君臣臣之禮一變而爲形式儀節，尤其是透過陳列刑辟所成就的朝儀，其恫嚇無情與秦政何異，傳自秦禮的朝儀，儒生絕對不承認其爲儒禮。譏諷叔孫通的類似看法，亦見諸漢初的兩位儒生，他們以叔孫通所爲不應古禮，拒絕朝廷制禮之徵聘，揚雄說叔孫通「槧人也」而尊魯二儒生爲「大臣」，〔註 29〕這兩位不合時宜的「鄙儒」，說明漢初儒者間仍有部分先秦儒家堅守傳統、難以妥協世俗的遺風。不過，回顧周末以來儒學衰微的境況，再對照當時藉著儒禮官運亨通的叔孫通，固執「合於古」理想的讀書人注定要成爲現實中的獨行者，在專制王權體制下，不染世俗流污的禮，似乎只是可望而不可及的夢了。

叔孫通一生最大的事業便是爲漢主訂立朝儀，觀其雜就古禮秦儀所起之朝儀，幾乎就是一套訓練朝臣紀律的制度，「『制朝儀』就是要透過制度化、強制化的制約，建立嚴厲的規範，由習慣性的制約培養臣下的效忠心理，重建上下之間的秩序。」〔註 30〕下以制畏上，上以勢卑下，朝儀所欲引導的是法家主專臣懼的威嚇姿態，因此雖然貼上儒家標籤，卻與封建以禮別異的原始精神相去甚遠。法家刻意營造君主抱法處勢的威勢，叔孫通卻用禮來包裝，一樣能夠凸顯君尊臣卑，又可減少上下之間肅殺恐怖的氣氛。先秦儒者曲高和寡的禮論，自叔孫通制禮之後得到了統治者的讚賞與青睞，此時談禮已無不合時宜的問題，只是當禮與政治結合後，禮之本義已然變質，整套政治化的朝禮、祭禮，就是制度化的儀式與強化服從的規範，儒家禮學教條化、法制化，禮容之中所當含有的道德內涵便也若有似無，可有可無，這正是所有當時及後代自詡爲儒的知識份子不能接受叔孫通的一大原因，漢代儒禮的法律化應以叔孫通爲始作俑者。

不過，叔孫通本人倒不認爲禮便只是儀節而已，他曾說：「禮者，因時世人情爲之節文者也。故夏、殷、周之禮所因損益可知者，謂不相復也。」〔註 31〕儒家本有禮文世代損益的觀念，〔註 32〕但是現實政治中禮的經權衝突如何拿

〔註 29〕揚雄撰、汪榮寶注疏，《法言義疏》，卷十七〈淵騫卷〉，第十一，頁 460；卷十一〈五百卷〉，第八，頁 252。

〔註 30〕林聰舜，〈叔孫通「起朝儀」的意義──劉邦卡理斯瑪支配的轉變〉，《哲學與文化》，1993，第二十卷第二期。

〔註 31〕《史記》，卷九十九〈劉敬叔孫通列傳〉，第三十九，頁 2722。

〔註 32〕「殷因於夏禮，所損益可知也。周因於殷禮，所損益可知也。」參見《論語注疏》，卷二〈爲政〉，頁 2463。

捏，儒者看法卻是見仁見智。前面堅守儒家理想的兩位魯生便反對叔孫通為漢制儀：「今天下初定，死者未葬，傷者未起，又欲起禮樂。禮樂所由起，積德百年而後可興也。」禮樂之興既需修德行義十餘世，西漢初立便言制禮，只徒有禮之形式而缺乏禮的傳承；唯叔孫通既能為漢王變儒服而改著楚製短衣，其思想亦善變通，他認為時勢已經不同，「儒者難以進取，可與守成。」而此時正是儒學可以治平的時機，如果能將儒家禮學引進國家機器調節為用，統治可以很快有治世之績，又何需拘泥古禮，叔孫通對儒禮顯然有自己的看法與堅持，他的「進退與時變化」並不能簡單地以投機、逢迎視之。〔註33〕再者，叔孫通面對「漢初布衣將相之局」，朝堂之上出將入相的不乏販繒屠狗之輩，他以禮為包裝，適時為漢朝訂立各種制度朝儀，既迎合了當時皇帝尊君卑臣的心理需求，也成功地推銷了他自己，更為此後儒家學術地位奠下穩固的政治根基。

叔孫通制禮既得皇帝的讚賞與恩允，禮儀對於臣下便有一定的約束性，禮節儀式原有強化意識型態的功效，叔孫通排演的雖為形式禮儀，無形中也為統治者強化了階級政治的內涵、宣導孝道倫理觀念，甚至傳達王者天命的神聖象徵。對出身草莽的西漢君主來說，天下初定之際，統治者的盛德大業必須被凸顯，繁複的禮節形式就成為裝飾場面的最佳工具，王充說：「叔孫通定儀，而高祖以尊；蕭何造律，而漢室以寧。按儀、律之功，重於野戰；斬首之力，不及尊主。」〔註34〕站在統一帝國凝聚政治力量的需求上，「希世度務」、「與時變化」的叔孫通，適時地為統治者量身定做一套尊君卑臣的禮儀，一方面接續了儒家禮的神聖傳統，另方面也有助於建立新的統治秩序，叔孫通被比為「漢家儒宗」，其來有自。

叔孫通所撰禮儀不合於儒家經制，盧昌德指其草創規模狹小不能滿足後世需要、與律令同錄藏於理官，一旦改朝便缺乏政治上的實用性，〔註35〕故當「法家又復不傳。漢典寢而不著，民臣莫有言者」，〔註36〕整套制度禮儀隨即成紙上

〔註33〕叔孫通的人物形象多變，但他見風轉舵的作風，使歷史評價對他始終難以擺脫「諛」的批評，林聰舜則點出叔孫通個性也有鯁直、理想的一面，只以道德價值評他，並不能全盤照應人物性格的複雜性。參見林聰舜，〈褒貶紛紜的漢家儒宗〉，收於《史記的人物世界》，台北：三民書局，2003.10，158～169。

〔註34〕王充撰、黃暉校釋，《論衡校釋》，卷十三〈效力篇〉，第三十七，北京：北京中華書局，1990.12，頁588。

〔註35〕盧昌德，〈叔孫通制朝儀與儒"禮"之流變〉，《茂名學院學報》，2003.5，第二期。

〔註36〕以上二段見《漢書》，卷二十二〈禮樂志〉，第二，頁1030、1035。

空文。實則在西漢早期,不論朝儀、封禪、宗廟祭禮都被視爲漢家之禮,〔註37〕漢家制禮既不待於太平之世來臨,皇帝藉禮之威儀強化統治政權的神聖性,除可發揮實際統治功用之外,更有深刻的政治含意,制禮的影響本不在於條文內容是否流傳,而文帝之時、武帝之初有司議定改禮未成,朝廷也並非就毫無制度,可見叔孫通所立下的制度禮儀雖是「最無生氣」,卻也是最源遠流長的。

　　前章提過,黃老思想重視德禮的政治功能,但其思想重心不在於禮,黃老學說缺乏詳細的禮制規劃與深層的禮意詮釋,反對在枝節的象徵儀文上作功夫,這便給像叔孫通這樣的儒者一個大好時機。當黃老「冠雖敝必加於首,履雖新必貫於足」的想法深得帝王認同之時,叔孫通也以「王者無過舉」,上雖失道猶爲尊,將天子推崇到更神聖的位置。因爲叔孫通之制禮,致力於鞏固皇帝統治權力,儒家在漢初政治權力圈裡尙能佔有一席之地,不能不說是叔孫通的功勞,而後儒者服務政權之門開啓,「禮」的價值更攀上學術政治的高峰,叔孫通制禮在各方面所引發的效應仍不可小覷。

第二節　陸賈的禮法思想

　　史傳中的陸賈,進退從容、辯才無礙,司馬遷贊言之:「結言通使,約懷諸侯;諸侯咸親,歸漢爲藩輔。」而陸賈的好口才不僅表現在外交工作上,他對高祖的影響也是由一場言詞交鋒開始的。

> 陸生時時前說稱詩書。高帝罵之曰:「迺公居馬上而得之,安事詩書!」陸生曰:「居馬上得之,寧可以馬上治之乎?且湯武逆取而以順守之,文武並用,長久之術也。昔者吳王夫差、智伯極武而亡;秦任刑法不變,卒滅趙氏。鄉使秦已并天下,行仁義,法先聖,陛下安得而有之?」高帝不懌而有慙色。〔註38〕

對話初始,劉邦狂恣尙武的心態便表露無遺,陸賈信手拈來幾則史事,說明

〔註37〕甘懷眞謂:「所謂『漢家』,是指以漢皇帝爲家長與官員所組成的『國家』,……不包括一般的人民,也不及於官員的私家。漢前期之禮儀多是此類『國家』之禮,主要在規範朝廷生活,故泛稱朝儀。這類朝儀又稱作『漢家禮儀』。」參見甘懷眞,〈「制禮」觀念的探析〉,收於《皇權、禮儀、與經典詮釋》,台北:喜馬拉雅研究發展基金會,2004.2,頁85~86。

〔註38〕以上二段見《史記》,卷一百三十〈太史公自序〉,第七十,頁3315;卷九十七〈酈生陸賈列傳〉,第三十七,頁2699。

天下不能用武而治，他建議高祖改變統治策略，取法先聖以仁義治天下，逆取順守才能免蹈亡秦覆轍。前節提過，叔孫通曾以「儒者難以進取，可與守成」建議朝廷進用儒生，﹝註39﹞陸賈「馬上得之」不一定能「馬上治之」的剖析，同樣傳達了創業與守成有異的見解。在朝廷統治基礎尚未穩固的西漢初年，有意治世的儒者爲漢家天下提出治平永續的意見，這些建言不但迎合當前時局所需，也爲漢朝儒術的政治前途開出一條坦途。

一、文武並用的長久之術

先秦儒家以德爲上，「不稱其力，稱其德也」，﹝註40﹞冀以迴避戰爭，陸賈對武德用力看法與傳統儒家不同，﹝註41﹞他肯定統治者取天下時可以依靠暴力。

> 聖人乘天威，合天氣，承天功，象天容，而不與爲功，豈不難哉？
> ﹝註42﹞

> 若湯、武之君，伊、呂之臣，因天時而行罰，順陰陽而運動，上瞻天文，下察人心，以寡服眾，以弱制強，革車三百甲卒三千，征敵破眾，以報大讎，討逆亂之君，絕煩濁之原，天下和平。﹝註43﹞

漢朝初定天下時，統治者仍未放棄以武力解決王國問題，漢主雖有心求治，恃武仗力的心態卻猶不減，陸賈將推翻前朝之流血戰爭解爲順天應人的革命，相當程度地肯定了漢朝武力統一的成就，此亦反映了漢儒對於政權現實

﹝註39﹞　《史記》，卷九十九〈劉敬叔孫通列傳〉，第三十九，頁2722。
﹝註40﹞　《論語注疏》，卷十四〈憲問〉，頁2512。
﹝註41﹞　孔子曾以「軍旅之事，未之學也」，拒談用兵。參見《論語注疏》，卷十五〈衛靈公〉，頁2516。孟子以「仲尼之徒無道桓文之事」，不認同以戰止亂，至於「爭地以戰，殺人盈野。爭城以戰，殺人盈城。此所謂率土地而食人肉，其罪不容於死。」參見孫奭疏，《孟子注疏》，卷七下〈離婁〉上，北京：北京中華書局，1980，頁2722。荀子也說「以德兼人者王，以力兼人者弱。」只有以禮義爲攻戰之本，用禮樂教化以將兵，軍事行動才勉強可行，故「招近募選，隆執詐，尚功利，是漸之也；禮義教化，是齊之也。故以詐遇詐，猶有巧拙焉；以詐遇齊，辟之猶以錐刀墮太山也，非天下之愚人莫敢試。故王者之兵不試。……齊桓、晉文、楚莊、吳闔閭、越勾踐是皆和齊之兵也，可謂入其域矣，然而未有本統也，故可以霸而不可以王。」參見荀況撰、王先謙校注，《荀子集解》下，卷十〈議兵〉，第十五，北京：北京中華書局，1988，頁290、275～276。
﹝註42﹞　陸賈撰、王利器校注，《新語校注》，卷下〈本行〉，第十，北京：北京中華書局，1986.8，頁146。
﹝註43﹞　《新語校注》，卷上〈慎微〉，第六，頁95。

的部分妥協。而學術意圖影響政治，須在統治者能接受它的前提才有可能，儒者當然必須修正一些不爲統治者接受的觀念。這或者也是那些馬上出身的漢朝君臣，尚能聽取陸賈意見的一大原因。

《新語》以亡秦經驗爲例，指出統治方向的正誤只在統治者一念間，

> 齊桓公尚德以霸，秦二世尚刑而亡。〔註44〕

> 秦以刑罰爲巢，故有覆巢破卵之患。〔註45〕

> 秦始皇設刑罰，爲車裂之誅，以斂姦邪，築長城於戎境，以備胡、越，征大吞小，威震天下，將帥橫行，以服外國，蒙恬討亂於外，李斯治法於內，事逾煩天下逾亂，法逾滋而天下逾熾，兵馬益設而敵人逾多。

> 秦非不欲治也，然失之者，乃舉措太眾、刑罰太極故也。〔註46〕

陸賈解析史事有一套扼要的模式：秦以武興，又因極刑速亡，秦非不欲國治而是用錯方法；漢朝與秦同樣是以軍事力量征服天下，意圖永續政權，勢必改變秦朝馬上求治的想法，武力之後需繼之以王道，因應當下時機，改力用德。《新語》數度標舉堯、舜、禹、湯、文、武、周公及孔門言行，並且大力推崇儒家經典，它指《春秋》爲一部可貴的史籍，足以「追治去事，以正來世。」〔註47〕陸賈以仁義安邦定國的觀點，清楚表達他的儒家立場，但是他以現實需求檢驗學術價值的方式，〔註48〕又迥異於保守派儒者堅持合古合經的態度，不過，也只有這種能夠順應現實、盱衡時勢的儒者，才能在申言儒術之外，並對統治者產生影響力，承認政治力量的優先性，無可避免地成爲學術與政治相謀下的結局。

「君子握道而治，據德而行，席仁而坐，杖義而彊。」〔註49〕握、據道德，席、杖仁義，道德與仁義間便有體用的關係，君子愼微修身而後仁義著於外，統治者以道德存身而以仁義加下，〔註50〕道德政治的具體作爲便在仁義之施

〔註44〕《新語校注》，卷上〈道基〉，第一，頁29。

〔註45〕《新語校注》，卷上〈輔政〉，第三，頁51。

〔註46〕《新語校注》，卷上〈無爲〉，第四，頁62。

〔註47〕《新語校注》，卷下〈本行〉，第十，頁142。

〔註48〕如《新語》言：「道近不必出於久遠，取其致要而有成。」「善言於古者合之於今，能述遠者考之於近。」參見《新語校注》，卷下〈本行〉，第十，頁142；卷上〈術事〉，第二，頁41。

〔註49〕《新語校注》，卷上〈道基〉，第一，頁28。

〔註50〕「統四海之權，主九州之眾，豈弱於武力哉？然功不能自存，而威不能自守，

中。「治以道德爲上，行以仁義爲本。故尊於位而無德者絀，富於財而無義者刑，賤而好德者尊，貧而有義者榮。」道德不但關乎個人修養，亦是統治之道的重要原則，陸賈高舉道德價值，使社會褒貶與統治者標準一致，道德內在不僅是孔子所言的君子小人之別，也是評比外在尊卑、寵辱的基石，在「治以道德爲上」的理想社會裡，人民心中的道德若與朝廷統治原則一致，「在朝者忠於君，在家者孝於親。」「長幼異節，上下有差，強弱相扶，大小相懷，尊卑相承，雁行相隨。」〔註51〕如此則道德一立，統治秩序將不爲而成。

陸賈從漢人所重視的天人之際加以細究，「在天者可見，在地者可量，在物者可紀，在人者可相。」認爲一切可見可知的萬物都在天地秩序的理性規劃中，

> 先聖乃仰觀天文，俯察地理，圖畫乾坤，以定人道，民始開悟，知有父子之親，君臣之義，夫婦之別，長幼之序。〔註52〕

> 聖人承天之明，正日月之行，錄星辰之度，因天地之利，等高下之宜，設山川之便，平四海，分九州，同好惡，一風俗。易曰：「天垂象，見吉凶，聖人則之；天出善道，聖人得之。」〔註53〕

道有恆常，古聖治世之道不必遠求，「古人之所行者，亦與今世同」，其「隱之則爲道，布之則爲文，詩在心爲志，出口爲辭。」聖王論思天地所得天經地義之常道，便是王道治世的原則，故曰「聖人成之。所以統物通變，治性情，顯仁義也。」仁義之道是後世求治之主具體可循的統治方向，是王者治道核心，

> 聖人懷仁仗義，分明纖微，忖度天地，危而不傾，佚而不亂者，仁義之所治也。……萬世不亂，仁義之所治也。〔註54〕

> 堯以仁義爲巢，舜以稷、契爲杖，故高而益安，動而益固。〔註55〕

人道是人倫五常之道，「君子居亂世，則合道德，采微善，絕纖惡，脩父子之

非貧弱也，乃道德不存乎身，仁義不加於下也。」參見《新語校注》，卷下〈本行〉，第十，頁146。

〔註51〕 以上二段見《新語校注》，卷下〈本行〉，第十，頁141；卷下〈至德〉，第八，頁118。

〔註52〕 以上二段見《新語校注》，卷上〈道基〉，第一，頁5、9。

〔註53〕 《新語校注》，卷下〈明誠〉，第十一，頁157。

〔註54〕 以上四段見《新語校注》，卷上〈術事〉，第二，頁41；〈慎微〉，第六，頁97；〈道基〉，第一，頁24；〈道基〉，第一，頁25、34。

〔註55〕 《新語校注》，卷上〈輔政〉，第三，頁51。

禮，以及君臣之序，乃天地之通道，聖人之所不失也。」可知仁義道德是人間永恆不變的原則。陸賈檢視社會關係，

> 百姓以德附，骨肉以仁親，夫婦以義合，朋友以義信，君臣以義序，百官以義承，曾、閔以仁成大孝，伯姬以義建至貞，守國者以仁堅固，佐君者以義不傾，君以仁治，臣以義平，鄉黨以仁恂恂，朝廷以義便便，美女以貞顯其行，烈士以義彰其名，陽氣以仁生，陰節以義降，鹿鳴以仁求其群，關雎以義鳴其雄，春秋以仁義貶絕，詩以仁義存亡，乾、坤以仁和合，八卦以義相承，書以仁敘九族，君臣以義制忠，禮以仁盡節，樂以禮升降。〔註56〕

仁、義與忠、孝、貞節等等道德觀念都是出於同樣的理念，由此理解王道之治與人道社會，長治久安之術已是昭然若揭。

《新語》所談的治世論點中，上自國家興亡、政治隆污，下至社會風氣、五倫秩序，甚而陰陽升降、經典要義都離不開仁義，「謀事不竝仁義者而後必敗」，陸賈所談各種論點，都應由此角度作觀察。

二、禮義教化至期於無刑

（一）禮義與教化

武力在立國開朝之時有其必要性，而後治理一個高度壟斷的龐大國家，採用法律規範或刑罰強制亦不可或缺，歷史上，周文疲弊之後法刑興起，秦將法家思想發揮至極端，但其尚法而亡反使漢人認清徒法不足以為治，治民不能急於求法卻忽略禮義教化的價值。

> 欲富國強威，闢地服遠者，必得之於民；欲建功興譽，垂名烈，流榮華者，必取之於身。……天地之性，萬物之類，懷德者眾歸之，恃刑者民畏之，歸之則充其側，畏之則去其域。故設刑者不厭輕，為德者不厭重，行罰者不患薄，布賞者不患厚，所以親近而致遠也。〔註57〕

法令可以消極懲治犯罪卻不能積極勸導人民向善，統治者極度重法只會致使

〔註56〕以上三段見《新語校注》，卷上〈術事〉，第二，頁41；〈慎微〉，第六，頁97；〈道基〉，第一，頁30。

〔註57〕《新語校注》，卷下〈至德〉，第八，頁116～117。

民怨叢生，故刑罰不厭輕，德賞不患厚，治天下者應施民德惠爭取民心，穩固國家基礎。從根本上言，「治以道德爲上，行以仁義爲本。」〔註58〕道德禮義才是君主統治治道的正途，陸賈主張完全符合儒家政治的觀點。

《新語》單獨言禮之處甚少，談禮往往連言於義而強調禮義的意義。先聖以「父子之親，君臣之義，夫婦之別，長幼之序」爲最原始的人道觀念，此後「百官立，王道乃生。」王道政治以人道爲基礎，「人道治五常」，禮義運作亦與人倫五常密切相關，禮義不行將致社會綱紀衰廢，欲求國家治安也更困難。

> 民知畏法，而無禮義；於是中聖乃設辟雍庠序之教，以正上下之儀，明父子之禮，君臣之義，使強不凌弱，眾不暴寡，棄貪鄙之心，興清潔之行。……禮義不行，綱紀不立，後世衰廢，於是後聖乃定五經，明六藝，承天統地，窮事察微，原情立本，以緒人倫，宗諸天地，纂脩篇章，垂諸來世，被諸鳥獸，以匡衰亂，天人合策，原道悉備，智者達其心，百工窮其巧，乃調之以管弦絲竹之音，設鐘鼓歌舞之樂，以節奢侈，正風俗，通文雅。〔註59〕

禮義始於文明演進過程中的人倫五常之道，人類脫離原始時代後，物質條件不斷進展，「民知畏法，而無禮義」，中聖遂置辟雍庠序以化民，此處所言中聖設教當指周代制禮之時，當「周公躬行禮義，郊祀后稷，越裳奉貢而至，麟鳳白雉草澤而應。」其「善道存乎心，無遠而不至也。」遂使物類同感並及異邦君民。及至周室衰微，禮義不行，孔子「厄挫頓仆，歷說諸侯，欲匡帝王之道，反天下之政」，修《春秋》「以序終始，追治去事，以正來世，按紀圖錄，以知性命，表定六藝，以重儒術，善惡不相干，貴賤不相侮，強弱不相凌，賢與不肖不得相踰，科第相序。」五經、六藝既「承天統地，窮事察微，原情立本，以緒人倫」，詩、書、禮、樂是「天道之所立，大義之所行」，〔註60〕後人只需依據儒家經典便能知悉禮義之道了。

陸賈注意到禮有兩方面：骨肉以仁親而「禮以仁盡節」，故有「父子之禮」；君臣以義序，百官以義承，朝廷以義便便，故有「君臣之禮」。而不論是親親之愛或尊尊之別，禮義都是人道秩序，禮義以人倫天道爲基礎，個人據其天

〔註58〕《新語校注》，卷下〈本行〉，第十，頁142。

〔註59〕以上三段見《新語校注》，卷上〈道基〉，第一，頁30、9、17～18。

〔註60〕以上五段見《新語校注》，卷下〈明誡〉，第十一，頁160；〈本行〉，第十，頁142～143。

性便可力行，〔註61〕故「禮以行之，遜以出之。蓋力學而誦詩、書，凡人所能爲也。」懷道者身處治世，「修之於內，著之於外」；亂世君子以禮修身，亦能「合道德，采微善，絕纖惡，脩父子之禮，以及君臣之序。」〔註62〕就政治社會層面而言，王道之治奠基於人道，禮義所教亦本天性人倫之常，可知禮義是仁義治道的一環，今人從五經六藝所獲得的禮義要義，正以重建善惡分明、貴賢賤不肖的和諧秩序，禮義所致之治實是一個儒術所化的世界，是時統治秩序與人道之常完全結合。由人道連結天道，父子、君臣、夫婦、長幼的關係，遂亦成爲無可爭辯的先驗之理，道德政治中，統治者設庠序以化民，取五經六藝以教百姓，如此一來，詩、書、禮、樂所談之倫理道德、禮義綱紀深入民心，在仁、義、忠、孝交織牽引的道德網絡下，儒家思想便成爲普世之價值與永恆的眞理。可見陸賈所謂長治久安之道，追根究底還是儒家思想，統治者不但需教民禮義，也當努力維持此一千古不變的治道原則。

《新語》從周公制禮作樂來談禮義，大有原禮本然之意，此亦可知陸賈談禮不只論其撫民來遠的政治性，禮的範圍涵蓋了個人與社會生活的全部，其意義當然深入各種社會關係。此外，陸賈從未認爲禮只是儀，〔註63〕禮有「節奢侈，正風俗，通文雅」的教化意義，與叔孫通以標準化之儀文要求毫無差別的禮意，實質內容已是大相逕庭。

（二）無刑的理想

王道禮教皆由聖人所制作，法的產生亦是如此。〈道基〉說自然宇宙形成後，聖人體天道而訂人道倫常，後來物質文明進展，避勞貪逸之人增多，皋陶於是「立獄制罪，縣賞設罰，異是非，明好惡，檢奸邪，消佚亂。」古代法制萌芽初期，成文律法尚未完備，當時的法可能只是時人信守的簡單原則或道理，依陸賈所述人類文明發展進程來看，此時獄政所欲維護者，當是由人道而來的王道秩序，立獄制罪只是一時補救措施，一旦百姓「好利惡難，避勞就逸」情況獲得矯正，社會公平、倫理有常，獄政便無發動的必要。《新

〔註61〕「顏回一簞食，一瓢飲，在陋巷之中，人不堪其憂，回也不改其樂。禮以行之，遜以出之。蓋力學而誦詩、書，凡人所能爲也；若欲移江、河，動太山，故人力所不能也。」參見《新語校注》，卷上〈愼微〉，第六，頁91。

〔註62〕以上三段見《新語校注》，卷上〈愼微〉，第六，頁91、89、99。

〔註63〕〈資質〉篇中陳述了一些行禮時的情況，如：「上備大牢，春秋禮庠，襃以文采，立禮矜莊，冠帶正容，對酒行觴。」參見《新語校注》，卷下〈資質〉，第七，頁102。這些衣冠儀式只是禮的表徵，陸賈並未在此大做文章。

語》多處提到這種具有典範、理則義的法，

> 文王生於東夷，大禹出於西羌，世殊而地絕，法合而度同。……萬
> 世不易法，古今同紀綱。〔註64〕

> 事不生於法度，道不本於天地，可言而不可行也，可聽而不可傳也，
> 可□瓵而不可大用也。〔註65〕

> 舜、禹因盛而治世，孔子承衰而作功，……斯乃天地之法而制其事，
> 則世之便而設其義。……萬端異路，千法異形，聖人因其勢而調之，
> 使小大不得相踰，方圓不得相干，分之以度，紀之以節。〔註66〕

陸賈以舜、禹、孔子、文王等例，說明聖人察物無遺「上及日月星辰，下至
鳥獸草木昆蟲」，遂知「鳥獸草木尚欲各得其所，綱之以法，紀之以數，而況
於人乎？」此「先王之法」不說災變之異，不作奇怪神異之論，卻能調理萬
物使「利絕而道著，武讓而德興」，〔註67〕故能跨越時空流傳至今。

　　此外，《新語》言「法」也指向刑律，「法令所以誅暴也」，「觸罪□□法，
不免於辜戮。」尤其議論秦政時，陸賈幾乎便將法、刑視為一體之兩面，

> 秦始皇設刑罰，為車裂之誅，……李斯治法於內，事逾煩天下逾亂，
> 法逾滋而天下逾熾，兵馬益設而敵人逾多。秦非不欲治也，然失之
> 者，乃舉措太眾、刑罰太極故也。〔註68〕

法愈繁刑愈重，人民畏刑罰而怨秦法，以是天下不治。陸賈對重刑之法便不
若先王法度般認同，他反對統治者過度依賴法令，因為重法通常造成重刑，
重刑對國之存續深具破壞性，「形（刑）重者則心煩，事眾者則身勞；心煩者
則刑罰縱橫而無所立，身勞者則百端迴邪而無所就。」「懷德者眾歸之，恃刑
者民畏之。」〔註69〕刑立則德散，統治者應有所戒惕。

　　法能有效治理國家，《新語》也不諱言即使周公制禮作樂時仍是有法輔治

〔註64〕以上二段見《新語校注》，卷上〈道基〉，第一，頁16；〈術事〉，第二，頁43
　　　　～44。
〔註65〕《新語校注》，卷下〈懷慮〉，第九，頁137。
〔註66〕《新語校注》，卷下〈思務〉，第十二，頁167～168。
〔註67〕以上三段見《新語校注》，卷下〈明誡〉，第十一，頁155；〈懷慮〉，第九，頁
　　　　139。
〔註68〕以上三段見《新語校注》，卷下〈懷慮〉，第九，頁137；卷上〈無為〉，第四，
　　　　頁62。
〔註69〕以上兩段見《新語校注》，卷下〈至德〉，第八，頁118、117。

的，不過，法的效果有限，「曾、閔之孝，夷、齊之廉，此寧畏法教而爲之者哉？」治世之中，

> 君子尚寬舒以襄其身，行身中和以致疏遠；民畏其威而從其化，懷其德而歸其境，美其治而不敢違其政。民不爵而畏，不賞而勸，漸漬於道德，而被服於中和之所致也。……南面之君，乃百姓之所取法則者也，舉措動作，不可以失法度。……孔子曰：「移風易俗。」豈家令人視之哉？亦取之於身而已矣。〔註70〕

陸賈相信教化的功效，認爲統治者力行道德可使天下百姓風行草偃，至德之世仍有法令刑罰之用，法秩序之暢達已由德化世界而保障了，百姓「畏其威而從其化，懷其德而歸其境，美其治而不敢違其政。」不論人民是畏法而守禮或是守禮故畏法，此時已經沒有很大的差別，「民不爵而畏，不賞而勸，漸漬於道德」，法令備而不用，禮教於是大行，由是可知治世並非無法，但是最後目的仍是期於無刑。

創業之後何以守成，是漢初廣受討論的嚴肅議題，陸賈應於劉邦「爲我著秦所以失天下，吾所以得之者何，及古成敗之國」要求而作《新語》，〔註71〕其書便以探求漢朝治道爲中心，歷數前朝數代興亡，以文武並用爲長治久安之術總結。秦朝法治統治失敗後，陸賈對儒典歷久彌新的「超時間性」與「超空間性」更有信心，〔註72〕他「時時前說稱詩書」或許是有意感化劉邦，或亦希望藉此喚起統治者重視儒家經典，落實儒家理想於實際政治。在儒生並不討喜的西漢初年，陸賈偏好詩書並不能爲政治前途加分，但其甘冒不諱以儒家仁義說服劉邦，可見他對儒學理想仍然懷抱堅持，並非只以富貴功利爲念。〔註73〕而曾經溺儒冠、惡儒服的劉邦對儒家思想本無所好，他對《詩》、

〔註70〕 以上兩段見《新語校注》，卷上〈無爲〉，第四，頁64～67。

〔註71〕 《史記》，卷九十七〈酈生陸賈列傳〉，第三十七，頁2699。

〔註72〕 儒者懷抱現世的問題進入經典世界中，在向古聖先賢追索問題的答案時，「解經者與經典作者及「文本」（text）之間永無止境的創造性的對話。」這便建立了經典的「超時間性」與「超空間性」。詳見黃俊傑，〈從儒家經典詮釋史觀點論解經者的「歷史性」及其相關問題〉，《台大歷史學報》，1999.12，第二十四期。

〔註73〕 「把陸賈和賈誼歸爲任何一個學派都不準確。倆人是漢初的政治人物，對他們而言，學術不是立業之本，也不是理想所在。陸賈說：『善言古者，考之於今；能述遠者，考之以近。』其功利目的，昭然若揭。」參見孫筱，《西漢經學與社會》，北京：中國社會科學出版社，2002，頁101。

《書》的接受，完全是一個關切政權存續的統治者，由功利實用角度考量而體悟到統治意識型態的重要，其後高祖太牢祭孔、接見申公及儒家弟子，顯見其鄙儒態度之轉變，劉邦後來自陳：「吾遭亂世，當秦禁書，自喜，謂讀書無益，洎踐阼以來，時方省書，乃使人知作者之意。追思昔所行，多不是。」〔註74〕陸賈之啓蒙對劉邦統治心態的改變當有一定影響。

從政治現實層面來看，陸賈仍然認同政治活動是實踐道德的最佳途徑，「道因權而立，德因勢而行，不在其位者，則無以齊其政，不操其柄者，則無以制其剛。」〔註75〕他期盼政治權威與道德理想結合，以政治的積極作爲擴大道德影響力，不過，當學術與政治相謀，統治者採納學術通常只取其助益專制、維護君權的部分，尤其當西漢帝國集權體制漸趨鞏固，政治價值高過一切理性呼聲，在仁義引領下的禮、法思想雖有新意，最終還是要成爲統治者操縱的工具。從學術影響而言，陸賈所談的禮法思想處處顯見儒家精神灌注其中，他既不像魯二儒生般地堅持復古，與叔孫通制禮換取功名富貴的作法更有天壤之別，在漢初多元寬鬆的學術條件中，即使同是儒者詮釋禮、法，思想態度仍然各自不同，陸賈以儒家理想提供漢朝政權的禮、法方向獲得西漢以降儒生之肯定，以儒家理想改革政治的方向，始終都是漢代學術的正統。

漢人深誡亡秦之敗，知識份子無不呼籲揚棄秦朝重刑必罰的高壓統治方式，陸賈雖然肯定武力爭天下的必要性，但仍強調漢主在武力取天下以後，舉措刑罰應該謹愼小心，立法要明確、施法要正直，〔註76〕過極失當的施政可能致使統治黷武而不返，統治者用法不能不愼。陸賈言法受自然天道拘束的成分少，受人事需求的支配程度較高，由於《新語》中天道只是一個模糊的概念，人民是芸芸眾生，天道人民都不能監督立法，立法設刑但憑統治者道德良心，因此強調君主道德修養就更重要，「南面之君，乃百姓之所取法則者也，舉措動作，不可以失法度。」陸賈鼓勵君主爲民表率，樹立公正有德的聖人形象，「持天地之政，操四海之綱，屈申不可以失法，動作不可以離度」，

〔註74〕 章樵編注、錢熙祚校，《古文苑》，卷十，敕啓〈漢高祖手敕太子〉，台北：商務印書館，1968.6，頁 236。

〔註75〕 《新語校注》，卷上〈辨惑〉，第五，頁 84。

〔註76〕 「故爲威不強還自亡，立法不明還自傷，魯莊公之謂也。」參見《新語校注》，卷下〈至德〉，第八，頁 124。

〔註 77〕君主不擅更法，復以仁義治天下，禮教大化的社會保障了法令有效存續，由此觀之，追求德禮仁義之治實比制訂客觀的法更根本。陸賈堅持儒家立場又申明其不同於叔孫通之儒的禮法態度，在黃老流行的西漢初年確實獨樹一格，故班固以「及昌君之門闌，究先聖之壼奧」，〔註 78〕許之為儒家傳人，王充亦說《新語》「言君臣政治得失，言可采行，事美足觀。鴻知所言，參貳經傳，雖古聖之言，不能過增。」〔註 79〕後儒讚美陸賈為思想醇正的經學之儒，〔註 80〕經常是透過與叔孫通的比較而來。

　　叔孫通制作朝儀使得儒禮在漢朝政治上找到實踐場域，但是他「起朝儀」代表儒家為漢制禮，禮的過度世俗化與權力化，卻難引起後來儒者的共鳴，法制化的儒禮本欲確保其實踐，但是禮學變質的結果，禮只是儀，已然成為皇家裝飾品；陸賈根據人道精神，以禮義之道提供漢主統治治道的理想，以儒典中的禮義精神為矩範，透過學校教育推動，禮義道德同時也是個人良心信守的價值，禮之實踐非賴繩之以法來保證，如是之禮才能提供現實法制以外的價值與理想。不過，叔孫通以禮制法時，禮法是一體的兩面，制禮的同時便也改造了法制內容；在陸賈的至德之世中，民風既淳君主無為可治，法不常用只在道德禮義中作用地保存下來，這樣禮、法並用「只能算是現實政治上的一種結合，而不是真正來自思想上的結合。」〔註 81〕禮、法通常只是各自表述的兩種主張，理想的禮對現實法制終究難有直接的改革或影響。叔孫通與陸賈的禮法主張，表達漢初儒者間兩種截然不同的態度與思想，陸賈的禮法主張，與後來為學術正統的賈誼、董仲舒等儒一脈相承，但在西漢法制發展史上，叔孫通之影響實亦不容抹殺。

〔註 77〕以上兩段見《新語校注》，卷上〈無為〉，第四，頁 67；卷下〈明誡〉，第十一，頁 154。

〔註 78〕《漢書》，卷一百上〈敘傳〉，第七十上，頁 4231。

〔註 79〕《論衡校釋》，第二十九，〈案書篇〉，頁 1169。

〔註 80〕《四庫全書總目提要》：「漢儒自董仲舒外，未有如是之醇正也。」俞嘉錫辯證曰：「（孔）融以（陸）賈與叔孫通、范升、衛宏并言，亦以賈為經學之儒也。然賈實具內聖外王之學，非叔孫通犖陋儒所敢望。」參見《新語校注》，附錄三，「四庫全書總目提要」條，頁 206～208。

〔註 81〕徐復觀，〈漢初的啟蒙思想家──陸賈〉，收於《兩漢思想史》二，台北：學生出版社，1983，頁 102。王興國說：「陸賈並不是主張放棄法治，不過是主張禮法結合。」參見王興國，《賈誼評傳》，附陸賈、晁錯評傳，南京：南京大學出版社，1992，頁 35。當指手段上的結合運用，而非思想內容之融合。

第三節　小　結

　　漢初黃老由天道思想而談禮對統治者之益，禮的政治作用鮮明，但黃老學說的重心不在禮，它對禮制沒有詳細的規劃，也未發展更深刻的禮學思想，這便使儒家禮論得在此時獨擅勝場了。不過，漢主接納儒禮也是因緣際會，正當劉邦厭於群臣拔劍擊柱、醉或妄呼的朝堂亂象時，叔孫通看準漢主所需進言制禮，制禮活動從此展開。「起朝儀」是叔孫通一生最大的事業，朝儀除了表現朝堂之上君臣各有儀節外，也欲藉由身體姿態、行為、活動的紀律訓練，培養臣下恭順態度與效忠心理，當國家介入監督指揮朝臣行禮如儀，標準化、紀律化的禮很快就內化為行禮者慣性，於是禮的精神彷彿只剩尊君，只凸顯其擁護皇帝制度、堆砌政權神聖的意義，禮幾乎就只是與法非常接近的儀，有些儒者甚至不願承認其為禮。從實質影響層面來說，叔孫通制禮一事效益驚人，朝儀之威儀赫赫帶給漢初君主一種全新的感受，「吾迺今日知為皇帝之貴也」，叔孫通因此平步青雲，儒生更是由其引薦而能大量進入朝廷。而從君主利益出發的國家禮制，自然也為皇權塗上道德的包裝，禮制不但具有政治正當性，也能具備道德合理性，完全是為專制王權服務了。叔孫通的弟子讚嘆：「叔孫生誠聖人也，知當世之要務。」〔註82〕蓋非無因。

　　漢初時代背景、社會結構與秦時相去不遠，國家章程制度、軍法律令、郊廟樂舞等皆循秦舊，當時統治集團雖質樸少文，但對亡秦教訓無不警惕，試圖由歷史故事中找出先聖成功的軌跡，這也是陸賈作《新語》的政治使命。陸賈從人類文明發展史，推究刑法之生原是補救奸邪佚亂的辦法，法有強制的力量、刑罰能遏阻不肖者為非，但其效果有限，欲由執法達成道德理想必然有所不能，統治者不應恃法求治，應由儒家五經六藝著手，推動禮義教化才是治道之根本。叔孫通以朝儀、宗廟、宮廷服飾、婚儀、宮室等細節言禮，陸賈則不認同禮只是下對上的片面義務，他由儒家立場指出統治者當修己以德，以身作則，行禮義、立綱紀，「正風俗，通文雅」，撫民來遠，統治必可得之於民。陸賈思想有黃老天道的影子，但若將其禮法觀點與叔孫通相較，其儒家立場反而更明確。先秦儒家一向認為「道尊於勢」，君主應要以德修身，唯有聖君在位才能推動良好的政治，陸賈禮法價值體系亦是如此，禮義是為政者治道的理想，刑罰只是等而下之的手段，統治者應向禮義方向追尋，而

〔註82〕　《史記》，卷九十九〈劉敬叔孫通列傳〉，第三十九，頁2724。

非立法、修法或在法制細節上變革。陸賈無曲學以阿世，堅定闡述儒家立場的禮法觀點，對當時統治集團而言卻屬別開生面，在承秦舊制、制儀爲禮的西漢初年，縱使其實質影響有限，其承先啓後的學術意義卻是不容抹滅的。

第四章　賈誼的禮法思想

　　秦火以後儒家沈寂，清靜無爲思想流行，漢初社會禮教不興，文景時又偏尚黃老，統治者始終無意於制作，不過，爲使統治者接納儒家學說，仍有不少儒者孜孜兀兀傳達儒學治世的理念。如前章所述，高祖時叔孫通首倡制禮，他以禮節整飭臣下言行，迎合皇帝驕矜自大的心理，也使其禮獲得統治者採用，陸賈則以《新語》傳達儒家長治久安的觀點，向統治階層表達更有理想性的禮法理念。賈誼是另一位關心統治秩序的儒者，〈賈生列傳〉說：「賈生以爲漢興至孝文二十餘年，天下和洽，而固當當改正朔，易服色，法制度，定官名，興禮樂，乃悉草具其事儀法，色上黃，數用五，爲官名，悉更秦之法。」〔註1〕賈誼認爲此時漢朝政權已初步穩定，不當再行過去因應初建的權宜政策，應當究思治道根本並大刀闊斧進行改革。由《漢書》所錄〈治安策〉或諫王淮南諸子、請封建子弟等疏以觀，賈誼觀察時勢、重建統治秩序的入世態度急切而堅決，其思想內容複雜豐富，不論是現實性或創造性都備受後人讚揚，黃錦鋐以他爲使「西漢孔學之發展」的人物，譽之「能誠奢勸儉，通達治體，創立制度，以益實用者。」〔註2〕縱使其見在文帝之朝仍屬孤明先發，但是後來漢人對他評價仍然很高，劉歆說文帝時「漢朝之儒，唯賈生而已。」劉向則稱「賈誼言三代與秦治亂之意，其論甚美，通達國體，雖古之伊、管未能遠過也。」〔註3〕可說是文景時代思想界的代表人物。

〔註1〕 司馬遷撰，《史記》，卷八十四〈屈原賈生列傳〉，第二十四，北京：北京中華書局，1997.9，頁2492。

〔註2〕 黃錦鋐，《秦漢思想研究》，台北：學海出版社，1979.1，頁73。

〔註3〕 以上二段見班固撰，《漢書》，卷三十六〈楚元王傳〉，第六，北京：北京中華

今傳賈誼著作除《新書》五十八篇外，尚有賦、文、策論等作數篇，自宋陳振孫以後，清代姚鼐、盧文弨、《四庫提要》乃至近世戴君仁、呂振羽等人都曾懷疑《新書》的可靠性，經過後世學者日益精細的推考研究，認爲儘管《新書》的錯簡嚴重，仍是研究賈誼思想時不應捨棄的材料。〔註4〕本文對賈誼禮法思想的討論仍本諸《新書》，並由賈誼最關心的時事問題及對時代攻守之勢的看法，觀察其所擘劃的長治久安之世中，禮法如何扮演其適當角色。

第一節　省察現實事勢

西漢開國之時制度疏闊，統治者雖襲秦爲法，執法時又力求寬簡，網漏吞舟，蕭規曹隨下，「舉事無所變更」，休養生息的成果在文景之世逐漸浮現，民生經濟日見繁榮。賈誼初出茅廬時，漢定天下已二十多年，異姓諸王與朝廷相抗的景況不再，諸呂勢力瓦解，對南越的外交工作有成，與匈奴和親也行之多年，此時代王繼統，國內偏安，政權相對穩定，但是賈誼卻說：「臣竊惟事勢，可爲痛哭者一，可爲流涕者二，可爲長太息者六，若其它背理傷道者，難徧以疏舉。進言者皆曰天下已安治矣，臣獨以爲未也。」〔註5〕他由縱向觀察歷史，指出亡秦滅於不知攻守之勢，提問漢朝當何處之？又從橫向而察天下佈局，點出漢與匈奴、朝廷與諸侯、社會上下等級間各有不同情勢，如何認清時勢、順其理勢進而掌握致勝關鍵？賈誼跳出荀、韓從統治權威談「勢」的框架，〔註6〕從時空當中突出漢朝內外形勢與歷史定位，認爲漢朝現在表面上雖平靜無波，實正站在未來治亂的臨界點，當漢朝統治正當性確立，劉氏天下的神聖性已無須質疑，〔註7〕承秦需求既然已經改變，統治者應全面檢視過去的政策，明智地以禮學爲統治方向作抉擇。

一、亡秦教訓的反省

陸賈曾陳暴秦重法之失，賈誼則分析秦朝覆亡原因全面檢討秦朝功過，

書局，1997.9，頁1968；卷四十八〈賈誼傳〉，第十八，頁2265。

〔註4〕正反兩面的考證意見的詳細列論，可以參考林聰舜，《西漢前期思想與法家的關係》，台北：大安出版社，1991.1，頁64～68。

〔註5〕《漢書》，卷四十八〈賈誼傳〉，第十八，頁2230。

〔註6〕盧瑞容認爲，賈誼勢論的特色是視野的擴大及境界的提升。見盧瑞容，〈賈誼及其後世儒者之「勢」概念發展析論〉，《人文學報》，2002.6，第二十五期。

〔註7〕漢政權正當性與神聖性的統治危機，本文在第一章中已有討論。

「前事之不忘，後之師也。是以君子爲國，觀之上古，驗之當世，參之人事。」〈過秦〉中肯定秦滅周祀、併海內而稱帝的功業，認爲始皇統一天下，結束「強凌弱，眾暴寡，兵革不休，士民罷弊」的混亂，「元元之民冀得安其性命」，秦帝所創的中央集權體制實有時代性意義。唯秦政無法永續經營與統治者心態有關，

> 秦王懷貪鄙之心，行自奮之智，不信功臣，不親士民，廢王道而立私愛，焚文書而酷刑法，先詐力而後仁義，以暴虐爲天下始。……（二世）重以無道：壞宗廟與民，更始作阿房之宮；繁刑嚴誅，吏治刻深；賞罰不當，賦斂無度。天下多事，吏不能紀；百姓困窮，而主不收卹。然後姦僞并起，而上下相遁，蒙罪者眾，刑僇相望於道，而天下苦之。……秦王足己而不問，遂過而不變。二世受之，因而不改，暴虐以重禍。〔註8〕

秦王統一天下後，尚武用力心態始終未能轉換，「其道不易，其政不改」，國家征伐不斷，人民賦役繁重，遂錯失了守威定功的最好時機。此處賈誼「取與攻守不同術」的看法，與陸賈逆取順守主張相同，在知識份子倡議下，治天下不能強用武力而需假之以仁義，顯然已在漢主君臣間形成一種共識了。

不過，秦王的暴虐作風固與亡國脫離不了干係，當時人倫價值毀壞、善惡是非無分，更是秦社稷化爲廢墟的內在原因，

> 商君違禮義，棄倫理，并心於進取，行之二歲，秦俗日敗。秦人有子，家富子壯則出分，家貧子壯則出贅。假父櫌鉏杖彗耳，慮有德色矣；母取瓢碗箕帚，慮立訊語。抱哺其子，與公併踞；婦姑不相說，則反脣而睨。其慈子嗜利而輕簡父母也，慮非有倫理也，其不同禽獸僅焉耳。〔註9〕

> 秦滅四維不張，故君臣乖而相攘，上下亂僭而無差，父子六親殃僇而失其宜，姦人并起，萬民離叛，凡十三歲而社稷爲墟。〔註10〕

秦朝施政崇法尚力割斷了古代文化的傳承，社會四維不張，遂使民不堪命，人之所以異於禽獸者幾希，「眾揜寡，知欺愚，勇劫懼，壯凌衰，功擊奪者爲

〔註8〕　以上二段見賈誼撰、閻振益、鐘夏校注，《新書校注》，卷一〈過秦下〉，北京：北京中華書局，2000.7，頁14～17。

〔註9〕　《新書校注》，卷三〈時變〉，頁97。

〔註10〕　《新書校注》，卷三〈俗激〉，頁92。

賢，貴人善突盜者爲忻，諸侯設詔而相飭，設輗而相紹者爲知。」〔註11〕天下於是大亂。

而今漢朝雖然強調清靜慈祥、行刑務寬，但是漢廷既然沿用秦朝重法，則重法下的無爲與秦治情況便也沒有兩樣，〔註12〕賈誼認爲，如果漢主一樣輕忽禮義，不張四維，無爲寬簡之政只是造成司法混亂，衰敗的社會風俗、人民厭惡法令的印象仍舊不會改變，這便無益於長久統治的未來。

二、黃老無爲的流弊

（一）政治倒植之勢

漢政權表面穩定，但在無爲政策主導下，賈誼以爲當時不論內政外交都有即將爆發的危機，比如漢對匈奴外交策略失當，已使天下之勢入於「倒懸」。

> 天子者，天下之首也，何也？上也。蠻夷者，天下之足也，何也？
> 下也。蠻夷徵令，是主上之操也；天子共貢，是臣下之禮也。足反
> 居上，首顧居下，是倒植之勢也。〔註13〕

依照中國古老的天下觀，中國是天下的中心，由圓心而層層外推，蠻夷戎狄盡爲外服，〔註14〕「普天之下，莫非王土，率土之濱，莫非王臣」的傳統想法，〔註15〕到秦漢以後依舊如此，漢朝自視上國，賈誼亦以「蠻夷者，天下之足也，何也？下也。」以域外藩屬爲「外臣」。但是漢初匈奴勢力擴張，平城之圍後，漢對於匈奴只能百般隱忍，呂后含垢忍辱、文帝與匈奴約定長城爲界，都不願輕啓漢匈戰爭。〔註16〕從歷史條件來看，漢初務於休養生息，朝廷隱忍退讓的外交策略有其必要性，而當時和親、納幣、賜贈等作法，與黃老用弱守雌避免戰爭的思想也不謀而合，賈誼不能苟同這種卑屈忍辱的外

〔註11〕《新書校注》，卷三〈時變〉，頁97。

〔註12〕「曩之爲秦者，今轉而爲漢矣。」參見《新書校注》，卷三〈時變〉，頁96。

〔註13〕《新書校注》，卷三〈威不信〉，頁131。

〔註14〕關於傳統中國人的天下觀，詳見邢義田，〈天下一家──中國人的天下觀〉，收於中國文化新論根源篇一《永恆的巨流》，台北：聯經出版社，1998.5，頁433～478。

〔註15〕鄭元箋、孔穎達疏，《毛詩正義》，卷十三之一〈小雅·谷風之什·北山〉，北京：北京中華書局，1980.9，頁463。收於《十三經注疏附校勘記》。

〔註16〕「長城以北，引弓之國，受命單于；長城以內，冠帶之室，朕亦制之。」參見《史記》，卷一百十〈匈奴列傳〉，第五十，第十八，頁2894～2902。

交姿態，主張改變黃老消極的態度，用儒家以德服遠的方式招降匈奴，「伯國戰智，王者戰義，帝者戰德。故湯祝網而漢陰降，舜舞干羽而三苗服。」漢帝宜以「厚德懷服四夷，舉明義，博示遠方。」〔註17〕

此外，賈誼認為諸侯王勢力過大，漢廷容忍無為的放任態度，已經造成國家內政的問題，

> 天下之勢方病大瘇，一脛之大幾如要，一指之大幾如股，臣聞「尾大不掉，末大必折」，……元王之子，帝之從弟也；今之王者，從弟之子也。惠王之子，親兄之子也；今之王者，兄子之子也。親者或無分地以安天下，疏者或專大權以偪天子。〔註18〕

> 諸侯王大抵皆冠，血氣方剛。漢之所置傅歸休而不肯住，漢所置相稱病而賜罷，彼自丞尉以上偏置其私人，如此有異淮南、濟北之為耶！此時而乃欲為治安，雖堯、舜不能。〔註19〕

現今「大國之王，幼在懷衽，漢所置傅相方握其事」，故天下少安，諸侯君主一旦成年、親政難保不興兵作亂，「尾大不掉，末大必折」，將對漢廷造成禍患。再者，朝廷王國間「相疑之勢」不去，將來必對政權有所損傷，更何況「為人臣下矣，而厚其力，重其權，使有驕心而難服從。」漢初封國叛亂前事便是其例。賈誼因此強烈質疑「諸侯王雖名為人臣，實皆布衣昆弟之心，慮無不帝制而天子自為者。」分封導致「疏必危，親必亂」，〔註20〕諸王反叛之憾便無可避免，文帝應當防患未然，立即採取行動一勞永逸。

更有甚者，王國諸侯居處作為已經越制，其風不可再長。

> 諸侯王所在之宮衛，織履蹲夷，以皇帝所在宮法論之；郎中、謁者受謁取告，以官皇帝之法予之；事諸侯王或不廉潔平端，以事皇帝之法罪之。曰一用漢法，事諸侯王乃事皇帝也。……天子之相，號為丞相，黃金之印；諸侯之相，號為丞相，黃金之印，而尊無異等，秩加二千石之上。天子列卿秩二千石，諸侯列卿秩二千石，則臣已同矣。……天子衛御，號為大僕，銀印，秩二千石；諸侯之御，號

〔註17〕 以上二段見《新書校注》，卷四〈匈奴〉，頁135。
〔註18〕 《新書校注》，卷一〈大都〉，頁43。
〔註19〕 《新書校注》，卷一〈宗首〉，頁25。
〔註20〕 以上四段見《新書校注》，卷一〈宗首〉，頁25；〈藩傷〉，頁37；卷三〈親疏危亂〉，頁120。

曰大僕，銀印，秩二千石，則御已齊矣。御既已齊，則車飾具惡得
不齊？天子親，號云太后；諸侯親，號云太后。天子妃，號曰后；
諸侯妃，號曰后。……天子宮門曰司馬，闌入者爲城旦；諸侯宮門
曰司馬，闌入者爲城旦。殿門俱爲殿門，闌入之罪亦俱棄市，宮牆
門衛同名，其嚴一等，罪已鈞矣。天子之言曰令，令甲令乙是也；
諸侯之言曰令，□儀令言是也。天子卑號皆稱陛下，諸侯卑號皆稱
陛下。天子車曰乘輿，諸侯車曰乘輿，乘輿等也。〔註21〕

如本文第一章所述，漢初朝廷本許王國享有特權，諸侯王「一用漢法」、平居埒
於至尊亦受法律保障，但是賈誼認爲，當今諸侯王係朝廷所封，上下尊卑既定，
朝廷便不應坐視諸侯王僭越違制之舉。人類面貌長相相近，身份貴賤不能由長
相而分辨，此時就須依靠外在階級、法令、衣飾、器物、名號等才能區別階級，
諸侯身爲人臣，符號象徵卻與漢朝皇帝無異，易造成他們托大僭越的心態，統
治者應正視諸侯王僭越亂制的問題，防此成爲日後更大的隱憂。

（二）社會風氣敗壞

漢初無爲政策的方向下，寬鬆放任的經濟政策使得商業蓬勃，「富商大賈
周流天下」，俱逐漁鹽商賈之利而錢累巨萬。社會富裕之後，貧富差距擴大，
商者男不耕耘，女不蠶織，「亡農夫之苦，有仟伯之得。」鉅富之家鐘鳴鼎食，
「千金之家比一都之君，巨萬者乃與王者同樂。」〔註22〕「千里游敖，冠蓋
相望，乘堅策肥，履絲曳縞。」與四季勞苦的農民有天壤之別，〔註23〕勞逸
不均將使人民窮則思變，俱逐末背本不願從事生產。

今背本而以末，食者甚眾，是天下之大殘也；從生之害者甚盛，是
天下之大賊也；汰流、淫佚、侈靡之俗日以長，是天下之大祟也。……
生之者甚少而靡之者甚眾，天下之勢，何以不危？〔註24〕

〔註21〕《新書校注》，卷一〈等齊〉，頁46～47。
〔註22〕以上兩段見《史記》，卷一百二十九〈貨殖列傳〉，第六十九，頁3282～3283。
〔註23〕晁錯形容一般五口農家：「其服役者不下二人，其能耕者不過百畮，百畮之收不
過百石。春耕夏耘，秋穫冬藏，伐薪樵，治官府，給繇役；春不得避風塵，夏不
得避暑熱，秋不得避陰雨，冬不得避寒凍，四時之間亡日休息；又私自送往迎來，
弔死問疾，養孤長幼在其中。勤苦如此，尚復被水旱之災，急政暴賦，賦斂不時，
朝令而暮改。當具有者半賈而賣，亡者取倍稱之息，於是有賣田宅鬻子孫以償責
者矣。」參見《漢書》，卷二十四上〈食貨志〉，第四上，頁1132～1133。
〔註24〕《新書校注》，卷四〈無蓄〉，頁163。

百姓棄農從商便助長侈靡之俗，耕者寡而食者眾，若「不幸有方二三千里之旱，國何以相恤？卒然邊境有急，數十百萬之眾，國何以餽之矣？」〔註 25〕人民不願務農，國家無餘糧蓄積，一旦天下有難國家便無從因應。

而富人「因其富厚，交通王侯，力過吏勢，以利相傾。」〔註 26〕役財驕溢的奢侈作風對社會風氣也有負面影響。

> 民賣產子，得為之繡衣、緤經履、偏諸緣，入之閑中，是古者天子后之服也，后之所以廟而不以燕也，而眾庶得以衣孽妾。白穀之表，薄紈之裏，緤以偏諸，美者黼繡，是古者天子之服也，今富人大賈者喪資，若兄弟召客者得以被牆。〔註27〕

饑寒之民困窮迫身，富賈卻以帝服為屋壁，賈婦優倡之子得為后飾，強烈對比下，人心當更嚮往名利，一旦唯利是圖的心態成為社會主流價值，嚴刑重罰猶不可禁，傳統道德觀將被金錢衝垮。

> 胡以行義禮節為？家富而出官耳。驕恥偏而為祭尊，黥劓者攘臂而為祭政。行為狗彘也，苟家富財足，隱机盱視而為天子耳。唯告罪昆弟，欺突伯父，逆於父母乎，然錢財多也，衣服修也，我何妨為世之基公。唯愛季母、妻公之接女乎，車馬嚴也，走犬良也，矯誣而家美，盜賊而財多，何傷？欲交，吾擇貴寵者而交之；欲勢，擇吏權者而使之。取婦嫁子，非有權勢，吾不與婚姻；非貴有戚，不與兄弟；非富大家，不與出入，因何也？今俗侈靡，以出倫諭等相驕，以富過其事相競。今世貴空爵而賤良，俗靡而尊奸；富民不為奸而貧為里侮也，廉吏釋官而歸為邑笑；居官敢行奸而富為賢吏，家處者犯法為利為材士。故兄勸其弟，父勸其子，則俗之邪至於此矣。〔註28〕

賈誼非常反對當時以貧富而論貴賤的社會現象，那些「告罪昆弟，欺突伯父，逆於父母」的不孝者，甚或已判有罪的黥劓刑徒，由於家富財足，以錢得權、以富交貴，反讓一般人畏懼又豔羨，長此以往，人人趨炎附勢，社會風尚淫侈，道德價值被揚棄，吏治民風因此敗壞。國家必須打擊這些失序亂紀的脫軌行為，嚴格區分身份與階級，立君臣上下之分，使父子有禮、六親有紀，

〔註25〕《新書校注》，卷四〈無蓄〉，頁 163。
〔註26〕《漢書》，卷二十四上〈食貨志〉，第四上，頁 1132。
〔註27〕《新書校注》，卷三〈孽產子〉，頁 107。
〔註28〕《新書校注》，卷第三〈時變〉，頁 97。

重建社會秩序。

漢初休養生息的經濟策略使「孝惠、高后之間，衣食滋殖」，〔註29〕文景之世更加富厚，「宮室列館車馬益增修矣」，不過，賈誼未認同商業活動活絡經濟的貢獻，卻很關注人民背本趨末造成社會問題，他把改善風氣的重責大任寄託在統治者身上，主張以政治階級制度推用到經濟分配上，〔註30〕由公權力整頓經濟秩序，以有效趨民歸農，「今去淫侈之俗，行節儉之術，使車輿有度，衣服器械各有制數。制數已定，故君臣絕尤，而上下分明矣。擅退則讓，上僭者誅，故淫侈不得生，知巧詐謀無爲起，奸邪盜賊自爲止。」〔註31〕如果金錢不能主導社會價值，經商不再那麼有吸引力，便可減少商業對社會風氣的負面影響。總之，賈誼認爲漢朝已經走到必須改弦更張的時刻，統治者不可繼續放任無爲，應該開始有爲了。

（三）司法改革需求

如本文第一章所述，高祖時期國家內部權力衝突大多透過征戰解決，文景時代，中央地方矛盾則盡量尋求雙方的諒解與妥協，不得已才動用武力。天下穩定後，統治者必須考量社會成本付出、減少依賴軍隊，另由體制內的辦法來應付各種政治問題，這是漢初禮法制度襲秦的一項原因，也使得漢主在立國之初立即注意到禮、法的重要性。在清靜無爲思考下，漢初法令多仍本諸秦律，自蕭何訂九章律、叔孫通作傍章後，法制只有小幅增損，幾無大規模的創設或改變，惠帝方除挾書之律，呂后始廢誹謗、妖言之罰，文帝廢肉刑與收孥，但至文景改革刑度前，大辟之罪尙有連坐、夷三族，罪者又具五刑，行刑依然嚴酷，〔註32〕由於「不道無正法」，誹謗、妖言等大逆之罪在危害統治政權時便會再度被提出，〔註33〕危及宗廟安全的犯罪還是可能波及

〔註29〕《漢書》，卷二十四上〈食貨志〉，第四上，頁1127。

〔註30〕徐復觀，〈賈誼思想的再發現〉，收於《兩漢思想史》，卷二，台北：學生出版社，1983.3七版，頁148。

〔註31〕《新書校注》，卷三〈瑰瑋〉，頁104。原「善過則讓」，注者引〈服疑〉「善退則讓」以爲應一律。

〔註32〕「漢興之初，……然其大辟，尚有夷三族之令。令曰：『當三族者，皆先黥，劓，斬左右止，笞殺之，梟其首，菹其骨肉於市。其誹謗詈詛者，又先斷舌。』故謂之具五刑。」參見《漢書》，卷二十三〈刑法志〉，第三，頁1104。

〔註33〕大庭脩著、林劍鳴譯，《秦漢法治史研究》，上海：上海人民出版社，1991.3，頁93～99。

妻孥、夷其三族。〔註34〕就法制本身來說，社會演進之後人事更加複雜，律令本應隨著時代修訂以保持條文的切時性，漢自蕭何定律以來「其刑名仍多沿秦制」，〔註35〕但用秦時之法規範漢世之民便不免僵化失宜之弊，依事比類的審判案件越來越多，司法本身的改革需求已經逐漸浮現了。

從知識份子意見來看，早在高祖時，陸賈對於漢承秦用武的重法心態便有微詞，此後賈誼也反對朝廷承秦尚法的統治方式，他要求文帝改變各方面舊制，「改正朔，易服色，法制度，定官名，興禮樂，乃悉草具其事儀法，色尚黃，數用五，為官名，悉更秦之法。」〔註36〕其中便包含司法改革、更定制度的主張。知識份子司法改革的呼籲，終使漢主著手廢止不合時宜的律令，文帝除收孥相坐之律、誹謗妖言之罪，止肉刑，其他諸如過關用傳以及官府祝密之制亦遭廢除，景帝則頒訂了鑄錢及偽黃金棄市律，改磔為棄市，修訂疑獄上讞制度，武帝以後法令修訂與變革才大規模展開。〔註37〕

賈誼反省亡秦教訓，認為秦王不明攻守之異，暴虐重刑使統治陷入危機，不過，秦朝的問題並不單在統治者身上，人民心中人道價值失落才是土崩之勢不可復救的內在原因，漢初統治者沿襲秦制秦法，又承繼了彼時恃法以治的心態，如此，對秦之流風遺俗便無力扭轉，〈孽產子〉說：「獻計者類曰：『無動為大』耳。夫無動而可以振天下之敗者，何等也？曰：為大夫治，可也；若為大亂，豈若其小？悲夫！俗至不敬也，至無等也，至冒其上也，進計者猶曰『無為』，可為長大息者此也。」〔註38〕在匈奴、王國問題陷入「倒懸」之時，政治社會風氣又是一片靡爛之風，此時黃老無為思想瀰漫政壇，遂使天下事勢如江河日下，漢朝應該重新思考禮法問題，全盤改易，不復再受無為思想的影響。

〔註34〕文帝曾興獄夷新桓平三族，景帝將晁錯腰斬，其「父母妻子同產無少長皆棄市。」參見《史記》，卷十〈孝文本紀〉，第十，頁430。《漢書》，卷四十九〈爰盎晁錯傳〉，第十九，頁2302。

〔註35〕程樹德撰，《九朝律考》，卷一〈漢律考〉，一，北京：北京中華書局，2003.1，頁37。

〔註36〕《史記》，卷八十四〈屈原賈生列傳〉，第二十四，頁2492。

〔註37〕武帝之時，除有左官律、阿黨附益之法外，張湯、趙禹「共定律令」，乃有朝律、越宮律、見知故縱、監臨部主、腹誹之法、沈命法等，至是漢律新法大增，諸法行而冤傷乃眾。

〔註38〕《新書校注》，卷三〈孽產子〉，頁108。

　　賈誼思想核心在於以「禮」建立統治秩序，禮學才是禮法關係的主角，因此最重要的工作不是制訂新法，而是應以禮治思想全盤改變過去重法的觀念，但是，賈誼的禮法思想強調尊君與集權，種種辦法嚴重損害了既得利益的軍功階級，在諸位老臣的反對下，縱使他的主張確實呼應當時法制改革的客觀需求，人主盡從其所說的可能性卻是很低。

第二節　建立禮法世界

　　從前面漢朝事勢分析可知，賈誼所認同的政治型態，是以皇帝爲中心的中央集權體制，故而面對國內諸侯王，不論其權力如何而來，只要榮寵超越身份等級，賈誼都認爲是貶損皇權威嚴甚至是對體制的危害。在漢朝治安二十多年後，國家已非改朝換代的過渡期，漢初制度承秦、思想反秦的矛盾情況不當繼續存在，改變的時機已經到來，賈誼認爲，此時續行無爲之治不但無法因應現狀，反而放任國家制度敗壞，「今世以侈靡相競，而上無制度，棄禮義，捐廉醜，日甚。」〔註39〕當今民風侈靡、四維不興、上下無序都是國家制度疏闊所致，君主集統治權力於一身，應該盡速訂立制度改變各種流弊，他所強調的制度其實便是「禮」，〔註40〕藉著「禮」所規範出來的禮法秩序，深入生活各方面領域，達成對正當秩序的追求，改造現實中各種紊亂失理的情境。

一、「禮」的作用與內容

　　禮的範圍廣泛，不但深入個人日常生活細節，也及於國家、社會制度各方面，〈禮〉篇中說：

> 道德仁義，非禮不成；教訓正俗，非禮不備；分爭辨訟，非禮不決；
> 君臣、上下、父子、兄弟，非禮不定；宦學事師，非禮不親；班朝
> 治軍，涖官行法，非禮威嚴不行；禱祠祭祀，供給鬼神，非禮不誠
> 不莊。〔註41〕

〔註39〕《新書校注》，卷三〈俗激〉，頁91。
〔註40〕「禮義德教（尤其是「禮」）與經制是同一個東西。」參見林聰舜，〈「禮」世界的建立──賈誼對禮法秩序的追求〉，《清華學報》，1993.6，新第二十三卷第二期。
〔註41〕《新書校注》，卷六〈禮〉，頁214。

禮的作用遍於個人道德修養、社會風俗、治軍蒞官、祭祀祝禱、裁判訴訟等
方面，君主推動禮治，能使政治社會活動步上常軌；禮的範圍廣及人類公私
領域一切活動，不同身份各自適用相異之禮，差別的禮也各自表達不同價值
與意義。不過，賈誼言禮對象主要是對統治者，國家社會整體利益是個體利
益的前提，禮的主要作用與價值也針對政治效果來說：「禮者，所以固國家，
定社稷，使君無失其民者也。主主臣臣，禮之正也；威德在君，禮之分也；
尊卑大小彊弱有位，禮之數也。」〔註42〕君主藉由推動禮治便能治國安天下。

　　就個體而言，禮是個人內在自我道德修持，也是外在言行樣貌的表現，〈容
經〉詳細說明肅穆合宜的禮容，並使習者透過培養練習，「接君臣上下，父子
兄弟，內外大小品事之各有容志也。」用適當的言語、色貌與姿態「以承其
上，以接其等，以臨其下，以畜其民。」依據不同場合轉換同理心，「君子目
以正體，足以從之，是以觀容而知其心。」觀人之目可知其義，觀步可明其
德，聽言而知其信，經耳以聽其名。而一國之君更應以禮養德，使禮成為天
子內涵的一部份，禮重學習，保傅大臣監督君主習禮便是一項重要的工作，〈傅
職〉以下數篇都以督促天子動靜合禮的大臣職責為內容。此外，太子自小受
到禮教熏習，「固舉以禮」，「固明孝仁禮義」，經過循循善誘的教導，「明惠施
以道之忠，明長復以道之信，明度量以道之義，明等級以道之禮，明恭儉以
道之孝，明敬戒以道之事，明慈愛以道之仁，明儞雅以道之文，明除害以道
之武，明精直以道之罰，明正德以道之賞，明齋肅以道之教。」〔註43〕將來
自然可以成為依禮設治的明君。

　　個人動作容止、喜怒哀樂都有固定的禮容，推至人的互動亦由禮來維持
彼此間的和諧狀態。

> 禮，天子愛天下，諸侯愛境內，大夫愛官屬，士庶各愛其家。……
> 君惠臣忠，父慈子孝，兄愛弟敬，夫和妻柔，姑慈婦聽，禮之至也。……
> 禮者，所以恤下也。……禮，國有飢人，人主不饗；國有凍人，人
> 主不裘；報囚之日，人主不舉樂。……禮者，自行之義，養民之道
> 也。……禮，聖王之於禽獸也，見其生不忍見其死，聞其聲不嘗其
> 肉，隱弗忍也。故遠庖廚，仁之至也。〔註44〕

〔註42〕　《新書校注》，卷六〈禮〉，頁214。
〔註43〕　以上四段見《新書校注》，卷六〈容經〉，頁229；卷十〈禮容語下〉，頁380；
　　　　　卷五〈傅職〉，頁172。
〔註44〕　《新書校注》，卷六〈禮〉，頁214～216。

禮的內涵包括各種道德倫常，如下對上的忠、孝、敬、順等德目，慈、惠、仁、愛則是屬於上對下之禮，賈誼用涵攝道德意義與愛惠之心的禮來潤滑上下身份差距，禮有分，個體因應不同身份、對象而有不同德行，禮有等級，須據各自等級於其範疇之內展現愛心，相對來說，失仁不義之行便是失禮。禮的基本內容表現在個人容止與待人接物關係上，再由這些細節擴展至生活各面向，禮所提供的正面價值能在國家社會中造成良好影響，透過禮的實現，「君惠則不驕，臣忠則不貳，父慈則教，子孝則協，兄愛則友，弟敬則順。夫和則義，妻柔則正，姑慈則從，婦聽則婉。」〔註45〕便能建立一種上下分明、尊卑和諧的秩序理想。

　　封建時代，宗法禮制用以維護政治尊尊親親的等級，專制政體成立後，法家主張以法維持階級社會中的政治秩序，儒家仍然堅持用禮，徐復觀說：「禮是從宗法中的叔伯兄弟甥舅的親屬關係中所規定出來的，所以在周旋進退之間，還有一種感情流注於尊卑上下之間，以緩和政治中的壓迫關係。親親的精神消失了，但由親親精神所客觀化出來的禮，其所定的君臣上下間的分位，遠沒有由術由法所定出來的懸隔而冷酷。」〔註46〕觀〈禮〉篇言：「禮者，所以守尊卑之經、彊弱之稱者也。」「禮者，臣下所以承其上也」，「禮者，所以恤下也」，「禮者，所以節義而沒不逾」，「禮者，自行之義，養民之道也。」賈誼確實認為尊卑、強弱間不當因階級分明而尖銳對立，禮的上下關係中，下位者應服從階級秩序、聽順長上，但上位者也需「恭敬、撙節、退讓以明禮」，〔註47〕在和諧對應的相互關係中，禮以疏通情意的價值雖然已不顯，但是仍非片面責之於下的義務。尤其在政治領域中，賈誼將仁愛、養民、慈惠等想法列入禮的必要內容，禮的秩序便非只是一套冰冷無人性的制度規定，以禮治世之君同時也是行儒家仁義教化的聖人了。

二、明等級的禮治主張

　　賈誼的禮治觀點中，禮重要功能之一便是區別各人身分等級，「明等級以道之禮」，才能建立整體國家社會秩序。如前所言，賈誼認為秦朝不彰四維，

〔註45〕《新書校注》，卷六〈禮〉，頁215。

〔註46〕徐復觀，〈封建政治社會的崩潰及典型專制政治的成立〉，收於《兩漢思想史》一，台北：學生書局，1993.2七版，頁99。

〔註47〕以上六段見《新書校注》，卷六〈禮〉，頁214～216。

故「君臣乖而相攘，上下亂僭而無差，父子六親殃僇而失其宜，」〔註48〕當今天下之勢如倒植，亦因漢與匈奴、朝廷與王國之間上下無分，致而出現「蠻夷徵令」、「天子共貢」的怪象，諸侯王一用漢法，「或專大權以偪天子」，中央卻無爲坐視，這是諸侯可輕易造反、國家政治不能安定的原因。上下等級不明，人心中之倫理價值浮動不定，商人因富出官、恃財交貴，財富變成衡量貴賤的標準，失序的社會必須以禮「別貴賤，明尊卑」而定制度，方可建立合理的階級秩序。

（一）明尊卑定制度

賈誼爲了區別身份階級提出「別服章」的辦法，使國中官民都依政治地位適用所宜器物表徵，一則區別身分貴賤，亦且排斥金錢的影響。社會階級由政治身分或上下關係決定，界定階級的標準遂趨一元，這便防止了眾口鑠金造成混亂。

> 高下異，則名號異，則權力異，則事勢異，則旗章異，則符瑞異，則禮寵異，則秩祿異，則冠履異，則衣帶異，則環佩異，則車馬異，則妻妾異，則澤厚異，則宮室異，則床席異，則器皿異，則飲食異，則祭祀異，則死喪異。故高則此品周高，下則此品周下。加人者品此臨之，埤人者品此承之。遷則品此者進，絀則品此者損。貴周豐，賤周謙；貴賤有級，服位有等。等級既設，各處其檢，人循其度。……天下見其服而知貴賤，望其章而知其勢，使人定其心，各著其目。
>
> 〔註49〕

官位不同則身分階級異，名號不同則平居使用器物有分、進退儀式排場有別，服飾品級隨著身份升降而進退，由公開的服章差異便可清楚標識其社會階級。制服之道的重要原則是，「取至適至和以予民，至美至神進於帝。」由此「等上下而差貴賤」，甄別上下階級差異，賈誼爲使身份等級更清晰，要求「擅退則讓，上僭則誅。」主張以處罰方式阻止下級僭越，並亦譴責破壞服制的上級。服章的區別雖然是在形式上標明個體身份差異，每當他們踐行差別的身份禮節時，同時便也是向大眾宣告其當附屬的社會階級，如此則僭越之舉可由服章輕易分辨，當事人在無形中被套上一副身份的枷鎖，故「等級分明，

〔註48〕《新書校注》，卷三〈俗激〉，頁92。
〔註49〕《新書校注》，卷一〈服疑〉，頁53。

則下不得疑；權力絕尤，則臣無冀志。」〔註50〕踐禮個體將更安份於所屬之階級，對於越軌亂制的行爲也能產生壓制的效果。

和諧的社會人倫關係是道德政治所以可能的基礎，禮有倫理道德的意義，但賈誼卻將父子之義、兄弟之情最後都導向君臣上下關係，「豈且爲人子背其父，爲人臣因忠於君哉？豈爲人弟欺其兄，爲人下因信其上哉？」尊君敬上是禮能呈現的重要價值，故而整頓統治秩序需自社會關係著手，個人言行舉止乃至社會身份階級都能由禮規範，則「眾多而天下不眩，傳遠而天下識衹。卑尊已著，上下已分，則人倫法矣。於是主之與臣，若日之與星以。臣不幾可以疑主，賤不幾可以冒貴。下不凌等，則上位尊；臣不踰級，則主位安；謹守倫紀，則亂無由生。」〔註51〕尊卑有序，政治安定，禮世界的秩序便由此建立起來。

其次，賈誼認爲，解決社會亂象當務之急在建立制度，定經制的重要內容之一便是確立階級化身份、規範彼此對應模式，此後上至君臣關係下至百姓舉止，所有權力、義務都有制度，經制一定則「天下之制在陛下」，國治不愁。

> 世之俗侈相耀，人慕其所不如，悚迫於俗，願其所未至，以相競高，而上非有制度也。今雖刑餘鬻妾下賤，衣服得過諸侯、擬天子，是使天下公得冒主而夫人務侈也。……君臣相冒，上下無辨，此生於無制度也。今去淫侈之俗，行節儉之術，使車輿有度，衣服器械各有制數。制數已定，故君臣絕尤，而上下分明矣。〔註52〕

> 割地定制，……制既各有理矣，……經制一定，宗室子孫慮莫不王。制定之後，下無倍背之心，上無誅伐之志，上下歡親，諸侯順附，故天下咸知陛下之仁。地制一定，則帝道還明而臣心還正，法立而不犯，令行而不逆，……細民鄉善，大臣效順，上使然也，故天下咸知陛下之義。……天下不亂，社稷長安，宗廟久尊，傳之後世，不知其所窮。故當時大治，後世誦聖。〔註53〕

定經制的範圍很廣，小至衣服器皿，大至外交折衝、諸侯王問題、社會風氣等都可以納入經制來規範。經制一定，「海內之勢，如身之使臂，臂之使指，莫不

〔註50〕以上三段見《新書校注》，卷一〈服疑〉，頁53。
〔註51〕以上二段見《新書校注》，卷三〈俗激〉，頁91；卷一〈服疑〉，頁54。
〔註52〕《新書校注》，卷三〈瑰瑋〉，頁103～104。
〔註53〕《新書校注》，卷二〈五美〉，頁67。

從制。」天下輻湊歸於天子，無人敢有異心，自此「主主臣臣，上下有差，父子六親各得其宜，奸人無所冀幸，群眾信上而不疑惑。此業一定，世世常安，而後有所持循矣。」〔註54〕統治秩序從此安定，天子有英明、廉潔、仁愛、高義、聖治之名，並能奠定漢朝長治久安的基礎，統治者又何樂而不為。賈誼在〈治安策〉中提到訂定經制的成效：「立經陳紀，輕重同得，後可以為萬世法程，雖有愚幼不肖之嗣，猶得蒙業而安，至明也。」〔註55〕國家經制一定，即使繼體者愚幼不肖，只要遵守國家體制常範，統治便不至脫軌失序，他對客觀制度的信賴，比起「有治人，無治法」的荀子是更進一步了。〔註56〕

賈誼認為，當今天子應以強勢作為解決失度失序的亂象，定經制就是最好的辦法，《新書》反覆論述分封對統一政權的危害，並且倡議割地定制削弱諸侯威脅，但是賈誼的削藩之議，受到後來王夫之的批評：「此陽予陰奪之術，於骨肉若仇讎之相逼，而相縻以術，誼之志亦奚以異於嬴政、李斯？」〔註57〕唯賈誼尊君集權觀點雖與法家思想若干符合，這類主張在漢代知識份子中實非異數，從叔孫通以降，漢儒多半附庸於帝國統治政權，因此「秉持逆取順守的原則，賈誼關心的，必然是用什麼辦法來『順守』，用什麼辦法來鞏固代秦的漢帝國政權。因此，只要有助於達到此一目的，賈誼必然要將它吸納到自己的思想系統中。」〔註58〕畢竟，支持皇權以行道致治是改善政治的另一個法門，當傳統儒學不能完全解決當前時代問題時，漢儒便識實務地因應現實力求變通，儘管「眾建諸侯而少其力」是用儒家形式達到法家集權的目標，但是賈誼大力推動以禮訂定經制、刻意減低法的重要性，可見漢儒對儒家道德政治理想還是沒有完全棄守。

（二）以禮尊君

禮以倫理關係和道德實踐為基礎，由此創造更大的社會價值與利益，不過賈誼制禮並非只在建立社會尊卑秩序，也要建立以天子為頂點的國家等級秩序。

> 人主之尊，辟無異堂。陛九級者，堂高大幾六尺矣。若堂無陛級者，堂高殆不過尺矣。天子如堂，群臣如陛，眾庶如地，此其辟也。故

〔註54〕以上二段見《新書校注》，卷二〈五美〉，頁67；卷三〈俗激〉，頁92。

〔註55〕《漢書》，卷四十八〈賈誼傳〉，第十八，頁2231。

〔註56〕荀況撰、王先謙校注，《荀子集解》下，卷十九〈大略〉，第二十七，北京：北京中華書局，1988.9，頁491。

〔註57〕王夫之撰，《讀通鑑論》，卷二〈文帝〉，台北：里仁書局，1985.2，頁41。

〔註58〕林聰舜，《西漢前期思想與法家的關係》，頁76。

> 堂之上，廉遠地則堂高；陛亡級，廉近地則堂卑。高者難攀，卑者
> 易陵，理勢然也。故古者聖王制爲列等，内有公卿大夫士，外有公
> 侯伯子男，然後有官師小吏，施及庶人，等級分明，而天子加焉，
> 故其尊不可及也。〔註59〕

賈誼認爲尊卑關係就如宇宙構造般地合情合理、自然而然，僭越之舉才是黑白
顛倒、混淆視聽，「主之與臣，若日之與星以。臣不幾可以疑主，賤不幾可以冒
貴。」堂、陛、地的說明更是意圖拉大等級差距，降低以下犯上的可能性，可
見禮雖用以和諧尊卑、貴賤、大小、強弱等關係，但仍傾向優先保障統治階層
或上位者，「下不凌等，則上位尊；臣不踰級，則主位安；謹守倫紀，則亂無由
生。」〔註60〕只有上者的尊崇地位得到保障，下無逾越之心、逾禮之行，國家
秩序才能穩定。先秦儒家用禮維持封建秩序，理想上來說，禮尊對象除是政治
位階之貴者，也是道德人格之賢者，尊崇身份中自然包括禮敬道德的意義，而
非專務擁護政治階級。不過，現實情境中的道德聖君難得，爲了彌補道德與身
份間的斷裂，賈誼透過禮制層層劃分，用堂、陛、地之區別將天子簇擁到統治
地位的最高處，天子尊貴無可挑戰，禮敬天子的必要性也無庸置疑。

　　賈誼繼承荀子「由士以上則必以禮樂節之，眾庶百姓則必以法術制之」
的看法，〔註61〕以「禮不及庶人，刑不至君子」爲目標，〔註62〕爲了斷絕下
位者窺探神器，防止統治者威嚴受到質疑，他主張應使卑賤者習於敬仰尊貴，
不使「卑賤者習知尊貴者之事」，一旦賤人能有機會困辱大臣，便有可能擾動
整個階級秩序。

> 鄙諺曰：「欲投鼠而忌器。」此善喻也。鼠近於器，尚憚而弗投，恐
> 傷器也，況乎貴大臣之近於主上乎！廉醜禮節以治君子，故有賜死
> 而無戮辱。是以係、縛、榜、笞、髡、刖、黥、劓之罪，不及士大
> 夫，以其離主上不遠也。禮：不敢齒君之路馬，蹴其芻者有罪；見
> 君之几杖則起，遭君之乘輿則下，入正門則趨；君之寵臣雖或有過，
> 刑戮不加其身，尊君之勢也。此則所以爲主上豫遠不敬也，所以體
> 貌群臣而屬其節也。今自王侯三公之貴，皆天子之改容而禮之也，

〔註59〕《新書校注》，卷二〈階級〉，頁79～80。
〔註60〕以上二段見《新書校注》，卷一〈服疑〉，頁54。
〔註61〕《荀子集解》上，卷六〈富國〉，第十，頁178。
〔註62〕《新書校注》，卷二〈階級〉，頁81。

古天子之所謂伯父伯舅也，令與眾庶、徒隸同黥、劓、髡、刖、笞、傮、棄市之法，然則堂下不亡陛乎？被戮辱者不太迫乎？〔註63〕

賈誼不但以堂、陛、地的禮制嚴峻分隔上下，他並認爲天子寵臣或士大夫與君主的關係接非常親近，爲免傷及國君權威，其人即便有罪也不可適用處罰一般懲罰犯罪的刑獄過程，〔註64〕爲使「主上豫遠不敬也」，用法行刑需「投鼠忌器」，不可爲了執行法律而令天子尊貴絲毫損傷。此外，臣下應該做到「不敢齒君之路馬，蹴其芻者有罪；見君之几杖則起，遭君之乘輿則下，入正門則趨。」時時保持恭僅的姿態，爲了烘托皇帝高絕難攀的地位，他對於各種可能違禮的小事錙銖必較，王夫之說：「誼之不勸以學而勸以事，則亦詔相工瞽之末節。」〔註65〕便批評賈誼如此計較禮數細節，反使禮學變成各種形式上的方法，完全捨本逐末了。

傳統儒家輕忽勢的地位，〔註66〕以爲君主內修其德可以倚德服人，但是君主從來不是儒者心中最高的權威，〔註67〕賈誼「臣不幾可以疑主，賤不幾可以冒貴」極端尊君的想法，〔註68〕和儒家「君君、臣臣、父父、子子」所表達的上下相對關係顯然有別，〔註69〕「履雖鮮弗以加枕，冠雖弊弗以苴履」的尊君態度，〔註70〕與黃生絕對區隔上下的想法反而很接近。〔註71〕賈誼尊

〔註63〕《新書校注》，卷二〈階級〉，頁80。

〔註64〕班固在〈賈誼傳〉中指出，賈誼的堂、陛、地之說與絳侯周勃繫獄事件有關，「賈誼以此譏上」，其發言動機爲「體貌大臣而屬其節也」，原意非爲統治階層扭曲國家法律。文帝接受賈誼之議，「養臣下有節，是後大臣有罪，皆自殺，不受刑。」參見《漢書》，卷四十八〈賈誼傳〉，第十八，頁2260。有罪之臣雖非免罪，唯不受係、縛、榜、笞、髡、刖、黥、劓之刑挫辱，與一般受刑人相較，仍見來自身份階級的特殊優容。

〔註65〕王夫之撰，《讀通鑑論》，卷二〈文帝〉，台北：里仁書局，1985.2，頁30。

〔註66〕「古之賢王好善而忘勢。」參見《孟子注疏》，卷十三上〈盡心〉上，頁2764。「明主急得其人，而闇主急得其勢。」參見《荀子集解》上，卷八〈君道〉，第十二，頁230。

〔註67〕荀子曾有「從道不從君」的說法。孟子不但有君輕之說，甚至以爲：「君有大過則諫，反覆之而不聽，則易位。」參見《孟子注疏》，卷十下〈萬章〉下，頁2746。

〔註68〕《新書校注》，卷一〈服疑〉，頁54。

〔註69〕何晏集解、邢昺疏，《論語注疏》，卷十二〈顏淵〉，北京：北京中華書局，1980.9，頁2503～2504。收於《十三經注疏附校勘記》。

〔註70〕《新書校注》，卷二〈階級〉，頁80。

〔註71〕「冠雖敝，必加於首；履雖新，必關於足。何者？上下之分也。」參見《史記》，卷一百二十一〈儒林列傳〉，第六十一，頁3123。

君思想來自他對帝國集權體制的認同，禮法世界的建立，亦為達成強化集權與擁護君主的目標，專為專制帝國催生的法家思想，自然就滲入賈誼的尊君之「禮」中。

「立君臣等上下，使父子有禮，六親有紀，此非天之所設也。」〔註72〕禮的規劃是後天人為，故由人為的禮制可以襯托君主尊貴，賈誼遂由層層禮制營造出君主至高無上之勢，此與韓非所言的人設之勢其實很相似，〔註73〕「在韓非子中。統治者的權力是透過『位』與『勢』烘托統治者高高在上的身份權力。賈誼則透過堂、陛、地的層層階級觀念，烘托出天子『高者難攀』的地位，達到鞏固皇權，甚至神化皇帝的目的，這基本上仍是法家『位』與『勢』觀念的運用。」〔註74〕不過，賈誼在他的尊君思想中另外加入仁、義、愛、惠等觀念，這使他明尊卑定制度、以禮尊君的禮治思想，結合了儒、法二家的主張，採用儒家禮的名義，但又雜入許多法家觀念，這便形成賈誼禮治思想中獨特的儒法結合型態。

三、「禮」為主的禮法概念

賈誼曾在〈六術〉、〈道德說〉等篇中簡略說明禮法的形上根據，道、德、性、神、明、命為德之六理，由此「內法六法，外體六行，以與書詩易春秋禮樂六者之數以為大義」，〔註75〕「修成則得六行矣」，仁、義、禮、智、信、樂六行兼具便合於德之六理，「守理則合於道」，〔註76〕可見禮也可以上形上之道而談天人關係。但是，賈誼並未深究禮在人性的根源，也未多加解釋與仁、義、智、信並立的禮，他只評論了六藝之一的禮：「禮者，體德理而為之節文，成人事，故曰『禮者，此之體者也。』」〔註77〕簡單說明禮是體於道者，具有不能離開人事的特性。通觀《新書》所論，禮主要還以符合現實政治所需為基調，內容則又吸納了法家思想，這使賈誼的禮思想往往可以與法並觀。

〔註72〕《新書校注》，卷三〈俗激〉，頁92。
〔註73〕「吾所為言勢者，言人之所設也。」參見韓非撰、陳奇猷校釋，《韓非子集釋》，卷十七〈難勢〉，第四十，高雄：復文圖書出版社，1991.7，頁888。
〔註74〕林聰舜，《西漢前期思想與法家的關係》，頁84～85。
〔註75〕《新書校注》，卷八〈六術〉，頁316。
〔註76〕「德生於道而有理，守理則合於道，與道理密而弗離也。」參見《新書校注》，卷八〈道德說〉，頁327。
〔註77〕《新書校注》，卷八〈道德說〉，頁327。

（一）法刑的必要性

古之立刑「以禁不肖，以起怠惰之民」，﹝註78﹞懲戒犯罪可以強迫人民服從，藉此也可宣揚政令、防止其他僭越逆上之事，法以國家武力爲後盾，「慶賞以勸善，刑罰以懲惡」，﹝註79﹞樹立法制權威將可提高的政權穩定與統治的效率。漢代學者普遍接受以法治國的必要性，賈誼臧否歷史興亡亦持同樣說法，「當是時也，商君佐之，內立法度，務耕織，修守戰之具；外連衡而鬥諸侯。於是秦人拱手而取西河之外。」對一個高度集權的龐大帝國而言，法能發揮一定的功能，統治如能使「法立而不犯」，則「人主法而境內軌矣，故其士民莫弗輔也。」﹝註80﹞

> 諸侯發政施令，政平於人者，謂之文政矣；諸侯接士而使吏，禮恭於人者，謂之文禮矣；諸侯聽獄斷刑，仁於治，陳於行。其由此守而不存、攻而不得、戰而不勝者，自古而至於今，自天地之辟也，未之嘗聞也。﹝註81﹞

統治一個國家不能沒有司法獄政，賈誼偏重由治術面談法的必要性，當與尊君集權的時代需求有關，尤當漢朝尙須對付威逼天子的境內諸侯，更須法爲斤斧以割「眾髖髀」。文政、文禮加上公正寬和的司法，這是「守而必存，攻而必得，戰而必勝」的統治之道。

法不離刑，故須愼於行刑之際，賈誼以天討爲例，言君主誅殺必須得當，「天之誅伐，不可爲廣虛幽間，攸遠無人；雖重襲石中而居，其必知之乎。若誅伐順理而當辜，殺三軍而無咎；誅殺不當辜，殺一匹夫，其罪聞皇天。」如果人主用刑輕忽，即使殺一無辜過失依舊很大，「與其殺不辜也，寧失於有罪也。故夫罪也者，疑則附之去已；夫功也者，疑則附之與已。則此毋有無罪而見誅，毋有有功而無賞者矣。」﹝註82﹞這樣的賞罰態度與《夏書》實無二致。﹝註83﹞統治者應儘量做到約法省刑，「虛囹圄而免刑戮，去收帑污穢之

﹝註78﹞《新書校注》，卷九〈大政下〉，頁339。
﹝註79﹞〈治安策〉。參見《漢書》，卷四十八〈賈誼傳〉，第十八，頁2252。
﹝註80﹞以上二段見《新書校注》，卷一〈過秦上〉，頁1；卷八〈道術〉，頁302。
﹝註81﹞賈誼言粥子答武王之言。參見《新書校注》，卷九〈脩政語下〉，頁370。
﹝註82﹞以上二段見《新書校注》，卷七〈耳痹〉，頁270；卷九〈大政下〉，頁339。
﹝註83﹞「與其殺不辜，寧失不經。」參見楊伯峻校注，《春秋左傳注》，襄公二十六年引《夏書》，北京：北京中華書局，1995.5二版，頁1120。

罪，使各反其鄉里。」〔註84〕令民得以自新，不當一味恃刑。漢代以後，約法省刑思想已經成為知識份子共同的主張，刑罰雖然直接有效，其鋒不應輕啓，尤其秦朝繁法嚴刑招致亡國的前鑑不遠，倚法治事絕對不能百分百收效，減輕刑罰、施以教化反而能夠真正收攬人心。

> 欲以刑罰慈民，辟其猶以鞭狎狗也，雖久弗親矣。〔註85〕

> 禮者禁於將然之前，而法者禁於已然之後，是故法之所用易見，而禮之所爲生難知也。……禮云者，貴絕惡於未萌，而起教於微眇，使民日遷善遠罪而不自知也。……以禮義治之者，積禮義；以刑罰治之者，積刑罰。刑罰積而民怨背，禮義積而民和親。……道之以德教者，德教洽而民氣樂；毆之以法令者，法令極而民風哀。〔註86〕

> 文王請除炮烙之刑而殷民徙，湯去張網者之三面而二垂至，越王不頹舊塚而吳人服，以其所爲順於人也。〔註87〕

賈誼的法刑觀點，仍是本於孔子「道之以政，齊之以刑，民免而無恥。道之以德，齊之以禮，有恥且格」的想法，〔註88〕法能制裁已經發生的犯罪，卻不能消除意圖犯罪的心理，法能威嚇圖謀作亂者，卻不足以收化人心；相形之下，禮教效果雖在初始不易覺察，卻是消除犯罪、收服人心根本治源的工作，法對統治國家來說如同必要之惡，故其宜少宜輕。

回到前面提過的「經制」內容來看，所謂「經制」雖言爲禮，但其階級森嚴，制度不容違犯，與法的精神卻相當接近。荀子說：「禮者，法之大分，類之綱紀也。」〔註89〕禮、法觀念已經有所溝通，賈誼要求以禮設立制度，使「車輿有度，衣服器械各有制數。」或是以禮爲理，使定地制之後「法立而不犯，令行而不逆」，禮與法已由制度而連結。賈誼更進一步推衍禮、法關係，「等級既設，各處其檢，人循其度。擅退則讓，上僭則誅。」〔註90〕由禮而制定的各種制度，不但如同國家法令一樣要人遵守，一旦違反便會受到刑

〔註84〕《新書校注》，卷一〈過秦下〉，頁14。
〔註85〕《新書校注》，卷九〈大政上〉，頁347。
〔註86〕〈治安策〉。參見《漢書》，卷四十八〈賈誼傳〉，第十八，頁2252～2253。
〔註87〕《新書校注》，卷十〈胎教〉，頁392。
〔註88〕《論語注疏》，〈爲政〉，第二，頁2461。
〔註89〕《荀子集解》上，卷一〈勸學〉，第一，頁12。
〔註90〕以上三段見《新書校注》，卷三〈瑰瑋〉，頁104；卷二〈五美〉，頁67；卷一〈服疑〉，頁53。

罰伺候，禮制的維持必須依靠刑罰，法刑在國家經制當中不可或缺，法的必要性已無庸置疑。王夫之批評：「斯其爲言，去李斯之言也無幾。」〔註91〕便是認爲這種不務於本徒以立威於末的作法，反而會將統治導入以法爲治的方向，不過，這也正是賈誼禮法世界的一大特點。

　　賈誼認爲禮是後天人爲，可由學習而致，外在力量的強制或引導也能加強行禮之效，因此，在禮爲主體的文明秩序中，暫借法刑之用，可以確保禮治落實，禮法關係更形緊密，二者主從地位也越來越分明。從以上討論來看，顯見時移世異，漢儒不再迴避法的問題，賈誼談禮之時，也在思想體系中安置了法的妥適定位，漢人調和禮法的論點，在賈誼結合制度、刑法的禮治主張中又更向前推進了進一步。

（二）禮、法的階級差異與工具化

　　賈誼主張用禮義教化治天下，以德被蠻貊四夷、定社稷、固國家，禮是治國的根本，維護禮秩序的法也要對應禮之價值與需求。依照「禮不及庶人，刑不至君子」的想法，執法應據禮制等級分別刑度的差異，

> 古者大臣有坐不廉而廢者，不謂曰不廉，曰「簠簋不飾」；坐穢污姑
> 婦姊姨母，男女無別者，不謂污穢，曰「帷箔不修」；坐罷軟不勝任
> 者，不謂罷軟，曰「下官不職」。故貴大臣定有其罪矣，猶未斥然至
> 以呼之也，尚遷就而爲之諱也。故其在大譴大何之域者，聞譴何則
> 白冠氂纓，盤水加劍，造請室而請其罪爾，上弗使執縛係引而行也。
> 其中罪者，聞命而自弛，上不使人頸盭而加也。其有大罪者，聞命
> 則北面再拜，跪而自裁。上不使人捽抑而刑也。〔註92〕

前面提過，罪臣不能與眾庶徒隸適用相同刑罰來處罰，諱隱臣過、禮貌罪臣將可凸顯君主地位的尊貴，另一方面，賈誼相信君主禮遇大臣，將可使其屬以廉恥、務於節行，更忠心地報效國君，既然「上設廉恥禮義以遇其臣」，主對罪臣有賜死而無戮辱，大臣一旦犯法，也不宜使卑賤者有困辱尊貴者的機會，使賤人有逾越等級、侵侮天子的可能，這和賈誼「投鼠忌器」的想法是同出一轍的。

　　但是，仁義恩厚只有在漢廷君臣間有效，如要對付已經坐大的諸侯或是已然逾制的王國，當以權勢法制直接約束，以免夜長夢多後患無窮。

〔註91〕《讀通鑑論》，卷二〈文帝〉，頁37。
〔註92〕《新書校注》，卷二〈階級〉，頁81～82。

> 屠牛坦一朝解十二牛，而芒刃不頓者，所排擊，所剝割，皆象理也。
> 然至髖髀之所，非斤則斧矣。仁義恩厚，此人主之芒刃也；權勢法制，
> 此人主之斤斧也。勢已定，權已足矣，乃以仁義恩厚因而澤之，故德
> 布而天下有慕志。今諸侯王皆眾髖髀也，釋斤斧之制，而欲嬰以芒刃，
> 臣以爲刃不折則缺耳，胡不用之淮南濟北，勢不可也。〔註93〕

過去高祖與諸侯間曾有「割符世爵，受山河之誓，存以著其號」的約定，〔註94〕「漢法非立，漢令非行。」〔註95〕本是王國合理的特權，賈誼提出的權勢法制，當然是站在朝廷立場所訂的新令，這和後來晁錯變更諸侯法令的作法，同樣出自尊君的主張，禮貌臣下的作法，在朝廷王國間便不再適用了。

　　從前述「經制」細節以觀，「經制」內容是禮，其法式化的規範與處罰卻又似法，此一部份的禮、法概念往往難以釐清。由於賈誼認爲法應圍繞禮制需求來規定，因此不但禮有等級，法也有等級，結合「禮」所形成的禮法概念強調差別性，這是賈誼禮法思想非常特出的一點。賈誼爲了烘托君主至高與尊貴，不再追求刑法公正、平等的特性，法的本身既不具備客觀與穩定，確實不能做爲國家支柱了。再者，「經制」當中雖然包含賈誼的理想，卻也不乏符合帝國統治利益的規範，那麼維護經制的法，當然變成統治者便利的工具，法以約束臣民，立法之君卻馳騁逸樂不受限制，如此一來，先秦法家具有理想性的法便消失不見了。賈誼禮的思想包羅廣泛，仁義恩厚亦屬其中，賈誼曾將仁義恩厚之類比爲「芒刃」，而將權勢法制視爲「斤斧」，則芒刃或是斤斧將視情況可以輪換使用，如果禮治當中的仁惠之施、服遠之德或是風俗教化等舉措都只是君主「芒刃」治具之一，那麼禮所建構的整套「定經制」學說不免變成統治手段，禮的熠耀光彩似乎便有一些減損了。

（三）禮、法結合及其法制上意義

　　相較於前面幾位漢初學者，賈誼談禮範圍最廣，他的禮法思考不僅檢討秦朝任法而亡，也希望透過所建構的禮論破除黃老治道之種種弊端。爲了解決漢朝現實難題，他所談的禮具有多層次面向，兼納理想與現實，較特別的是，賈誼雖然認同儒家並且具有崇儒貶法的傾向，但又吸納大量法家思想，以此改造漢朝承秦以來的法學觀念，形成特殊的禮法結合型態。

〔註93〕《新書校注》，卷二〈制不定〉，頁71。
〔註94〕《漢書》，卷十六〈高惠高后文功臣表〉，第四，頁527。
〔註95〕《新語校注》，卷三〈親危疏亂〉，頁120。

1. 政治手段上的結合

漢初知識份子都主張統治應當禮、法並用，但不論黃老、叔孫通或陸賈都沒有在學說上融合禮、法的意圖，換言之，他們討論禮、法時，並未試圖將禮、法二者在思想作結合，刑德並用，禮法兼採，都只是統治手段的同時採用。賈誼也有禮法並用的說法，「禮者禁於將然之前，而法者禁於已然之後，」〔註96〕禮教化民於犯罪之先，先從起心動念之處杜絕犯罪的可能，刑罰則用以懲戒不法，消滅已經發生的犯罪，而不論「以禮義治之」或「以刑罰治之」都是人主統治手段之一，治世非一道，人主適當地採用禮或法，統治國家可以游刃有餘。賈誼深知，維持政治穩定與制度合軌不能只靠禮義道德的觀點，欲使制度推動「如身之使臂，臂之使指，莫不從制。」禮制後面藏有強權，並以刑罰威嚇的形式展現，恐怕才是禮制所以可能的真實條件，故當「地制一定，則帝道還明而臣心還正，法立而不犯，令行而不逆。」「諸侯之君敢自殺不敢反，志知必葅醢耳。不敢有異心，輻湊並進而歸命天子。天下無可以徼倖之權，無起禍召亂之業」，〔註97〕於是禮法世界中，法隨著制度訂定而產生，制度與法令已然密不可分，「芒刃」或「斤斧」的使用應當靈活地結合。

2. 思想制度上的結合

透過前述禮治內容的說明，可知所謂「經制」的統治規模，已經收入法的概念與精神，賈誼主張應以禮為原則訂定國家發展的方向，「立經陳紀，輕重周得，後可以為萬世法程。」〔註98〕禮對國家永續發展的重要性，顯而易見。賈誼規劃的統治秩序以禮為核心，再由制度化的規範確保禮能如實推行，禮與制度同化可以增強思想統攝人心的力量，禮與統治權力結合可以確保禮之落實與施行，以經制形式所呈現的禮，便在一定程度上與法制相通，而由統治力量加以保障的禮制，也能透過國家穩定的制度系統，持續有效地向社會各個階層傳播與推動，賈誼便由這樣一套「經制」，使禮、法二者在思想內容上連結。

既然「等級既設，各處其檢，人循其度。擅退則讓，上僭則誅。」可知禮制之不可逾越，並非人道天性不會違禮，而是因為不守其度者將受處罰，下者僭越禮制將被誅殺，上者擅自退讓也會受到譴責，階級身份不同雙方所

〔註96〕〈治安策〉。參見《漢書》，卷四十八〈賈誼傳〉，第十八，頁2252。
〔註97〕以上三段見《新書校注》，卷二〈五美〉，頁67。
〔註98〕《新書校注》，卷一〈數寧〉，頁31。

受處罰會有差異，但是任何一方違禮也都是違法，如是，禮、法只在一線之間。賈誼創造了一個融合禮法思想的特殊禮法概念，一方面，透過經制所呈現的禮，等級森嚴、階級分明，另方面，所有經制規範的本身都要表現禮的尊卑次序與價值意義，統治者「建法以習之，設官以牧之」，人民行禮之時能有法令制度可依循，國君行刑用法之時也不能忘記立法本意，「刑獄之衷，賞罰之誠」，〔註99〕並非照章行事而已，由是以觀，在賈誼的思想體系中，禮不但是道德總名，是治道基礎亦是立法依據，則法意無疑是禮，「分爭辨訟」自然是「非禮不決」了。

3. 對法制改革的意義

西漢政權穩定後，朝廷逐漸脫離軍事武力統治，意以刑罰輔佐加上意識型態的說服，維持天下安定，但當漢廷有意推廣漢法於天下，王國自為法令的現況便與中央形成衝突，等到高祖的軍功大臣凋零，新興的官僚軍吏崛起，〔註100〕儒生對於漢朝法制現狀也有更直接的意見與批評。前述賈誼的禮法觀點，便站在中央集權的立場反對王國分權，其禮法思想中很重要的一部份也是要求奉主與尊君，司馬遷說：「諸律令所更定，及列侯悉就國，其說皆自賈生發之。」〔註101〕可見文帝改變王國法令與賈誼思想的關連性。

漢初司法情況混亂，秦法為基礎的法令不但未能與時推移，很多酷法烈刑亦未改易，賈誼對這樣的司法狀況十分憂心，他所提出有關禮法的意見，便是希望君主能夠導正漢朝法治的方向，以禮為主導，讓整個國家司法徹底變革。當時，文帝初才即位，謙讓未遑，後來卻又檢討刑罰內容，陸續廢止收孥、相坐之法，〔註102〕並以「法正則民慤，罪當則民從」，反對以重法治民。

〔註99〕以上三段見《新書校注》，卷一〈服疑〉，頁53；卷五〈輔佐〉，頁205。

〔註100〕高祖到武帝期間朝廷要職中，功臣集團吏所佔比例開高走低而變化，與法吏、軍吏集團在文景以後大量興起的趨勢恰成反比。詳細統計數字可見李開元書表2-4及表6-2、6-3，參見李開元，《漢帝國的建立與劉邦集團——軍功受益階層研究》，北京：北京三聯書店，2000.3，頁66～67、220、224。與高、惠早期相較，文帝時入仕之儒也有增加，〈儒林傳〉：「孝文時頗徵用。」正義：「孝文稍用文學之士居位。」參見《史記》，卷一百二十一〈儒林傳〉，第六十一，頁3177。

〔註101〕《史記》，卷八十四〈屈原賈生列傳〉，第二十四，頁2492。

〔註102〕孝文詔曰：「法者，治之正，所以禁暴而衛善人也。今犯法者已論，而使無罪之父母妻子同產坐之及收，朕甚弗取。其議。」參見《漢書》，卷二十三〈刑法志〉，第三，頁1104。

文帝認為，教導百姓是政府官員的職責，「牧民而導之善者，吏也。其既不能導，又以不正之法罪之，是反害於民為暴者也。」官者當如人民父母，「夫刑至斷支體，刻肌膚，終身不息，何其楚痛而不德也，豈稱為民父母之意哉！」〔註103〕因此要求「除其肉刑，有以易之；及令罪人各以輕重，不逃亡，有年而免。」儒家人道主義的觀點顯然已經逐漸被帶進法令政策而思考了。《漢書》說絳侯繫獄事件後，「上深納其言，養臣下有節。是後大臣有罪，皆自殺，不受刑。」〔註104〕可見賈誼思想雖然一時未獲天子採納，但其禮法主張不僅已使文帝頗為留心，對於日後司法改革也有影響。此後景帝改磔為棄市，制定箠令規範笞刑，又改定部分有關「吏受所監臨」之法，訂「鑄錢偽黃金棄市律」，〔註105〕復以獄事關乎人命，要求「文致於法而於人心不厭者」必須重新審理案情等，都欲改革法制使與人道思想、社會現狀更吻合，儒者輕刑與教化的呼籲顯然已經受到重視。

封建時代的禮包羅甚廣，其內容傳為制度成法，禮、法本來已難區分，程樹德謂，古有「八議八成之法，三宥三赦之制，胥納之于禮之中，初未有禮與律之分也。」〔註106〕在「禮不下庶人，刑不上大夫」的宗法社會中，大夫違禮、違制未必受罰，《春秋》當中君子因失禮而受刑的情況也很少見，區分禮、法似無太大實益。戰國以後，統治者開始採用標準單一的律令來治國，法在政治上的操作便利，統治的有效性也很突出；從統治手段來看，具有客觀與強制性質的法確實能夠補充禮之不足，但從秦律有關倫理之罪的懲處，可知所謂戰國至秦時禮刑關係也非絕對分離或割裂。〔註107〕立漢以來，儒者非但沒有否定法的必要性，更對禮法關係重新定位與探索，在漢朝專制政權

〔註103〕以上三段見《史記》，卷十〈孝文本紀〉，第十，頁419、428。

〔註104〕以上二段見《漢書》，卷二十三〈刑法志〉，第三，頁1098；卷四十八〈賈誼傳〉，第十八，頁2260。

〔註105〕見沈家本，《律令》，卷二，「孝景改訂律令」條，頁854。收於《歷代刑法考》二。

〔註106〕程樹德，《九朝律考》，卷一〈漢律考〉一，頁13。

〔註107〕林咏榮以《周禮》、《禮記》為例，認為書中兼有禮制、法制，故謂其「豈非禮與法（刑）的混同」，同書另將戰國至秦列為「禮刑分離」的變革期，彼時「主政者不僅重刑輕禮，形成禮與刑分離的局面，甚至偏於用刑，禮已逐漸被擯棄而不用」。參見林咏榮，《中國固有法與道德》，台北：大中國圖書公司，1975.6，頁40～41、50～53。

的統治需求下，賈誼不僅改造了傳統儒家的禮，也變化了法家之法，藉由「經制」的訂定，禮、法二者不僅在手段上結合，「禮」思想中禮制、法刑互爲表裡，同時具有「明王道」與「明申商」兩種面相，實則已是儒與法的結合。法家之法能爲專制體制做出的貢獻，「禮」同樣也能夠達成，而儒禮所能建構的國家意識型態與深遠教化的影響，以及棄絕武力、防於未然、使民悅服等特點，則是法學舊說無法提供，至是，賈誼的禮法思想不但樹立了儒家禮學主導的地位，也將法家之法轉化成爲儒家式的禮法觀，如此便取代了漢朝承秦而來依賴法令統治的觀念。

　　傳統儒家將禮與生命價值結合，由修身之禮層層外推可以完成王道政治，儒者更是標舉禮的內在精神，認爲儀式表徵只是禮的形式上襯托，作爲治道目的與價值原則的禮，統治工具性格並不顯明，這也是儒禮失去戰國君主青睞的原因。漢代禮學觀念與先秦時期已有不同，早先叔孫通藉著禮節繁複的實踐形式，妝點皇權神聖與天子身份的特殊性，在莊嚴隆重的朝儀形式中所流露出來的德惠恩義之情，更是冷酷簡明的法律命令無法達成的功效，於是，儀文鋪衍成爲漢儒談禮的一大特點，漢主對於禮節儀文的欣賞也遠遠超過禮義內涵的關心。當漢朝的專制體制日趨成熟，統治者對於結合體制的國家禮儀需求更爲迫切，在這樣的政治潮流趨勢下，賈誼雖然本於儒家立場詮釋禮意，但其禮法概念仍然加入法家絕對尊君、人設之勢的想法，將禮、法思想部分轉化爲爲「芒刃」與「斤斧」，於是原本講求潛移默化的禮，經過賈誼禮法思想改造後，不但能夠提供統治政權的理想性，也能配合君主功利實效的需求，在形式儀文的制度細節中，作爲統治國家的工具。
　　先秦法家認爲理想的法，應是「令者、言最貴者也，法者、事最適者也。」言無二貴，法不兩適，統治國君甚至應「遠仁義，去智能」，〔註108〕直接以法爲典範；黃老曾由道法說明人間律則應與天道規律符合，法由天道而來，聖人由此訂立成文法律，法之普遍、客觀公正的形象，某部分來說還是值得肯定，不過，漢初雖然承襲秦法，卻未落實法家或是道法的法治理想，朝廷爲了籠絡民心有意從寬的作法，將使得法的公正性與確定性損傷。中國傳統思

〔註108〕以上二段見《韓非子集釋》，卷十七〈說疑〉，第四十四，頁914；卷十七〈問辯〉，第四十一，頁898。

想中，法的工具性色彩始終濃厚，在帝國專制體制下，由於立法、行政與司法三者高度重合，帝王可以但憑主觀立法，又能據其好惡從事司法，欲求標準客觀、公正普遍的法實非易事。賈誼的禮法思想本從儒家人道主義出發，意圖建立禮法世界的理想，但其傳達「禮」的經制不能違反皇權體制，部份的制度更定更須配合統治政權的需求，則原本具有濃厚道德意義的禮，在尊君、奉主的現實政治中，價值理想不免失落，這是賈誼禮法思想最受後人詬病之處；唯其「經制」規劃，除了落實儒家之禮，又欲結合法家之法，使禮法二者從制度形式到思想內容都能融合，這也是其禮法世界最有特色的地方。

第三節　小　結

　　文帝之時，一般皆謂「天下已安已治」，賈誼卻是認為當時不但社會面臨困境，政治上更潛存許多可怕的危機，他從外交挫辱、諸侯王僭越無度、人民競商等事實，指出無為思想不再適用於當世，漢初政治體制、制度設施多數襲秦，秦代人情澆薄、四維不彰的衰象也將復再漢朝社會中重製，因此，當務之急除了反秦之酷、施政和緩，更重要的則是採用禮學改變漢朝統治的方向，使國家走向長治久安。

　　西漢早期的禮學論述中，《鶡冠子》、《文子》言禮多指君主要求臣下的品德，叔孫通制禮主要內容則是朝儀或統治有關的儀式，陸賈重視禮的精神價值，賈誼言禮範圍最廣，從精神到儀式、從倫理到政治、從宗教到世俗，內容廣涵一切道德之目，禮的內容不但總合前儒所言，修正傳統儒家禮學的思想，也將法家尊君思想吸納到他的禮學思想中，這也使得賈誼的禮法思想，有較前人深入的看法與主張。在賈誼的禮法思想中，禮是治道的基礎，禮學所蘊含的文化理想與意識型態，透過國家「經制」的訂定與推動，便能由外而內滲入個體思想中，個體能夠以禮自我涵養，便能服膺國家制度的規範，俗世世界的改造目的得以完成，也將達到儒家禮治社會的理想，賈誼設計的「經制」，可以說是實踐禮學的保障。此外，禮也是立法的依據，故而「刑獄之衷，賞罰之誠」，行刑用法都要追溯法意，「諸侯聽獄斷刑，仁於治，陳於行。」〔註109〕以法斷獄也要展現仁義，法意無疑便是根源於禮。賈誼雖然肯定法於治國的必要性，唯法的價值在於輔助禮制，法在禮思想的改造下便有

〔註109〕以上二段見《新書校注》，卷五〈輔佐〉，頁205；卷九〈脩政語下〉，頁370。

仁治輕刑的色彩，此與法家之法便有很大的差距；再者，賈誼的禮法思想中，政治社會功能是禮法理論相當重要的一部分，禮學強調區分階級尊卑與上下次第，受到禮思想所支配的法，自然不再具有法家之法「不別親疏，不殊貴賤」的平等性意義。〔註110〕

經過多位儒者的宣揚，漢初統治者已然對於禮的價值有所留意，經過叔孫通制禮、陸賈宣揚禮義、賈誼詮釋禮治理想後，西漢前期的禮法思想中，由禮主導法刑方向的思想趨勢越來越清晰。禮法世界中，法雖有整頓社會負面現象的功能，但其正面價值只有輔助禮之實踐才有意義，賈誼因此將法改造成為「禮法」，法隨經制產生，不守其度將受刑罰，「等級既設，各處其檢，人循其度。擅退則讓，上僭則誅。」禮思想以法為後盾，不但深入人類生活各個領域，並且成為指導個體行動的主要原則，透過「經制」要求，人循其度將可積久成習，若再加上刑罰強制與威嚇，禮的推動更能得到強力的保證，至是，君主治國「如身之使臂，臂之使指，莫不從制。」〔註111〕禮的影響力便也源源不絕。

漢承秦制，儒家禮學本來並不受到統治者重視，高祖爭天下時「先言斬將搴旗之士」，文帝「好道家之學」，景帝為太子時，「不得不讀黃帝、老子」，君主個人的好惡取向，仍然左右漢初學術的發展，不過，在儒術不興的時代條件下，漢初儒者談禮也未固守儒家傳統立場，他們觀察政治社會需求，因應時局變化，從中央集權觀點重新詮釋禮法的價值與構想，申論皇權政治下禮法的作用與意義，賈誼的思想，就很能說明當時儒者對於禮法觀點的創造性。文景之後，左右朝政的軍功老臣逐漸凋零，新興的法吏官僚代之而起，隨著王國勢力弱化，漢朝集權體制成形，依附皇權的儒生與新官僚漸次進入統治體系，儒者申述的各種意見開始產生實質的政治影響力，他們的禮法思想也成為後來漢朝國家禮制、法制改革的推手之一。

〔註110〕《史記》，卷一百三十〈太史公自序〉，第七十，頁3291。
〔註111〕以上二段見《新書校注》，卷一〈服疑〉，頁53；卷二〈五美〉，頁67。

第五章　《淮南子》的禮法思想

　　漢帝國的建立是透過軍事行動完成的大業，也是商周以來「天下一家」思想持續催生的結果。〔註1〕劉邦取得天下後，對於鞏固皇權、強化中央控制力、削減封國勢力等政治問題用力頗深，文景以後，劉家天下的統治正當性逐步確立，武帝進一步強化集權並嚴密監控王國，推恩令下後，「大國不過十餘城，小侯不過數十里，上足以奉貢職，下足以供養祭祀，以蕃輔京師。而漢郡八九十，形錯諸侯間，犬牙相臨。」〔註2〕「諸侯唯得衣食租稅，貧者或乘牛車。」〔註3〕以皇帝爲中心的一元政權形成，漢天子威勢如日方中，王國權勢日塞。此時，專制的集權帝國成爲政體常態，學術思想由眾壑競流百家爭鳴演爲相互灌注、浸漸相疊，呈現「或未經消化的幾家雜湊，或是以某家爲主而吸收他家」的駁雜面貌，〔註4〕「務爲治」的百家諸子遂趨合流。〔註5〕

〔註1〕 劉家和指出：「天下一家」的思想在商周時已經萌芽，而在春秋戰國時代更見發展，兼併戰爭是實踐客觀統一形勢的一個歷程，而非統一意志的推動原因。參見劉家和，〈論先秦時期天下一家思想的萌生〉，收於，《中國歷史上的分與合》學術研討會論文集，台北：聯經出版社，1995，頁19～30。

〔註2〕 司馬遷撰，《史記》，卷十七〈漢興以來諸侯王年表〉，第五，北京：北京中華書局，1997.9，頁803。

〔註3〕 班固撰，《漢書》，卷三十〈高五王傳〉，第八，北京：北京中華書局，1997.9，頁2002。

〔註4〕 李澤厚，〈秦漢思想簡議〉，收於《中國古代思想史論》，台北：三民書局，1986.9，頁141。

〔註5〕 牟鐘鑒指出春秋戰國以來所興起百家思想，自戰國末年以至漢代已有逐漸融合匯集的趨勢，而此一趨勢反應在實質著作當中的，便是三次大規模跨越學派的文化思想綜合整理：一在齊國稷下學宮，次爲《呂氏春秋》編著，其三便是《淮南子》集結成書。參見牟鐘鑒，《《呂氏春秋》與《淮南子》思想研究》，

　　漢代諸子立論無不博取眾說匯成己學，〔註6〕而薈萃諸子、旁搜異聞又「歸之一本」的《淮南子》，便是當時學者大規模匯整先前學術的成果，《淮南子》的論述，反映了漢初學術由多元開放系統逐漸演為「定於一」的態勢；另一方面，書中道、儒、法、陰陽各家觀點，與先秦諸子的原貌已然不同，牟鍾鑒說本書思想是「漢初的道家、漢初的儒家，漢初的法家，漢初的陰陽五行思想，他們彼此間相互吸收和滲透，在道家的大旗下匯合一起。」〔註7〕這是漢代學術的特點，也說明了漢代學術思想崇尚儒術前各家融會爭勝的激烈情況。

　　從《淮南子》成書時間與著書意圖觀之，其作約在西漢七國亂後到建元二年間，此一時期政治較為平靜，國民經濟日見富足。〔註8〕劉安在武帝初年入朝獻書，〔註9〕表面上是推薦著作，同時也有宣示淮南王國忠心、貢獻漢廷治國之道等用意，不過從後來歷史發展的各種跡象來看，武帝對於劉安的建議幾乎未有接受，不論是政治上的集權擴張，或學術上的崇儒舉措，種種作為都與劉安想法背道而馳。《淮南子》推銷「無為」治道，詮釋多元容異的禮、法思想，正也表達了漢朝集權時代來臨前，這位孤臣孽子堅持分封、力主無為的急切心情。

第一節　　無為政治主張與特殊的王國處境

　　《淮南子》是漢朝開國以來篇幅最大的巨著，也是提供劉氏統治天下的政治寶典。劉安自詡其書貫通天地人三才之理，立說融合形上形下之道，「所以紀綱道德，經緯人事，上考之天，下揆之地，中通諸理。」天子循其道理

　　　　濟南：山東齊魯書社，1987.9，頁278～279。

〔註6〕陸賈：「書不必起仲尼之門，藥不必出扁鵲之方，合之者善，可以為法」之語，很能代表漢代知識份子的學術態度。詳參陸賈撰、王利器校注，《新語校注》，卷上〈術事〉，第二，北京：北京中華書局，1986.8，頁44。

〔註7〕牟鍾鑒，《《呂氏春秋》與《淮南子》思想研究》，頁282。

〔註8〕「至今上即位數歲，漢興七十餘年之閒，國家無事，非遇水旱之災，民則人給家足，都鄙廩庾皆滿，而府庫餘貨財。」參見《史記》，卷三十〈平準書〉，第八，頁1420。

〔註9〕此即〈藝文志〉中所稱《淮南內》一書，劉向校定撰其時則僅名《淮南》。由於劉安於〈要畧〉中已名之「鴻烈」，高誘為書作〈敘目〉時又說其「號曰《鴻烈》」，是書又有《鴻烈》之名。唐代以後，或合之稱本書為《淮南鴻烈》。另外，《西京雜記》「淮南《鴻烈》」條言其「號為《淮南子》，一曰《劉安子》。」參見葛洪撰，《西京雜記》，卷第三，上海：上海古籍出版社，1991.5，頁146。《隋書‧經籍志》以後，後世多沿以《淮南子》之名。

而治，「外與物接而不眩，內有以處神養氣，宴煬至和，而己自樂所受乎天地者也。」其書「窺道開塞，庶後世使知舉錯取舍之宜適。」從全書脈絡來看，除了首篇以〈原道〉作始，其他開宗明義便先論道的亦有十二篇，可見作者由道論統合所論之意，執道總要故能「託小以苞大，守約以治廣，使人知先後之禍福，動靜之利害。」唯若「今專言道，則無不在焉，然而能得本知末者，其唯聖人也。今學者無聖人之才，而不為詳說，則終身顛頓乎混溟之中，而不知覺寤乎昭明之術矣。」本書不憚其煩長篇大論，欲使「天地之理究矣，人間之事接矣，帝王之道備矣。」用世之心昭然可明。高誘說：「學者不論淮南，則不知大道之深也。」又言其書「旨近老子，淡泊無為，蹈虛守靜，出入經道。」「鴻烈」即「大明道之言」，〔註10〕顯然認為《淮南子》的內容可由道以貫之。

　　從形式上來看，《淮南子》的篇章安排，是循「道生一，一生二，二生三，三生萬物」的架構開展：首篇〈原道〉開宗明義定義道體本質，〈天文〉、〈墜形〉、〈時則〉等篇則在陰陽思想影響下，說明宇宙自然從無到有的構成與規則，〈覽冥〉與〈精神〉點出天地自然萬有與人類形神相關，〈本經〉言人世治亂得失有常，造化皆出於道，〈主術〉言五帝三王用道而興的治術，〈繆稱〉以下各篇皆言紛然錯雜的萬象世界，使知禍福難定的人間立身理事仍有規則可循，最末〈脩務〉、〈泰族〉將所謂「無為」重新釐定，並據「法天」、「神化」、「因」、「無為」等儒道共有的邊際思想，轉化前面道家思想的立場，回到以道德仁義移風易俗的儒家主張，原來具有消極傾向的道家無為概念，經過驗人事以知道、以事論道後，「布之天下」、「置之尋常」的道，便充滿積極入世的特性。由道論推闡治術、將天道思想結合社會人生，這是道家論道的傳統，《淮南子》言道除了擴大宇宙創生說，〔註11〕並在傳統基礎上全面發揚道用與人事相感的思想，〔註12〕說理欲盡百家思想之長，陳論力求合諸世用，其治道想法與過去清靜無為之說

〔註10〕 以上七段見劉安等撰、何寧校釋，《淮南子集釋》，卷二十一〈要畧〉，北京：北京中華書局，1998.10，頁 1437、1453～1454、1440、1454；前錄，〈敘目〉，頁 5～6。

〔註11〕 《淮南子》對宇宙生成與萬物演化過程的詳細說明，可參見〈原道〉、〈俶真〉、〈道應〉、〈天文〉等篇。

〔註12〕 《淮南子》繼承並發揮《呂氏春秋》的感應說，以「天之且風，草木未動而鳥已翔矣，其且雨也，陰曀未集而魚已噞矣，以陰陽之氣相動也。故寒暑燥濕，以類相從；聲響疾徐，以音相應也。……精誠感於內，形氣動於天。」參見《淮南子集釋》下，卷二十〈泰族〉，頁 1374～1375。

便有不同。這種特殊的「無爲」思想與治道主張，影響了其對禮、法問題的看法，所傳達的禮法觀念與漢初儒者也有差異。

一、體道入世的無爲理論

《淮南子》採陰陽五行家對宇宙萬象的解釋，〔註 13〕認爲萬有皆存於一個氣類相動、相互感應的循環體系中，宇宙是一個連續、動態、秩序的有機系統，萬有皆由氣而與整體聯繫，〔註 14〕在此生命可與萬物交會感通的有情世界裡，政治活動是天道人事連結的重心，通過達道、體道眞人的表現可觀察天道人事之連結。

> 達於道者，不以人易天，外與物化而內不失其情。……是故達於道者，反於清靜，究於物者，終於無爲。以恬養性，以漠處神，則入于天門。〔註 15〕
>
> 養生以經世，抱德以終年，可謂能體道矣。〔註 16〕
>
> 道者，藏精於內，棲神於心，靜漠恬淡，訟繆胸中，邪氣無所留滯，四枝節族，毛蒸理泄，則機樞調利，百脈九竅，莫不順比。〔註 17〕

形體生之所寄，生命只是存於有限形體中，但「身者，道之所託，身得則道得矣。道之得也，以視則明，以聽則聰，以言則公，以行則從。」精神可以超越生理情緒欲望，返回本眞支配生命活動，故言聖人體道反性，因順自然，凝聚精神可入於天門。不過，「體道者不專在于我，亦有繫于世矣。」此道同

〔註 13〕原始道家對宇宙形構語焉不詳，《黃帝書》中始以陰陽分化說明萬物之生：「无晦无明，未有陰陽。陰陽未定，吾未有以名。今始判爲兩，分爲陰陽。離爲○四【時】。」「陰陽備，物化變乃生。」參見魏啓鵬箋證，《馬王堆漢墓帛書《黃帝書》箋證》，卷二《黃帝書・經》，〈觀〉，S2.2，頁 102，北京：北京中華書局，2004.12；〈果童〉，S4.1，頁 124。不過《黃帝書》中的天道觀以陰陽爲主，尚未摻入五行思想，漢初思想中，大規模採用陰陽五行家說法，結合五行與陰陽來說解宇宙圖式者首推《淮南子》。

〔註 14〕《淮南子》認爲萬物皆由一氣化生，「物之聚散，交感以然。」參見《淮南子集釋》下，卷十七〈說林〉，頁 1224。「天地之合和，陰陽之陶化萬物，皆乘一氣者也。是故上下離心，氣乃上蒸，君臣不和，五穀不爲。」「皆乘一氣」本作「皆乘人氣」，何寧據《文子》「陰陽陶冶萬物，皆乘一氣而生」校改，文見《淮南子集釋》中，卷八〈本經〉，頁 565。

〔註 15〕《淮南子集釋》，卷一〈原道〉，頁 24～25、40。

〔註 16〕《淮南子集釋》，卷一〈俶眞〉，頁 152。

〔註 17〕《淮南子集釋》，卷二十〈泰族〉，頁 1382。

樣可以適用於治國，

> 古聖王至精形於內，而好憎忘於外，出言以副情，發號以明旨，⋯⋯
> 業貫萬世而不壅，橫扃四方而不窮，禽獸昆蟲與之陶化，〔註18〕
> 聖人懷天氣，抱天心，執中含和，不下廟堂而衍四海，變習易俗，
> 民化而遷善，若性諸己，能以神化也。〔註19〕

主者國之心，「心治則百節皆安，心擾則百節皆亂。」〔註20〕君主「因物之所為」，能以其精誠「神化」天下，古代五帝三王皆達道、體道，故能達到治世的最高境界。

《淮南子》認為，「無為」是天道致用於政治人生的最高原則，〔註21〕「無為者，道之體」，「無為者，道之宗」，無為才能體現治道理想。以古代治世為例：

> 古之人有處混冥之中，神氣不蕩于外，萬物恬漠以愉靜，攙搶衡杓
> 之氣莫不彌靡，而不能為害。當此之時，萬民猖狂，不知東西，含
> 哺而游，鼓腹而熙，交被天和，食于地德，不以曲故是非相尤，茫
> 茫沈沈，是謂大治。〔註22〕

這種「聖人體道反性，不化以待化」的治世接近老子主張，但由「萬物固以自然，聖人又何事焉」，可知《淮南子》更強調尊重萬物本性，「非有為於物也，物以有為於己也。」達道之君「反於清淨；究於物者，終於無為。」理想的無為政治應是泯除機巧、忘懷得失，回復最原始時的質樸狀態。

> 人主之術，處無為之事，而行不言之教，清靜而不動，一度而不搖，
> 因循而任下，責成而不勞。⋯⋯進退應時，動靜循理，不為醜美好
> 憎，不為賞罰喜怒，名各自名，類各自類，事猶自然，莫出於己。
> 〔註23〕

〔註18〕以上三段見《淮南子集釋》，卷十一〈齊俗〉，頁791；卷一〈俶眞〉，頁160；卷九〈主術〉，頁620〜621。
〔註19〕《淮南子集釋》，卷二十〈泰族〉，頁1378。
〔註20〕《淮南子集釋》，卷十〈繆稱〉，頁705。
〔註21〕「無為，則得於一也。一也者，萬物之本也，無敵之道也。」參見《淮南子集釋》，卷十四〈詮言〉，頁1012。
〔註22〕以上三段見《淮南子集釋》，卷十四〈詮言〉，頁1012；卷九〈主術〉，頁624；卷二〈俶眞〉，頁102〜105。
〔註23〕以上五段見《淮南子集釋》，卷十一〈齊俗〉，頁810；卷一〈原道〉，頁38、41；卷一〈俶眞〉，頁115；卷九〈主術〉，頁605〜606。

> 爲治之本，務在於安民。安民之本，在於足用。足用之本，在於勿
> 奪時。勿奪時之本，在於省事。省事之本，在於節欲。節欲之本，
> 在於反性。反性之本，在於去載。去載則虛，虛則平。平者，道之
> 素也；虛者，道之舍也。〔註24〕

「天地運而相通，萬物總而爲一。能知一，則無一之不知也。」聖主知一體
道故能減少興作，順物本性、從民所願，自然而天下大治。天子治天下，「豈
必攝權持勢，操殺生之柄，而以行其號令邪？吾所謂有天下者，非謂此也，
自得而已。」〔註25〕自得者與道爲一，聖主無爲而萬物與我皆自得，遂能與
萬民同歸於道。

唯〈原道〉又說：「漠然無爲而無不爲也，澹然無治而無不治也。所謂無
爲者，不先物爲也；所謂無不爲者，因物之所爲。所謂無治者，不易自然也；
所謂無不治者，因物之相然也。」可見無爲也非消極不動，而是澹然因物、
不先物的態度，以達無不爲、無不治之境界。

> 或曰：「無爲者，寂然無聲，漠然不動，引之不來，推之不往。如此
> 者，乃得道之像。」吾以爲不然。……以五聖觀之，則莫得無爲明
> 矣。……地勢水東流，人必事焉，然後水潦得谷行；禾稼春生，人
> 必加功焉，故五穀得遂長。聽其自流，待其自生，則鯀、禹之功不
> 立，而后稷之智不用。若吾所謂無爲者，私志不得入公道，嗜欲不
> 得枉正術，循理而舉事，因資而立，權自然之勢，而曲故不得容者。
> 事成而身弗伐，功立而名弗有，非其感而不應，迫而不動者。〔註26〕

古聖治事殫精竭慮而後能夠成其大業，大禹鑿龍門以平水患、后稷墾草植五
穀，都是「因地之勢」而有所成，可見「無爲」是在自然基礎上予以人力加
工，運用知識判斷、累積智慧學習不斷從事改良活動。既要因順自然，也要
觀察情勢把握時機，「得在時，不在爭。」「時之反側，間不容息，先之則太
過，後之則不逮。」時難得而易失，故「有道者，不失時與人。」「天下之事，
不可爲也，因其自然而推之。」《淮南子》正視人之天性，將一切因順自然的
行動都擴大爲「無爲」，如此一來，有爲也被「無爲」理論所吸納，比如主政

〔註24〕《淮南子集釋》，卷十四〈詮言〉，頁997～998。

〔註25〕以上二段見《淮南子集釋》，卷七〈精神〉，頁515；卷一〈原道〉，頁74。

〔註26〕以上二段見《淮南子集釋》，卷一〈原道〉，頁48；卷十九〈脩務〉，頁1311、
1321～1322。「迫而不動」本作「攻而不動」，據王引之校改。

者順應社會需要，訂定法令禮節、用人公正無私、執正營事、征伐有名等等都可視爲「無爲」，上位者貴正尚忠、嗜欲不枉正術、因材施用，故能責成而不勞並使能用者眾，如此亦爲無爲之用。「執道要之柄」以「游於無窮之地」，統治一如車軸「不運於己，而與轂致千里，轉無窮之原。」「得道之宗，應物無窮。」〔註 27〕這樣的「無爲」便無不治、無不爲。這種因時耦變的無爲理論，肯定了文化創造的價值與知識學習的意義，與老子「不言之教，无爲之益。」「禮者，忠信之（泊）薄，而亂之首」的無爲思想便相差很遠。〔註 28〕

其次，「無爲」要配合因與時，同時也不能忘記持後守柔之可貴，

> 得道者，志弱而事強，心虛而應當。所謂志弱而事強者，柔毳安靜，藏於不敢，行於不能，恬然無慮，動不失時，與萬物回周旋轉，不爲先唱，感而應之。是故貴者必以賤爲號，而高者必以下爲基。……欲剛者必以柔守之，欲強者必以弱保之。……先者則後者之弓矢質的也。……所謂後者，非謂其底滯而不發，凝結而不流，貴其周於數而合於時也。夫執道理以耦變，先亦制後，後亦制先。是何則？不失其所以制人，人不能制也。時之反側，間不容息，先之則太過，後之則不逮。……是故聖人守清道而抱雌節，因循應變，常後而不先。柔弱以靜，舒安以定，……莫能與之爭。〔註 29〕

躁進盲動當然不可，但「貴其周於數而合於時也」，則是謀定而動之「後」，非不發不流無所反應的墊後。爲了「託小以包大，在中以制外」，故「行柔而剛，用弱而強」，志弱守柔方能「以少正多」，即使「遭變應卒，排患扞難，力無不勝，敵無不凌，應化揆時，莫能害之。」〔註 30〕持後、守柔是成就霸王之業的手段，就像無爲的目的在於無不治、無不爲，只是《淮南子》「透過『因』、『後』、『柔』的觀念發展出來，由於『因』、『後』、『柔』屬於道家觀念，《淮南子》雖然納入「有爲」的內容，表面上仍能保有『無爲』的一貫性。」〔註 31〕

〔註 27〕以上六段見《淮南子集釋》，卷一〈原道〉，頁 46、54；卷十四〈詮言〉，頁 1039；卷一〈原道〉，頁 23；卷十一〈齊俗〉，頁 808～809；卷九〈主術〉，頁 624。

〔註 28〕引文據帛書乙本。參見高明校注，《帛書老子校注》，〈德經校注〉，四十三、三十八，北京：北京中華書局，1996.5，頁 38、4～5。

〔註 29〕《淮南子集釋》，卷一〈原道〉，頁 48～49。

〔註 30〕《淮南子集釋》，卷一〈原道〉，頁 52～54。

〔註 31〕林聰舜，《西漢前期思想與法家的關係》，台北：大安出版社，1991.1，頁 118。

在因順自然、肯定生命情志的思考脈絡中,《淮南子》對人類文明演進保持肯定的態度。在認同今世、接受現實的前提下,其書立於當時宇宙科學的基礎,採擷前人知識的累積,建構一套完整包羅天道人事的理論,提供統治者參考:天道示人以無爲,人間之事也當無爲以爲治。《淮南子》「無爲」思想的基礎在天道自然,一切人事設施、禮法規範,不論其原屬何家何派,只要能夠順應自然、合乎「因」、「後」、「柔」等基本原則,便能返諸無爲而歸之於道,因此,人當以主動的力量來因循自然,透過「無爲」使得人爲亦能合乎天道天理。《淮南子》揭示了天道人事相通之理,也轉化了原屬諸子個別言說的意見,於是各方論是摒非的觀點便可歸攝於「無爲」體系中,仁義禮樂與法制都獲得了作用的保存。

二、疏離中央的王國情勢

《淮南子》本非單純的學術著作,劉安等人著作時便有強烈的政治動機,探討《淮南子》思想時,不能不對淮南國的政治背景先有理解。淮南王劉長之母爲張敖進獻於高祖的美人,貫高獄事時,美人受到牽連患恨自殺,劉邦悔之,滅英布後便將淮南之地封與劉長,後來文帝以淮南王恃親驕縱、意圖謀反廢之,劉長絕食死於遷蜀之途。淮南一系在帝室中兩世含冤,與朝廷之間始終存有嫌隙,淮南國和中央的緊張關係,可說是漢廷與王國間政治對立衝突的典型。《漢書》說劉安爲人「好讀書鼓琴,不喜弋獵狗馬馳騁」,其「招致賓客方術之士數千人,作爲淮南內二十一篇,外書甚眾,又有中篇八卷,言神仙黃白之術。」淮南王好於文學神仙,但是卻被猜忌是「欲以行陰德拊循百姓,流名譽。」〔註32〕朝廷一再懷疑他意圖謀反,劉安自是惴惴不安。

這種政治上的壓迫與無奈反映在《淮南子》中,使得書中表露部分矛盾難解的思想或錯綜反覆的情緒。前述「無爲」觀點中,既充滿對個體生命逍遙境界的嚮往,卻又不能忘情於諸子百家「務爲治」的各種主張;既希望統治者應當達於至人無爲,又不得不對現行體制加以認同,〔註33〕相信施禮行法可達治世;《淮南子》雖然贊同分封制度,〔註34〕卻也承認「天下混而爲一」

〔註32〕 《漢書》,卷四十四〈淮南衡山濟北王傳〉,第十四,頁2145。
〔註33〕 《淮南子》相信宇宙構造、時則變化、物類相感皆有定然規律,它將人間政治制度比附於自然現象,便是肯定當今治道型態,並爲現行體制的合理性提供了驗證。
〔註34〕 「是故,鄰國相望,雞狗之音相聞,而足迹不接諸侯之境,車軌不結千里之

是漢帝國之偉業；〔註35〕雖言「有道之主，滅想去意，清虛以待，不伐之言，不奪之事，循名責實，使有司，任而弗詔，責而弗教，以不知為道，以奈何為寶，如此則百官之事各有所守矣。攝權勢之柄，其於化民易矣。」卻又有「枝不得大於榦，末不得強於本，則輕重大小有以相制也，若五指之屬於臂，搏援攫捷，莫不如志：言以小屬於大也。」〔註36〕看似贊成大一統體制的說法。凡此種種模糊曖昧的立場，與動輒得咎的淮南國政治情勢不無關連，這也說明在中央虎視眈眈的監視下，王國立場往往進退兩難，屈居劣勢的政治現實，使劉安須向中央表態輸誠以求自保，不過即使劉安承認枝幹本末應是大小輕重有以相制，在「小屬於大」的政治結構中，《淮南子》仍然認為君主應當「清虛以待」毋須代下司職，其「所持甚小」、「所守甚約」，「得要以應眾，執約以治廣」，聽任諸侯臣下自治，留給王國更多活動的空間，此與賈誼、董仲舒等人大有為、尊君集權、裁抑諸侯的主張自然大不相同。

《淮南子》著作本有宣揚政治理念的動機，其書完成後特別進獻武帝，顯然也有向漢廷輸誠獻忠的意圖。〈要署〉總述其書時，自詡內容包羅廣博，「著書二十篇，則天地之理究矣，人間之事接矣，帝王之道備矣。」小至個人養生保真之理，大到歷朝治亂之迹，「其言有小有巨，有微有粗，指奏卷異，各有為語。」劉安認為周政以後，從太公之謀、儒墨之學、管晏之類，到縱橫之流、刑名之書、商鞅之法等都是因應一時事勢所生，爾後人去政息，只有「劉氏之書」能「觀天地之象，通古今之事，權事而立制，度形而施宜，原道之心，合三王之風，以儲與扈冶，玄眇之中，精搖靡覽，棄其畛挈，斟其淑靜，以統天下，理萬物，應變化，通殊類，非循一迹之路，守一隅之指，拘繫牽連之物，而不與世推移也。故置之尋常而不塞，布之天下而不窕。」〔註37〕既有形上理論的基礎，又有通貫古今的見解，故能超越百家諸子有限之見，成就一套世間最周全的理論，因應現實，肆應無窮，由劉安對《淮南子》的推許，不難想見他由此書「為漢制法」的心意。

不過，漢武之時，國強地廣，生民眾多，消極無為的統治方式已難滿足

外者，皆各得其所安。」參見《淮南子集釋》，卷十一〈齊俗〉，頁772～773。
〔註35〕「當今之時，天子在上位，持以道德，輔以仁義，近者獻其智，遠者懷其德，拱揖指麾而四海賓服，春秋冬夏皆獻其貢職，天下混而為一，子孫相代，此五帝之所以迎天德也。」參見《淮南子集釋》，卷六〈覽冥〉，頁497。
〔註36〕以上二段見《淮南子集釋》，卷九〈主術〉，頁671～673。
〔註37〕以上三段見《淮南子集釋》，卷二十一〈要署〉，頁1454、1463。

帝國需求，已然需要一套能推動尊君集權與大一統的積極思想，《淮南子》的無為治道縱然部分擷取有為思想，在統治作為上仍然缺乏積極性，武帝因此未能採納其說。其次，淮南國政治立場與中央不同，劉安賓主站在淮南國的利害觀點，主張分封政體與有限制的君權，此舉與漢廷多年以來的削藩政策已然違背，以法籍禮義禁制君主防止擅斷、強調君臣屬「相報之勢」等想法，更與皇帝制度下天子至高無上的集權統治性格不能相容。此外，書中反對思想定於一尊，批評「今世之禮」離間君臣骨肉之失當，認為各地禮俗價值齊等不應強予統一等，都是結合淮南特殊政治處境與期望所提出的觀點，其中也流露劉安等人對朝廷擴張勢力與種種強勢作為的不滿，可見《淮南子》思想主要仍是站在王國立場而發言，其特殊的「無為」主張，更與王國疏離中央的政治情勢有關。

　　劉安及其門下相信，清靜無為思想有其遵合天道規律的合理根據，應世而動的「無為」學說即至今日仍然不失其適切的價值，《淮南子》的政治立場雖然傾向道家清靜勿擾的觀點，但是它對道家放任的無為態度亦有調整，「靜漠者神明之定也，虛無者道之所居也。是故或求之於外者，失之於內；有守之於內者，失之於外。譬猶本與末也，從本引之，千枝萬葉莫不隨也。」〈泰族〉說聖王設政施教，「必察其終始，其縣法立儀，必原其本末，不苟以一事備一物而已矣。」〔註38〕統治者若能虛靜修身，內脩其本，從本引之，則舉事無不為，治世無不治，可以作為大一統集權帝國統治方向的參考。林聰舜在〈《淮南子》的無為政治觀及其與先秦道法二家之關係〉中將《淮南子》的「無為」政治觀分為兩種：一是與先秦道家接近的消極之無為，另一種則是與結合有為的無為。〔註39〕前一種類型的「無為」主張，強調萬物自然狀態就是最好的狀態，要求統治者虛靜、無事，使民自化、自正，可說反映了政治上王國君臣希望擺脫中央過度干預的願望；後一種類型的「無為」思想，則吸納了儒、法兩家有為的概念，摻雜了劉安等人對於現實政治的投入與妥協，意在說服漢廷繼續採行無為統治。由此可知《淮南子》的政治觀點，往往與王國政治情勢息息相關，從王國政治角度出發而談的禮、法思想，亦展現了同樣的特殊性。

〔註38〕以上二段見《淮南子集釋》，卷七〈精神〉，頁 504～505；卷二十〈泰族〉，頁 1426。

〔註39〕林聰舜，《西漢前期思想與法家的關係》，頁 140。

第二節　無爲治道下的禮法思想

　　《淮南子》成於眾人之手,「以述爲作」的方式有時不免使前後思想有所牴牾,〔註40〕如就全書宏觀而論,理論主軸主要仍圍繞在道、儒二家。道家哲學中,道是萬物萬理本源,有情萬物是道所衍生,《淮南子》持同樣看法,「道者,一立而萬物生矣。」「萬物之總,皆閱一孔;百事之根,皆出一門。」當天道落實至於治道時,仁義禮樂之發生各有先後次序。

　　　　道散而爲德,德溢而爲仁義,仁義立而道德廢矣。〔註41〕

　　　　神明定於天下而心反其初,……則仁義不用矣。道德定於天下而民
　　　　純樸,……禮樂不用也。是故德衰然後仁生,行沮然後義立,和失
　　　　然後聲調,禮淫然後容飾。是故知神明然後知道德之不足爲也,知
　　　　道德然後知仁義之不足行也,知仁義然後知禮樂之不足脩也。〔註42〕

太清之始「和順以寂漠」,混冥之世「禮義廉恥不設」,社會進化後「仁義立而道德遷矣,禮樂飾則純樸散矣,是非形則百姓眩矣,珠玉尊則天下爭矣。」由道德至於仁義禮樂是自然道性失落的過程,也是禮樂社會的開始。

　　《淮南子》中的道家從「道德」、「神明」的高度往下看,認爲「人眾財寡,事力勞而養不足,於是忿爭生,是以貴仁;仁鄙不齊,比周朋黨,設詐諝、懷機械巧故之心而信失矣,是以貴義;陰陽之情,莫不有血氣之感,男女群居襍處而無別,是以貴禮。性命之情,淫而相脅,以不得已則不和,是以貴樂。」仁義禮樂是衰世之造、末世之用,故「立仁義,脩禮樂,則德遷而爲僞矣。」人爲造作皆不足取。

　　再順著《淮南子》體道無爲的思想脈絡,撰寫〈泰族〉的儒者卻轉化了道家「法天」、「神化」的內涵,「天地之道,極則反,盈則損。」「聖人事窮而更

〔註40〕以性情善惡爲例,《淮南子》中便有多種說法:〈原道〉:「人生而靜,天之性
　　　也。」但〈泰族〉又說:「民有好色之性」、「有飲食之性」、「有喜樂之性」、「有
　　　悲哀之性」,以人性中含有基本生理感情之需求,再者,「人之性有仁義之資」,
　　　又謂人性有善的本質在其中。此外〈脩務〉列人性有三等,須待學以化。則
　　　人性本質究屬恬靜,或是情慾、仁義,屬性不明。牟鐘鑒說《淮南子》「認爲
　　　人更本質的東西是內心恬靜的狀態,這是受老莊人性論影響的結果,同時又
　　　強調人性向善和後天教化,將孟子荀子的性說合而爲一,在人性問題上體現
　　　了儒道的結合。」參見牟鐘鑒,《《呂氏春秋》與《淮南子》思想研究》,頁220。
〔註41〕以上三段見《淮南子集釋》,卷一〈原道〉,頁60;卷二〈俶眞〉,頁125。
〔註42〕《淮南子集釋》,卷八〈本經〉,頁569。

為，法弊而改制，非樂變古易常也，將以救敗扶衰，黜淫濟非，以調天地之氣，順萬物之宜也。」將無不為概念納入無為思想中，則仁義禮樂法制等雖然都是衰世的產物，但「仁者所以救爭也，義者所以救失也，禮者所以救淫也，樂者所以救憂也。」〔註43〕因應衰世的救敗之具不可廢棄，人為禮法價值便應肯定。

《淮南子》以道論始，以儒家仁義思想終，形式上從頭至尾恰是由道轉儒的過程，徐復觀說：「當劉安及其賓客們，馳騁於觀念的世界時，自然進到老莊的分野。當他們面對現實世界時，便不知不覺地進到儒家的分野。」〔註44〕就貫串全書的「無為」概念以觀，前面至人、真人「有而若無，實而若虛，處其一，不知其二，治其內，不識其外，明白太素，無為復樸，體本抱神，以游于天地之樊，芒然仿佯于塵垢之外，而消搖于無事之業。」「神無所掩，心無所載，通洞條達，恬漠無事，無所凝滯，虛寂以待。」〔註45〕超絕無待的體道聖人，欲呈現的是典型道家政治境界；後面所言無不為的帝王，因自然而理事、因其資而用眾材、因民性定制度、因風俗行教化，這種利益眾生的事功型王者，實已近儒家救濟蒼生的聖人典型。由此觀察書中的禮法思想，亦從表達疏離、抗議人為禮法的老莊態度起始，越到後篇落到實際生活上便越接近儒家主張。

一、禮、法因人性而設

《淮南子》沿用「因」的觀念談禮、法起源：「物有以自然，而後人事有治。」良匠不能斷金，巧工不能鑠木，金不可斷，木不可鑠，可見善治者也要因物所可、順其本然才能成就其業。

> 民有好色之性，故有大婚之禮；有飲食之性，故有大饗之誼；有喜
> 樂之性，故有鐘鼓管絃之音；有悲哀之性，故有衰絰哭踊之節。故
> 先王之制法也，因民之所好而為之節文者也。因其好色而制婚姻之
> 禮，故男女有別；因其喜音而正雅頌之聲，故風俗不流；因其寧家
> 室、樂妻子，教之以順，故父子有親；因其喜朋友而教之以悌，故
> 長幼有序。然後修朝聘以明貴賤，饗飲習射以明長幼，時搜振旅以

〔註43〕以上六段見《淮南子集釋》，卷十一〈齊俗〉，頁759；卷八〈本經〉，頁568
　　　　～570；卷二十〈泰族〉，頁1392。
〔註44〕徐復觀，〈淮南子與劉安的時代〉，收於《兩漢思想史》，卷二，台北：學生出
　　　　版社，1983.3 七版，頁198。
〔註45〕以上二段見《淮南子集釋》，卷七〈精神〉，頁521；卷二〈俶真〉，頁149。

> 習用兵也，入學庠序以修人倫。此皆人之所有於性，而聖人之所匠
> 成也。〔註46〕

人有喜怒哀樂情緒，因人性情故有婚喪饗樂之禮，禮制修明而後人倫可教、風俗可化，故「聖人之治天下，非易民性也，拊循其所有而滌蕩之。」「因其所喜以勸善，因其所惡以禁姦」，〔註47〕則主政者政令約省而化燿如神。

「無其性，不可教訓」，唯「有其性，無其養，不能遵道。」美德善性不是天生而成，仰賴聖人禮、法涵養其性而後能行恭儉尊讓、禁姦制邪。

> 禮者，實之文也。仁者，恩之效也。故禮因人情而爲之節文，而人
> 發怦以見容。禮不過實，仁不溢恩也，治世之道也。……故制禮足
> 以佐實喻意而已矣。……義者，循禮而行宜也；禮者，體情制文者
> 也。義者宜也，禮者體也。〔註48〕

> 法生於義，義生於眾適，眾適合於人心，……通於本者，不亂於末，
> 觀於要者，不惑於詳。法者，非天墮，非地生，發於人間而反以自
> 正。〔註49〕

禮「實之文也」、法「非天墮，非地生」，可知它們都是後天人爲所設置，「非人之性也，所受於外也。」〈泰族〉雖言：「人有仁義之資」，但仍未以禮、法爲人性本有，需由先王以禮義法度教人後，才能使人移情化性趨於正道。此間聖人設禮制法需符檢人情，不能悖離人性，應當因於人性而與人心之義相合。「義者比於人心而合於眾適也。」凡「舉大功，立顯名，體君臣，正上下，明親疏，等貴賤，存危國，繼絕世，決孿治煩，興毀宗，立無後者，義也。」〔註50〕義是合於人心、廣受社會認可的普遍價值，循禮行宜則爲義，可知適切之禮也應以義爲準。法之起源亦然，「法生於義，義生於眾適，眾適合於人心。」制法行令應當因於人性、順於人情，統治者不立苛細難行之令，不設眾人皆然之禁，合理合情的法令規定，才能用以規範人民社會生活所需。

〔註46〕以上二段見《淮南子集釋》，卷二十〈泰族〉，頁1386～1387。

〔註47〕以上二段見《淮南子集釋》，卷二十〈泰族〉，頁1384、1387。

〔註48〕以上三段見《淮南子集釋》，卷二十〈泰族〉，頁1387；卷十一〈齊俗〉，頁784～788。

〔註49〕《淮南子集釋》，卷九〈主術〉，頁662。

〔註50〕以上三段見《淮南子集釋》，卷十一〈齊俗〉，頁775；卷十〈繆稱〉，頁706；卷二〈俶眞〉，頁125。

禮是人性感情的文飾，能適當表現情意即可，無須過度講究外在儀式或是文過其實；法是聖人所訂之賞罰標準，需因民之性、適於眾心，過與不及皆為失當。

> 聖人因民之所喜而勸善，因民之所惡而禁姦。故賞一人而天下譽之，罰一人而天下畏之。故至賞不費，至刑不濫。〔註51〕

> 先王之教也，因其所喜以勸善，因其所惡以禁姦，故刑罰不用而威行如流，政令約省而化燿如神。故因其性則天下聽從，拂其性則法縣而不用。〔註52〕

主政者賞罰合宜，國家賞不必多、刑不必濫，推動禮教有成的社會甚至根本用不到刑罰，可見禮可教化於先，法能補救於後，《淮南子》對行禮用法的先後看法，基本上與前面儒者觀點一致。

二、禮者隨時、俗移異

禮以人性為基礎，禮的形式與真實情感應相契合，但是《淮南子》特別指出，世無不易之儀，禮的標準也非單一，隨著時空間差異，後人應該重新檢視甚麼是合理的禮。

（一）禮非虛偽空文

「禮者體也」，禮者體乎人性真情發為儀文，故多見於外在行為容止中。

> 禮者所以別尊卑，異貴賤；義者所以合君臣父子兄弟夫妻朋友之際也。……禮者，實之文也。……禮因人情而為之節文，而人發併以見容。〔註53〕

禮以順理人情，使人舉止合宜，並能條理身份倫理與人際關係。「禮因人情而為之節文」，說明禮有節制內在感情的部分，也有文飾外在行為的部分，需內外如一、合情合理，才是真正的禮。

古人禮俗簡單，「非不知繁升降槃還之禮也，蹀采齊、肆夏之容也，以為曠日煩民而無所用，故制禮足以佐實喻意而已矣。」明主設制立範以實用為上，故其不務虛華，「制禮義而為衣，分節行而為帶，衣足以覆形，從典、墳，虛循

〔註51〕《淮南子集釋》，卷十三〈氾論〉，頁975。
〔註52〕《淮南子集釋》，卷二十〈泰族〉，頁1387。
〔註53〕《淮南子集釋》，卷十一〈齊俗〉，頁759～760。

撓，便身體，適行步，不務於奇麗之容，隅眥之削；帶足以結紐收衽，束牢連固，不敺於爲文句疏短之鞿。」古代歷史條件與今日不同，當時之人各因其時所宜而改禮定制：故有苗不服，舜乃脩政偃兵，執干戚而舞；大禹朝死而暮葬，農不易其畝，舜葬蒼梧，市不變其肆，武王伐紂，載屍而行，海內未定，不爲三年之喪，此皆「聖人之所以應時耦變，見形而施宜者也。」夏商周婚、喪、禮樂、祭典各異，但「五帝異道而德覆天下，三王殊事而名施後世，此皆因時變而制禮樂者。」古禮舊儀譬若祈福求雨大典上的芻狗土龍等象徵，彼雖「文以青黃，絹以綺繡，纏以朱絲，尸祝絇袨，大夫端冕，以送迎之。」〔註54〕但禮成之後視之，則土壤草堆而已，後人無須執著，亦不必一味因循。

古人制禮「必有其質，乃爲之文」，反觀那些不問世人之性、死守古代禮制空文的迂儒，繁於登降之禮，徒飾紱冕之服，汲汲講求禮文華美虛僞的表象，卻完全忽略人性感情之本質，「不本其所以欲，而禁其所欲，不原其所以樂，而閉其所樂。」過者甚至「脩干戚而笑鑵插，知三年非一日」，這完全是從牛非馬、以徵笑羽了。儒者寧可「以僞輔情」而強人以三年之喪，至於墨者則要人「絕哀而迫切之性」爲三月之服，他們「言與行相悖，情與貌相反，禮飾以煩，樂優以淫，崇死以害生，久喪以招行。」追求禮文卻蘄傷人性，所以才會使「今世之爲禮者，恭敬而忮，爲義者，布施而德，君臣以相非，骨肉以生怨，則失禮義之本也，故搆而多責。」〔註55〕《淮南子》反對那些食古不化的儒墨之流，以虛僞的禮作爲破壞政治秩序、離間人倫感情的道具，扭曲眞正的「禮」之價值，可見《淮南子》否定的並不是傳統儒家所欲宣揚的禮。

《淮南子》強調禮非虛僞空文，後人習禮應原於人性之心、觀察禮的眞實精神、注重禮的實用意義，而非固守一世之迹，或是執著於枝節形式之禮。禮以倫理道德爲其精神內涵，故「忠之所在，禮不足以難之也。」孝子「溺則捽父，祝則名君」，皆是權禮之所可，論禮若是凝滯而不化，那麼禮便只是「實之華而僞之文也，方於卒迫窮遽之中也，則無所用矣。」除此之外，「世異則事變，時移則俗易。故聖人論世而立法，隨時而舉事。」《淮南子》指出時代變化，認爲統治者應「當於世事，得於人理，順於天地，祥於鬼神」，才

〔註54〕 以上五段見《淮南子集釋》，卷十一〈齊俗〉，頁 785、790、794～795；卷十三〈氾論〉，頁 919。

〔註55〕 以上五段見《淮南子集釋》，卷八〈本經〉，頁 599；卷七〈精神〉，頁 549；卷十一〈齊俗〉，頁 793、795、787。

能對治今世問題，以禮來說，「禮樂未始有常也」，那些務循古禮、徒頌先王詩書的儒者，不能認清今世非三代、春秋之時，但「握一君之法籍，以非傳代之俗。」圖「以一世之度制治天下」，是聞古人之言而未「得其所以言」，只學到聖人立禮設教的糟粕，思想卻完全膠柱鼓瑟。時移世易禮各有其宜，故「聖人制禮樂，而不制於禮樂」，使「先王之制，不宜則廢之，末世之事，善則著之。」〔註56〕才能呈現禮在變遷之時代中歷久不衰的價值。

（二）尊重各地禮俗

禮文隨時移世異而變化，可見世無不易之儀，禮的標準也非唯一無二。〈齊俗〉更發揚部份莊子的齊物思想，〔註57〕以物物皆有自然之性，「天下是非無所定，世各是其所是而非其所非，所謂是與非各異，皆自是而非人。」「故求是者，非求道理也，求合於己者也；去非者，非批邪施也，去忤於心者也。忤於我，未必不合於人也；合於我，未必不非於俗也。」由朝廷訂定的統一標準，只是「合於我」而非於彼的片面是非，帝王即使以專制政權力量推動一元化的禮制，這套中央版本的禮制還是不能放諸四海而皆準。今觀天下四境風俗：

> 胡人彈骨，越人契臂，中國歃血也，所由各異，其於信，一也。三苗髽首，羌人括領，中國冠笄，越人劗鬋，其於服，一也。帝顓頊之法，婦人不辟男子於路者，拂之於四達之衢；今之國都，男女切踦，肩摩於道：其於俗，一也。故四夷之禮不同，皆尊其主而愛其親，敬其兄；獫狁之俗相反，皆慈其子而嚴其上。〔註58〕

風俗是集體生活所形成的共同習慣，「丘里者，合十姓百名而以為風俗也，合異以為同，散同以為異。」〔註59〕〈齊俗〉謂：「衣服禮俗者，非人之性也，所受於外也。」禮俗雖是外塑之價值與習慣，卻能對人產生深遠的影響，故「趨舍

〔註56〕 以上九段見《淮南子集釋》，卷十三〈氾論〉，頁 956～957、927、921；卷十一〈齊俗〉，頁 760、796、790。

〔註57〕 「天地之所覆載，日月之所照記，使各便其性，安其居，處其宜，為其能。故愚者有所修，智者有所不足。……各用之於其所適，施之於其所宜，即萬物一齊而無由相過。……由此觀之，物無貴賤。因其所貴而貴之，物無不貴也；因其所賤而賤之，物無不賤也。」參見《淮南子集釋》，卷十一〈齊俗〉，頁 767～770。

〔註58〕 以上三段見《淮南子集釋》，卷十一〈齊俗〉，頁 803～804、779～784。

〔註59〕 郭慶藩撰、王孝魚點校，《莊子集釋》四，卷八下〈則陽〉，第二十五，北京：北京中華書局，1961.7，頁 909。

禮俗，猶室宅之居也，東家謂之西家，西家謂之東家，雖皋陶爲之理，不能定其處。」天下各地禮俗不同，不能以中原觀點便爲高下優劣之判，魯國服儒者之禮、行孔子之術，卻地削而名卑；越王違制屈節、囚首隸身，終率九夷而霸諸侯；胡貉匈奴等國縱體拖髮、箕踞反言，未必無禮，可見禮之表達沒有一定的形式，「入其國者從其俗，入其家者避其諱，不犯禁而入，不忤逆而進」，〔註60〕能夠觀俗從風者其行便能合禮。既然不是只有「鄒、魯之禮之謂禮」，天下也沒有至是無非的「禮」，因此各地禮俗風尚平等，應當同受尊重。

天下各地民性不同「是非各異，習俗相反，君臣上下，夫婦父子，有以相使也。此之是，非彼之是也；此之非，非彼之非也。」是故齊一禮俗、頒定儀常並無太大的意義。魯國治禮而削，楚莊裾衣博袍而霸，三代「禮樂相詭，服制相反，然而皆不失親疏之恩，上下之倫」，〔註61〕用政治力量對禮樂服制強予規範只能外合而內舛，無益於教化圖治或是親疏倫理。前面數章都曾提及，漢初儒者多致力於禮制改革，他們爲漢家制禮的內容以朝儀、宗廟等宮廷中禮制爲主，各項禮儀制度的設計多能迎合集權政體所需，對於以皇帝爲中心的神聖統治很有助益，〈禮書〉序載武帝主動「招致儒術之士，令共定儀」，「改正朔，易服色，封泰山，定宗廟百官之儀，以爲典常」，〔註62〕說明學界倡議制禮後來已經完全受到統治者認同。當朝廷如火如荼地推動禮制統一，受到制禮行動波及，王國政治處境更加困頓，淮南賓主因此對道家逍遙自由的精神境界格外嚮往，他們既藉由「無爲」思想曲折表達政治期待，也發揮齊物之論強調各地禮俗不同，但是都有等同的價值，無須費力加以統一，由此表達自己對於保留王國自主空間的願望。

禮非人性本有，唯其能「佐實喻意」發而爲升降槃還之儀文，《淮南子》綜觀諸子所述，將前人禮論置於當今時空中討論，指出今世非三代、春秋之時，但守三代春秋古禮欲以治天下，是聞古人之言「而不得其所以言。故循跡者，非能生跡者也。」今世之禮不能只循前人舊跡，死守古禮而不知用權，須切時合俗，禮才具有真實意義。古人治世設禮，不務奇麗之容、不重虛僞

〔註60〕以上三段見《淮南子集釋》，卷十一〈齊俗〉，頁775、815、784。
〔註61〕以上二段見《淮南子集釋》，卷十三〈氾論〉，頁940～941；卷十一〈齊俗〉，頁790。
〔註62〕以上二段見《史記》，卷二十三〈禮書〉，第一，頁1160～1161。

空文，以合情合理的實用之禮爲上，故「禮不過實，仁不溢恩」，有道之主立禮設教，重在以誠懷遠而非煩飾以招行。「禮樂未始有常也」，故聖人「不制於禮樂」，能因時勢不同而改制易禮，可見禮有「時間性」，禮能與時推移才能富有時代性。再者，各地禮俗不同，表情達意各有殊方，勉強爲禮訂定統一標準，「是於此而非於彼，非於此而是於彼」，〔註63〕是將片面價值誤爲絕對價值，同時又扭曲物性各有之本質。可見禮有其「空間性」，只有尊重地方禮俗、保持禮之原貌與多樣，才能見到眞實的禮。

三、法者衆適而以禁主

《淮南子》對法的討論，主要也是針對當今政治情況來說。當「神明定於天下而心反其初」，仁義禮樂皆無所用，何況律令刑法。《淮南子》站在「無爲」的立場，認爲有很多法家的思想、作爲都過度造作，已然悖離道德之本。

> 趙政晝決獄而夜理書，御史冠蓋接於郡縣，覆稽趨留，戍五嶺以備越，築脩城以守胡，然姦邪萌生，盜賊群居，事愈煩而亂愈生。〔註64〕
>
> 今若夫申、韓、商鞅之爲治也，……鑿五刑，爲刻削，乃背道德之本，而爭於錐刀之末，斬艾百姓，殫盡太半，而忻忻然常自以爲治，是猶抱薪而救火，鑿竇而出水。〔註65〕

「法者，治之具也，而非所以爲治也。」〔註66〕申、韓、商鞅、嬴政等人治國，倚法而大興戍作，「鑿五刑，爲刻削」，「爭於錐刀之末，斬艾百姓」，這已是離本就末的過度妄爲，秦朝滅亡便是濫用治法的結果。

（一）法生於義

《淮南子》反對法家造作妄爲，但仍肯定客觀的法可以發揮統治功效，「故法律度量者，人主之所以執下，釋之而不用，是猶無轡銜而馳也，群臣百姓反弄其上。」法的客觀標準應在人心之義，而非統治者意志所決定。

> 法者，天下之度量而人主之準繩也。縣法者，法不法也；設賞者，賞當賞也。法定之後，中程者賞，缺繩者誅，尊貴者不輕其罰，而

〔註63〕以上二段見《淮南子集釋》，卷十六〈說山〉，頁 1118；卷十一〈齊俗〉，頁804。

〔註64〕《淮南子集釋》，卷二十〈泰族〉，頁 1399。

〔註65〕《淮南子集釋》，卷六〈覽冥〉，頁 498〜499。

〔註66〕《淮南子集釋》，卷二十〈泰族〉，頁 1400。

　　卑賤者不重其刑，犯法者雖賢必誅，中度者雖不肖必無罪，是故公
　　道通而私道塞矣。……法生於義，義生於眾適，眾適合於人心，此
　　治之要也。〔註67〕

制訂法令必需因於人性之情，同時「法生於義，義生於眾適，眾適合於人心」，
法與人心眾義連結，對民眾來說，其客觀性便取代了法家之法的威嚇性。再
者，法的賞罰標準明確，行刑沒有賢、不肖、身份貴賤的區別，法本身的強
制力量便能用以維護社會公平公正。

　　「世異則事異，世異則備變」，〔註68〕依照歷史進化原則，《淮南子》要
求訂定法令必需符合今世治民所需。

　　苟利於民，不必法古；苟周於事，不必循舊。……聖人法與時變，
　　禮與俗化，衣服器械，各便其用，法度制令，各因其宜。故變古未
　　可非，而循俗未足多也。〔註69〕

　　聖人論世而立法，隨時而舉事。尚古之王，封於泰山，禪於梁父，
　　七十餘聖，法度不同，非務相反也，時世異也。是故不法其已成之
　　法，而法其所以為法。所以為法者，與化推移者也。……亂世之法，
　　高為量而罪不及，重為任而罰不勝，危為禁而誅不敢。民困於三責，
　　則飾智而詐上，犯邪而干免，故雖峭法嚴刑，不能禁其姦。〔註70〕

守舊循故但奉先王法籍，其法不足以應世，「府史守法，君子制義，法而無義，
亦府史也，不足以為政。」〔註71〕法令相非於義，「高為量而罪不及，重為任
而罰不勝，危為禁而誅不敢。」上多事則下多態，政苛故民亂，最後「君子
為姦而法弗能禁」，行法反致國亂。國家法令合時合宜，統治者循名責實，使
「言事者必究於法，而為行者必治於官。上操其名，以責其實，臣守其業，
以效其功，言不得過其實，行不得踰其法，群臣輻湊，莫敢專君。」便能發
揮法治功效。「知法治所由生，則應時而變；不知法治之源，雖循古終亂。」
聖人之法可貴在於其能與化推移，欲以一成不變的禮，或萬世不移之法應於

〔註67〕以上二段見《淮南子集釋》，卷九〈主術〉，頁 667～668、659～662。
〔註68〕韓非撰、陳奇猷校釋，《韓非子集釋》，卷十九〈五蠹〉，第四十九，高雄：復
　　　　文圖書出版社，1991.7，頁 1042。
〔註69〕《淮南子集釋》，卷十三〈氾論〉，頁 921～922。
〔註70〕《淮南子集釋》，卷十一〈齊俗〉，頁 796。
〔註71〕「府史」本作「府吏」，孫詒讓據鄭注校改。文見《淮南子集釋》，卷九〈主
　　　　術〉，頁 699。

時勢皆易之世，「是猶持方枘而周員鑿也，欲得宜適致固焉，則難矣。」〔註72〕不能驗於當世的禮樂法制存而若無、雖多無益，這種實用為上的想法與漢代致用的學術風氣正相符合。

法家強調法的獨立性，要求國君不要干擾法律，「明主使法擇人，不自舉也；使法量功，不自度也。」〔註73〕黃老也有類似想法：「執道者，生法而弗敢犯殹（也），法立而弗敢廢【也】。□能自引以繩」，「法者，正之至也。而以法度治者，不可亂也。而生法度者，不可亂也。」〔註74〕《淮南子》以同樣的概念說明清明守靜之君聽法而治，在政治上便可以由無為而至無不為。

> 衡之於左右，無私輕重，故可以為平；繩之於內外，無私曲直，故可以為正；人主之於用法，無私好憎，故可以為命。……明主之治，國有誅者而主無怒焉，朝有賞者而君無與焉。誅者不怨君，罪之所當也；賞者不德上，功之所致也。〔註75〕

> 人主好仁，則無功者賞，有罪者釋；好刑，則有功者廢，無罪者誅。及無好者，誅而無怨，施而不德，放準循繩，身無與事，若天若地，何不覆載？故合而舍之者君也，制而誅之者法也。民已受誅，無所怨憾，謂之道。道勝，則人無事矣。〔註76〕

《淮南子》反對嚴刑峻法的苛刻與造作，認為「法」應該是生於眾義、公正無私、誅賞適切的，其能正言行、服人心，「太上下知有之」，無為治世亦可以此為最低標準。統治者欲學聖人之道，「不得其清明玄聖」，徒守法籍憲令自是無益於治，他必須能不由一己好憎扭曲賞罰，以常行之法規範治國之事，垂拱無為，透過合於人心的眾適之法，達到無不為的統治成果。「人莫得自恣則道勝，道勝而理達矣，故反於無為。」〔註77〕無為治世使《淮南子》「法」的理想得以保全，減去法家肅殺氣氛的「法」，也使道家「無為」的政治理想

〔註72〕以上三段見《淮南子集釋》，卷九〈主術〉，頁644；卷十三〈氾論〉，頁932。

〔註73〕《韓非子集釋》，卷二〈五蠹〉，第六，頁86。

〔註74〕以上二段見《馬王堆漢墓帛書《黃帝書》箋證》，卷一《黃帝書·經法》，〈道法〉，J1.1，頁1；卷一《黃帝書·經法》，〈君正〉，J3.4，頁25。

〔註75〕《淮南子集釋》，卷九〈主術〉，頁621、632。

〔註76〕「無所怨憾」本作「怨無所滅」，王念孫引《文子·道德》校改。文見《淮南子集釋》，卷十四〈詮言〉，頁1024。

〔註77〕《淮南子集釋》，卷九〈主術〉，頁661。

有實現可能，這是《淮南子》的「法」與法家差異之處。〔註78〕

（二）以法禁君

「主者國之心」，國君是治理國家的主體，地位至爲重要，但君主權力並非無所限制，而是應受部分約束的，這是《淮南子》思想中非常突出的觀點。

> 古之置有司也，所以禁民，使不得自恣也；其立君也，所以制有司，
> 使無專行也；法籍禮義者，所以禁君，使無擅斷也。……是故有諸
> 己不非諸人，無諸己不求諸人，所立於下者，不廢於上，所禁於民
> 者，不行於身。所謂亡國，非無君也，無法也。變法者，非無法也，
> 有法者而不用，與無法等。是故人主之立法，先自爲檢式儀表，故
> 令行於天下。孔子曰：「其身正，不令而行。其身不正，雖令不從。」
> 故禁勝於身，則令行於民矣。〔註79〕

國家設官吏以管理人民，又置天子防止官員專斷，但是天子也不可恣意妄爲，其行還是要受到法籍禮義所約束，如前所述，禮、法因人性而設，比於人心而合乎眾適之義，「所立於下者，不廢於上，所禁於民者，不行於身。」君主的行動便間接受到人民節制。先秦法家已有君主守法的觀念：「法者，君臣之所共操也。」〔註80〕「君臣釋法任私必亂。」「明主使法擇人，不自舉也；使法量功，不自度也。」〔註81〕商、韓等人極度尊君，君與法的關係都點到國君不亂法爲止。《管子》：「禁勝於身，則令行於民矣。」明君「置法以自治，立儀以自正」的想法，唯「生法者，君也。守法者，臣也。法於法者，民也。」〔註82〕相較於《淮南子》的禁主之法：「法生於義，義生於眾適，眾適合於人心。」其法以制君的思想意義便削弱許多。

〔註78〕 楊鶴皋由法的工具性、賞罰的客觀性、與術勢結合的特點等，認爲「《淮南子》論述『法治』的言論，近似於法家的說法。」並以其書法律思想爲「漢初黃老學派政治法律思想的總結」，參見楊鶴皋主編，《中國法律思想史》，台北：漢興出版社，1993.10，頁 243～246。唯漢初儒者如賈誼等人論「法」亦有上述特點，《淮南子》「法生於義」的想法也與黃老「道生法」有別，與法家或黃老之法相較，《淮南子》的法更寬緩、人道色彩更濃厚。

〔註79〕 《淮南子集釋》，卷九〈主術〉，頁 660～663。

〔註80〕 蔣禮鴻解詁，《商君書解詁定本》，卷三〈修權〉，第十四，北京：北京中華書局，1986.4，頁 82。

〔註81〕 《韓非子集釋》，卷二〈五蠹〉，第六，頁 86。

〔註82〕 以上三段見黎翔鳳校注，《管子校注》，卷六〈法法〉，第十六，北京：北京中華書局，2004.6，頁 293、312；卷十五〈任法〉，第四十五，頁 906。

　　不過，此處以法禁君的想法亦非前無所承，黃老帛書謂：「執道者，生法而弗敢犯殹（也），法立而弗敢廢[也]。□能自引以繩，然後見知天下而不惑矣。」〔註83〕《淮南子》由此延伸其以法禁君的觀點。黃老言「道生法」，立法仍據統治者解讀天道規律而設，故僅能期望統治者「自引以繩」地守法，《淮南子》則認爲法據人心之義而發生，具有相當程度的客觀性與普遍意義，故要求統治者守法也合情合理。淮南國因其特殊政治處境，注意到專制帝王權力擴張太過的問題，他由民之所義而言法，進而希望降低朝廷專制、限制君主權力，《淮南子》要求以實質法令禁制君權，與過去道德勸說般地祈願君主守法，意義上是大不相同的。

　　從法的發生、對象以及有關治世之法內容的思考，可見《淮南子》開始注意到「法」應有更普世的價值基礎，「法」應爲全體人類服務，而不應是統治者一人獨操的工具。同時，它也注意到「法」難以獨立的問題，「所謂亡國，非無君也，無法也。」不守法的君主被視爲亡國亂源，《淮南子》此番大膽的議論，充分表達了它對漢廷擅改王國法令、一由漢法等作爲的不滿，統治君主藉由操控法令達成集權目的，更是《淮南子》所不能苟同。天子以身作則遵守法令，風行草偃之下百姓也能願服法教，「無爲」之治社會的達成非只賴於治民之法，更有賴於能受法制約的國君。

　　《淮南子》批評法家嚴刑重罰，認爲依賴法令爲治的政治是務於「治之末」，但是書中也吸收某些法家法的觀念加以改造，經過《淮南子》轉化後的法，具有普世價值而更完善，它寄望由「法」化解當今政治的僵局，由此促成「無爲」之治的理想。法不能離道，「有道以統之，法雖少，足以化矣；無道以行之，法雖眾，足以亂矣。」〔註84〕以道爲本的法，減去法之恐怖嚴厲而增添其合理性，法生於人心眾適之義，其內容又隨時世移異而變改，除去法的強制力量外，《淮南子》所談的「法」，內容已經非常接近禮。「法」代表平等公義，故行法不別貴賤，可以無私而平，尤有進者，統治者本身受「法」所拘束，治民又能持道無爲、因順法治，《淮南子》結合「法」以實現「無爲」政治的思想，相應於當時政治的政治情況而更有其特殊性。

〔註83〕《馬王堆漢墓帛書《黃帝書》箋證》，卷一《黃帝書・經法》，〈道法〉，J1.1，頁1。
〔註84〕《淮南子集釋》，卷二十〈泰族〉，頁1401。

四、太上養化其次正法

「海不讓水潦以成其大，山不讓土石以成其高。」「治大者道不可以小，地廣者制不可以狹，位高者事不可以煩，民眾者教不可以苛。」皇帝兼有天下，治國應取其大而不困於小，尊重各地風俗，保留王國中的禮、法等制度，甚至「法籍禮義者，所以禁君，使無擅斷也。人莫得自恣則道勝，道勝而理達矣，故反於無爲。」禮、法雖由統治者所訂定，不過其既因於民心人情，統治者也要「自爲檢式儀表」。無爲之君不失其守，其治「廓然無形，寂然無聲，官府若無事，朝廷若無人」，〔註85〕達到神化無爲的最高境界。

不論制禮或立法，《淮南子》都強調聖王之貴在其能夠隨時舉事，「不制於禮樂」，與化推移，「不法其已成之法，而法其所以爲法。」落實禮教法治，「所以貴聖人者，非貴隨罪而鑒刑也，貴其知治亂之所由起也。」聖人追治亂之本，溯源以求治，故知施行禮、法應有先後之序。

> 若不脩其風俗，而縱之淫辟，乃隨之以刑，繩之以法，法雖殘賊天下，弗能禁也。禹以夏王，桀以夏亡；湯以殷王，紂以殷亡：非法度不存也，紀綱不張，風俗壞也。……民無廉恥，不可治也；非修禮義，廉恥不立。民不知禮義，法弗能正。……無法不可以爲治也，不知禮義，不可以行法。法能殺不孝者，而不能使人爲孔、曾之行；法能刑竊盜者，而不能使人爲伯夷之廉。〔註86〕

〈泰族〉作者認爲，以法爲治不足以使國家永續，國人無禮義廉恥卻足使國家滅亡。古代修禮任賢之世，「法設而不犯，刑措而不用」，卻能使「百工維時，庶績咸熙」，〔註87〕史上也有風俗不修、道德不講的秦朝，嚴刑重罰終至亡國。實行禮義教化的社會，國以參五之政立其治綱，〔註88〕家庭、社會、

〔註85〕 以上四段見《淮南子集釋》，卷二十〈泰族〉，頁1396、1382；卷九〈主術〉，頁661。

〔註86〕 以上三段見《淮南子集釋》，卷十一〈齊俗〉，頁796；卷二十〈泰族〉，頁1403～1405。

〔註87〕 以上二段見《淮南子集釋》，卷二十〈泰族〉，頁1406。

〔註88〕 〈齊俗〉所謂參五：「乃立明堂之朝，行明堂之令，以調陰陽之氣，以和四時之節，以辟疾病之菑。俯視地理，以制度量，察陵陸水澤肥墝高下之宜，立事生財，以除飢寒之患。中考乎人德，以制禮樂，行仁義之道，以治人倫而除暴亂之禍。乃澄列金木水火土之性，故立父子之親而成家；別清濁五音六律相生之數，以立君臣之義而成國；察四時季孟之序，以立長幼之禮而成官；此之謂參。制君臣之義，父子之親，夫婦之辨，長幼之序，朋友之際，此之

政治關係都能合禮且合理，禮教之下便能引導人民使之不蹈法網，故「治之所以爲本者，仁義也；所以爲末者，法度也。」以發生而言，法生於義，法之所立不能違反人倫上下、親疏貴賤、父子君臣等原則；以作用來說，「法之生也，以輔仁義」，可知法與道德實有某種程度的連結。此處所言的禮法關係，與前面儒者看法較爲一致。

> 治國，太上養化，其次正法。……民交讓爭處卑，委利爭受寡，力事爭就勞，日化上遷善，而不知其所以然。此治之上也。利賞而勸善，畏刑而不爲非，法令正於上，而百姓服於下，此治之末也。〔註89〕

> 古聖王至精形於內，而好憎忘於外，出言以副情，發號以明旨，陳之以禮樂，風之以歌謠，業貫萬世而不壅，橫扃四方而不窮，禽獸昆蟲，與之陶化，又況於執法施令乎！故太上神化，其次使不得爲非，其次賞賢而罰暴。〔註90〕

有道之世，親親本於仁愛，處喪有禮而哀，君臣相敬，朝廷有容，故「政教平，仁愛洽，上下同心，君臣輯睦，衣食有餘，家給人足，父慈子孝，兄良弟順，生者不怨，死者不恨，天下和洽，人得其願。」「君施其德，臣盡其忠，父行其慈，子竭其孝，各致其愛，而無憾恨其間。」在禮樂道德的陶養下，男女有別、風俗不流、人寧家室而樂妻子、明長幼而修人倫，社會禮教和諧，呈現清靜慈祥的狀態。此時，「聖主在上，廓然無形，寂然無聲，官府若無事，朝廷若無人，無隱士，無軼民，無勞役，無冤刑，四海之內莫不仰上之德，象主之指，夷狄之國重譯而至。」〔註91〕「上世養本」，民以道德遷化，故法寬刑緩，囹圄空虛，法令懸而不用；「下世事末」，民以利害相計，故法正於上而民畏於下。「太上養化，其次正法」，弩雖強不能獨中，令雖明不能獨行，統治應務本求治而非逐於末道。

　　道家的無爲治世中，「萬物固以自然，聖人又何事焉！」故達道之君「反於清淨；究於物者，終於無爲。」《淮南子》的「無爲」並非無所作爲，「行

　　　　謂五。」參見《淮南子集釋》下，卷二十〈泰族〉，頁 1387～1388。

〔註89〕以上三段見《淮南子集釋》，卷二十〈泰族〉，頁 1422～1423、1401。

〔註90〕《淮南子集釋》，卷九〈主術〉，頁 620～621。

〔註91〕以上三段見《淮南子集釋》，卷八〈本經〉，頁 599～601；卷二十〈泰族〉，頁 1382～1383。

齊於俗，可隨也；事周於能，易爲也。」聖人立禮、制法能使物各因其性、安其居、處其宜、爲其能，故法與時易，禮與俗化，各因其所宜。在道家「仁義立而道德遷矣，禮樂飾則純樸散」觀點中，禮、法之類只是大道散應所剖判，「仁義禮樂者，可以救敗，而非通治之至也。」〔註92〕「法者，治之具也，而非所以爲治也。」治道眞理在「所以爲治」、「所以爲法」處，但「能生跡者」難識，「所以言」者難知，追逐表面禮、法不能知治道之本，聖主不應執著於形式儀節、成法舊典，或藉統一禮制、法制，強迫天下服膺中央制訂的規範。統治者應探索禮、法精神，尊重王國法令及地方風俗，體於天道而行眞正的禮、法。

　　《淮南子》中的道家，以作用的保存方式說明禮、法意義，撰寫〈泰族〉的儒者，順此思考脈絡將「法天」、「神化」內涵轉化，「聖人懷天氣，抱天心，執中含和，不下廟堂而行四海，便習易俗，民化而遷善，若性諸己，能以神化也。」〔註93〕聖人推其誠心施之天下，故賞善罰暴之政令可行。當所有禮教法令都貼上無爲的標籤，則禮教法令便也得到天道大化的認可，不過，以禮樂道德教化爲根本的思想，基本上已經屬於儒家治道的概念，〈泰族〉作者吸收前面的道家說法，讓禮法關係又回到儒家立場。

　　《淮南子》從道家立場出發，意由道論統合各家想法，其末〈泰族〉卻是儒家思想，論述重心回到仁義道德與儒家的六經之上，徐復觀認爲《淮南子》前後思想的矛盾，應是劉安賓客中儒道兩大陣營思想差異、互爲抗爭的地方；〔註94〕熊鐵基觀察《淮南子》由批判儒墨變成「采儒墨之善」、由逃世變成了入世，並將天道思想運用於現實人生等特點，認爲漢代新道家只是對道家主張有所修正，並未改變原本的立場。〔註95〕漢初沛公不好儒，至「叔

〔註92〕以上五段見《淮南子集釋》，卷一〈原道〉，頁 38、41；卷十一〈齊俗〉，頁767、759；卷八〈本經〉，頁 569。

〔註93〕「不下廟堂而行四海」本作「不下廟堂而衍四海」，王念孫引《文子》、《文選》校改。文見《淮南子集釋》下，卷二十〈泰族〉，頁 1478。

〔註94〕徐復觀，〈淮南子與劉安的時代〉，頁 199。

〔註95〕熊鐵基不排除有儒家人物爲〈泰族〉執筆，但是他以《淮南子》所談天人關係，不具董仲舒思想天人思想的宗教性，〈泰族〉所言係參驗天道、地理、人情制訂禮法，否定儒家思想主導了〈泰族〉內容。參見熊鐵基，《秦漢新道家》，上海：上海人民出版社，2001.3，頁 122～124、349～354。不過，董仲舒之天人觀實與先秦儒家不同，儒家並非沒有自然天的說法，早期儒家便有從經驗可及處談天人之道的想法，熊文所論似乎難以由此撇清〈泰族〉中的儒家成分。其次，黃老道家推崇道法，因天時而行刑或用德，《淮南子》書中雖有

孫通作漢禮儀，因為太常，諸生弟子共定者，咸為選首，於是喟然歎興於學。然尚有干戈，平定四海，亦未暇遑庠序之事也。孝惠、高后時，公卿皆武力有功之臣。孝文時頗登用，然孝文帝本好刑名之言。及至孝景，不任儒者，而竇太后又好黃老之術，故諸博士具官待問，未有進者。」〔註96〕漢初君主雖多好於黃老，但是經過叔孫通、陸賈、賈誼等人的努力，儒學終於能在朝廷之上佔有一席之地。建元元年，武帝採衛綰之議舉賢良、罷申商之言，後又議立明堂、徵治魯《詩》的耆儒申公、置五經博士、〔註97〕及竇太后崩「絀黃老、刑名百家之言，延文學儒者數百人。」〔註98〕至此儒學雖不獨尊，但崇儒運動已是如火如荼了。就實際政治而言，無為政治思想利於給民休息但卻難以適用於集權政體，漢初朝廷王國間的紛擾，說明現實中無為思想並未獲得漢天子的全面採行，有為的主張才符合帝國發展的趨向，儒家興起已然勢不可擋。在儒家思想抬頭的學術風潮中，《淮南子》之學欲以涵攝諸子，便無法自外於儒家之說，書中的道家立場不能貫徹全書，卻與學術所趨相合。

　　周末以來，傳統宗法之禮受到揚棄，學者意圖釐清何謂應時合宜的禮，以發掘禮的時代性意義，漢儒談禮無一不是針對政治現況而發，表面上《淮南子》禮的主張亦是應於漢朝當前政治需求，實則仍是站在淮南國立場，反對帝國統一漢儀、齊一禮俗。漢初學者談禮大都重視禮的儀式性，禮有一大部分與皇帝威儀有關，他們認為只有禮與統治權力貼近，更有機會實現儒家禮學的理想；但是《淮南子》的政治態度卻是疏離中央，它不認為禮與霸權存續相關，直指真正的禮應能尊重主體意志，而非講究虛偽空文，其觀點便與漢初學者大不相同，反而接近先秦儒家的主張。站在反秦的立場，《淮南子》也反對法家倒行逆施，但仔細檢討法義，《淮南子》賦予善法很多理想性，「法生於義，義生於眾適，眾適合於人心」，〔註99〕以人心所然之法禁制擅斷恣為之君，法非只是帝王手上揮舞的統治工具，而有為全體人類服務的意義。

道體派生禮、法的思想，〈泰族〉卻由「無法不可以為治也，不知禮義，不可以行法。」斷言儒家的仁義禮樂之類是「本」，法刑為「末」，這便與黃老思想有出入，可見書中思想體系博雜，並非純屬黃老無為思想。

〔註96〕《史記》，卷一百二十一〈儒林傳〉，第六十一，頁3117。
〔註97〕《漢書》，卷六〈武帝紀〉，第六，頁156～158。
〔註98〕《史記》，卷一百二十一〈儒林傳〉，第六十一，頁3118。
〔註99〕《淮南子集釋》，卷九〈主術〉，頁662。

　　和漢初其他學者相較，《淮南子》的禮、法觀點有其特殊性，既非漢儒具尊君導向的法，更反對被法制化的禮，而反應了淮南國在特殊時空中的政治態度與價值取向。《淮南子》的禮、法主張結合「無為」思想，形成一套適應現狀的政治理論，唯法令、禮制隨時變易、每事必更的彈性設施，可能影響人民對於制度的信賴，若是因此動搖政策威信，反而會對帝國行政造成阻礙；在天子權力積極擴張的過程中，漢帝國需要的是宏觀完備、支持中央集權的治國理論，這也正是《淮南子》思想所最欠缺的部分，其保守消極的有為主張，便也難以為冀望鴻圖大展的年輕帝王所接受。不過，武帝雖不採用《淮南子》思想，漢代學術史上其書仍有重要地位，而為漢朝道家之學的代表，從內容來看，《淮南子》搜羅西漢前期的儒、道、法、兵、陰陽等各家論點，經過有系統的吸收歸納與重新詮釋後，通過道論的哲學體系重新鋪寫而成。劉知幾說：本書「牢籠天地，博極古今，上至太公，下至商鞅。其錯綜經緯，自謂兼於數家，無遺力矣。然自淮南已後，作者無絕。」〔註100〕此種眾集諸家觀點的作法，反映了漢朝崇尚儒經前的學術面貌，也是欲意統一文化思想的《呂氏春秋》以來，學術文化上更進一步的整理與統合。《淮南子》由天道而論人事，將一切事理交織在陰陽五行的宇宙實體中，其書統整諸子、會通儒道的作法雖然未必獲得眾人認同，但仍足以說明漢初以來諸子競鳴、儒道相勝的情況已經逐漸消失，由中央來欽點學術思想的領袖已是可預見的了。

第三節　小　結

　　《淮南子》特殊的「無為」之說，反映了漢代學術務實的態度，結合有為內容的「無為」，肯定了漢帝國的統治現狀，同時也意圖向武帝傳達其說適用於今的訊息。不過，當帝國大一統的態勢越來越明顯，國家對於制度化管理的需求越來越強烈，統治者不僅要使「法令由一統」、王國一用漢法，也由中央統一禮制、要求禮教齊一化。過去漢廷執行削藩策略時，不但以一連串的軍事政治行動打擊王國勢力，為了維護朝廷政治利益，更動輒用無禮違法等名目對王國強加種種罪名，七國之亂後王國政治處境更加艱辛，用《淮南子》的觀點來看，漢朝在國家推動禮、法的過程中，已是逐末失本、失道而

〔註100〕劉知幾撰、浦起龍校釋，《史通通釋》，卷十〈自序〉，第三十六，上海：上海古籍出版社，1978.4，頁 289。

不返了。《淮南子》特別凸顯禮、法各有其宜，便是反對朝廷制訂統一的禮儀法令，以法籍禮義禁制君主防止擅斷的想法，在一定程度上也表達了王國對漢廷集權政策的抗議。「天不一時，地不一利，人不一事，是以緒業不得不多端，趨行不得不殊方。」〔註101〕《淮南子》由結合有為的「無為」政治思想出發，認為帝國改制易常應當包容萬方，這樣的禮、法主張，便與漢初學者藉由推行禮、法達成尊君的態度有很大差距，更反應了特殊的政治立場與王國處境。

《淮南子》以道家思想為主軸，所談禮、法兼取儒、道、法等各家，相較於黃老鋪述道法卻甚少談禮，《淮南子》則由天道人事貫通中大談禮、法思想，同時要求漢天子正視「無為」治道下的禮、法價值。上古聖王治民以道，禮、法是衰世救敗所生，非「所以為治」者，但若襲取先王之迹欲以圖治，則所為不能應於今世，任隨其制只能「外束其形，內總其德，鉗陰陽之和，而迫性命之情。」世事與時移異，人心代代不同，「欲以一行之禮，一定之法，應時偶變，其不能中權亦明矣。」先王法籍、古代禮儀不一定適用今世，統治者應採其善、去其不宜，才能保持禮、法權世而行的活力。禮、法因民所性，其內容並能展現人心之義，故有普世價值而為人共守。在亡秦經驗影響下，漢人完全否定徒法可以自行的想法，相對地，國家以政令教化人民的觀念逐漸獲得統治者重視，〔註102〕《淮南子》也主張主政者施行教化「變習易俗」，〔註103〕統治以禮治為先，聖王「出言以副情，發號以明旨，陳之以禮樂，風之以歌謠」，〔註104〕有道之主能以神化，法令遂無所用。仁義高於法律、禮教先於刑罰，逐漸成為學術與政治上一致的觀點了。

〔註101〕《淮南子集釋》，卷二十〈泰族〉，頁 1392。

〔註102〕高祖承秦置鄉三老，又「擇鄉三老一人為縣三老，與縣令丞尉以事相教。」參見《漢書》，卷一上〈高帝紀〉，第一上，頁 34。文帝亦言：「牧民而導之善者，吏也。」參見《史記》，卷十〈文帝本紀〉，第十，頁 419。

〔註103〕「權勢之柄，其以移風易俗矣。堯為匹夫，不能仁化一里；桀在上位，令行禁止。由此觀之，賢不足以為治，而勢可以易俗明矣。」參見《淮南子集釋》中，卷九〈主術〉，頁 643。

〔註104〕《淮南子集釋》，卷九〈主術〉，頁 620。

第六章　董仲舒的禮法思想

　　陰陽五行是兩漢主流的世界觀，漢人普遍相信天道運行過程中，已然蘊藏和諧的秩序與理想，他們以此解釋天人關係，尤其重視天與君主間的政治感應。〔註1〕董仲舒是漢代儒學中具有代表性的人物，他不但集漢初宇宙論大成，更以天道思想貫通所有理論，建構一套龐大完整的哲學體系，他用天人哲學詮釋儒家思想，其公羊學說中亦摻入了大量的陰陽、五行、災異、四時等觀念，〔註2〕完成了漢代思想中天人哲學的大系統，使天的內容延伸到具體政治社會與人生，形成漢代思想特色，也建立了一套漢人都能認同的普同世界觀。此後，陰陽五行之說深入社會，成為廣大流俗的人生哲學，班固說董仲舒「始推陰陽，為儒者宗。」〔註3〕很能說明其陰陽論點在漢代儒學史上重要的地位與影響。

　　禮、法是知識份子相當關切的議題，漢初承秦之遺，重法風氣始終存在，董仲舒由天論哲學下的治道觀談禮，禮學成為和諧天人關係中的重要一環，自此儒家具有人文意義的禮，配上陰陽五行的天地循環，「仁義制度之數，盡

〔註 1〕　傳統宇宙觀中所關注的天人關係，在先秦兩漢時代是天與社會政治的關係，魏晉以降，受道家思想影響，天與個人關係的思考乃有進一步發展。參見呂理政，《天、人、社會──試論中國傳統的宇宙認知模型》，台北：中央研究院民族學研究所，1990.3，頁 47。

〔註 2〕　徐復觀說《公羊傳》「謹嚴質實」並無宗教或哲學性的天，也未摻入陰陽五行、災異感應的觀念，絕無何休所說的「其中多非常異義可怪之論」，其說頗為可信。參見徐復觀，〈先秦儒家思想的轉折及天的哲學的完成──董仲舒春秋繁露的研究〉，頁 326～329。

〔註 3〕　班固撰，《漢書》，卷二十七上〈五行志〉，第七上，北京：北京中華書局，1997.9，頁 1317。

取之天。」〔註4〕先秦儒家相對性意義的禮轉而具有綱常性與絕對性。依董仲舒之論點，天道重德而輕刑，故禮先於法，德勝於刑，統治應當以禮爲主，法刑爲輔，禮、法的次第輕重由此底定，依此，帝國新秩序的建設亦應由儒家之禮著手，非賴於法家之刑。從漢初以來禮法思想發展來看，自董仲舒起，禮的內涵被組入天人哲學系統中，假天道以言人道，在法度之先就以禮教綱常爲圭臬，於人心當中先築起一道道德的防線，禮教自然可以發揮正人倫、辨是非的無形力量，毋待法以正之。

漢初學者討論禮法關係，皆意將漢代承秦以刑爲治的政治方向徹底扭轉，董仲舒由天人哲學推闡禮、法內容，並由禮法關係標幟二者於統治中的不同意義，終於在禮法觀點的清楚定位中，完成漢帝國統治的更化理論，政治社會的全面改制也就勢在必行。由於董仲舒對「六藝之科孔子之術」重新詮釋，並從儒學的倫理價值鋪展其天人合一之說，他的學說「建立以儒學爲主導的新統治秩序，使儒學能扮演國家意識形態的角色，這就標誌了一個儒學的新紀元。所以班固把漢代隆儒的成效歸功給他，謂『及仲舒對冊，推明孔氏，抑黜百家，立學校之官，州郡舉茂材、孝廉，皆自仲舒發之。』」〔註5〕在此後長達兩千年的帝制中國，由董仲舒所代表的儒學思想體系，一直作爲統治的意識形態與帝國學術的主流，他的禮法思想也是此後中國傳統法學的指標，所引起的餘波盪漾更是歷久不衰。

第一節　天論哲學下的治道觀

漢自劉邦開國，歷經惠帝、呂后、文景二帝的無爲之治後，劉徹異於前面幾位守成的君主，治國欲展鴻圖。武帝在位期間，對外關係、國家制度、財政經濟乃至學術取向等皆有興革，遂能奠定漢朝政制外交、社會文化基礎，設施影響後世甚鉅。然而武帝好大喜功，連年興作，耗費甚鉅，不但國家財政出現危機，社會上的矛盾與對立也日益嚴重，歷史上，武帝之朝是漢世盛衰的關鍵，〔註6〕討論董仲舒禮法思想的意義與影響，不能不就此時的政治社

〔註4〕董仲舒撰、蘇輿校注，《春秋繁露義證》，卷十二〈基義〉，第五十三，北京：北京中華書局，1992.12，頁351。

〔註5〕林聰舜，〈帝國意識形態的建立──董仲舒的儒學〉，《大陸雜誌》，1995.8，第九十一卷第二期，頁19～24。

〔註6〕牟宗三說：「漢之平民政府，發展至武帝，已屆有爲之時。」參見牟宗三，《歷

會狀況有所瞭解。

對外關係上，漢初朝廷困於匈奴燒殺勒索只能和親退讓、屈辱求和，武帝不但主動兵擊匈奴，又聯合西域、通西南夷、平定朝鮮，外交工作大有斬獲，從此建立漢朝領導天下的領袖地位。從社會經濟情況以觀，漢初社會百事凋弊，生民困頓，經過前人數代的休養生息蓄積後，終於成就漢武時的社會榮景：「民人給家足，都鄙廩庾盡滿，而府庫餘財。京師之錢累百鉅萬，貫朽而不可校。太倉之粟陳陳相因，充溢露積於外，腐敗不可食。」此時人口增加，糧食有餘，但「網疏而民富，役財驕溢，或至兼併豪黨之徒，以武斷於鄉曲。宗室有土公卿大夫以下，爭于奢侈，室廬輿服僭于上，無限度。」〔註7〕貧富差距加大，土地兼併日趨嚴重，貧民常衣牛馬之衣而食犬彘之食，「又加月為更卒，已復為正，一歲屯戍，一歲力役，三十倍於古；田租口賦，鹽鐵之利，二十倍於古。」〔註8〕小民困頓、階級矛盾加深，社會改革勢在必行。自皇權支配情況來看，漢初天下表面統一，實則朝廷對於王國的控制時常是力有未逮，為了鞏固皇權、擴大中央支配權力，漢廷處心積慮削弱地方勢力，不得已時也對內用兵，武帝即位時，淮南、衡山、江都王仍為朝廷心腹之憂，早年留下來的政治包袱仍在。

從儒學發展情況來觀察，

> 漢興，然後諸儒始得脩其經藝，講習大射鄉飲之禮。叔孫通作漢禮儀，因為太常，諸生弟子共定者，咸為選首，於是喟然歎興於學。然尚有干戈，平定四海，亦未暇遑庠序之事也。孝惠、呂后時，公卿皆武力有功之臣。孝文時頗徵用，然孝文帝本好刑名之言。及至

史哲學》，台北：學生書局，2000.9 增訂版，頁 256。不論從現實或表現理想二方面來看，西漢歷經四代之後傳至武帝，已轉無為為有為。漢武帝一生功過並列，漢世對之評價不一，批評者指他連年用兵致使民竭財盡，晚年政策失誤，人禍更甚天災；但持正面看法的人便認為，漢自武帝後始免匈奴侵擾之患，其「興制度，改正朔，易服色，立天下之祠，建封禪，殊官號，存周後，定諸侯之制」，「中興之功為未有高焉者也」。參見《漢書》，卷七十三〈韋賢傳〉，第四十三，頁 3126。武帝興革一掃前代之弊，卻也使得天下虛耗，戶口減半，可說是漢朝興衰的轉捩點。

〔註7〕 以上二段見司馬遷撰，《史記》，卷三十〈平準書〉，第八，北京：北京中華書局，1997.9，頁 1420。

〔註8〕 本段是董仲舒借秦之例批評漢朝政治，故下言：「漢興，循而未改。」參見《漢書》，卷二十四上〈食貨志〉，第四上，頁 1137。

孝景，不任儒者，而竇太后又好黃老之術，故諸博士具官待問，未
有進者。及今上即位，趙綰、王臧之屬明儒學，而上亦鄉之，於是
招方正賢良文學之士。……及竇太后崩，武安侯田蚡爲丞相，絀黃
老、刑名百家之言，延文學儒者數百人，而公孫弘以春秋白衣爲天
子三公，封以平津侯。天下之學士靡然鄉風矣。〔註9〕

漢初以黃老爲治曾有一定的成效，但當物換星移，黃老思想較爲被動退讓的
態度難以解決時代新問題，帝王不再獨好其說。儒學本是先秦顯學，戰國以
後卻江河日下，秦之季世，焚詩書、阬術士，六藝從此缺焉，漢高祖初不好
儒，「公卿皆武力有功之臣」，文景以後，軍功大臣逐漸凋零，新興軍吏、法
吏與儒生開始進入官僚系統，政權結構轉變，儒學的影響與日俱增。

　　武帝即位不久便召舉賢良文學談論治國藍圖，經過秦朝法家、漢初黃老
之治後，求治心切的武帝轉向儒者徵詢：「朕獲承至尊休德，傳之亡窮，而
施之罔極，任大而守重，是以夙夜不皇康寧，永惟萬事之統，猶懼有闕。……
欲聞大道之要，至論之極。……子大夫其精心致思，朕垂聽而問焉。」〔註
10〕黃老沒落，儒學復興的態勢形成，時勢變遷下，天子對於統治事業也有
與前人不同的視野。漢人思想反秦，實質禮、法制度承秦爲多，漢承秦制數
十年後，儒者的改制呼籲言引起武帝注意，〔註11〕受到亡秦經驗影響，武帝
對於長保劉氏基業、永續政權正當性、建立空前大帝國等問題表達了相當程
度的關心，董仲舒應於武帝所問，除了要求漢朝徹底更化，也提供一套天人
哲學思想下的王道秩序觀，他由附會天人思想的公羊之學要求漢帝改制，〔註

〔註 9〕　《史記》，卷一百二十一〈儒林列傳〉，第六十一，頁 3117～3118。
〔註 10〕　《漢書》，卷五十六〈董仲舒傳〉，第二十六，頁 2495。
〔註 11〕　過去賈誼曾奏文帝：「當改正朔，易服色制度，定官名，興禮樂。乃草具其儀
　　　　　法，色上黃，數用五，爲官名悉更。」參見《漢書》，卷四十八〈賈誼傳〉，
　　　　　第十八，頁 2222。《新書》：「天子巡狩，則先循於其方。」「封於泰山而禪梁
　　　　　父」指明堂、巡狩、封禪之事。公孫臣推五德終始謂漢爲土德，建議「改正
　　　　　朔，服色上黃。」新垣平望氣言東北有五采神氣，「宜立祠上帝，以合符應。」
　　　　　文帝於是親郊，作〈王制〉、謀議巡狩封禪。參見《漢書》，卷二十五上〈郊
　　　　　祀志〉，第五上，頁 1212～1215。
〔註 12〕　董仲舒更化改制說所據在於公羊之學，實則《公羊傳》中並沒有宗教或哲學
　　　　　性文字，更絕無陰陽五行思想或以災異說解人事，董仲舒解經之外突破原有
　　　　　史學的解釋，用哲學態度處理經傳文義，以「春秋無通辭，從變而移。」「春
　　　　　秋無達辭，從變從義。」以上二段參見《春秋繁露義證》，卷二〈竹林〉，第
　　　　　三，頁 46；卷三〈精華〉，第五，頁 95。藉由擴大權道之觀念重新澆灌史事

12）並從教化觀點力圖導正漢朝的禮法關係，不論是在雜采王霸之道以治的武帝一朝或是此後數世，董仲舒的禮法思想都有一定的影響力。

一、王者施化取諸於天

董仲舒承陰陽家說法，以自然之天由陰陽二氣構成，「天地之氣，合而爲一，分爲陰陽，判爲四時，列爲五行。」〔註13〕觀察自然現象變化而知陰陽轉換必有定然規律，五行以相生、相勝爲原則，〔註14〕這是「天之道」。天有喜怒哀樂，「春氣愛，秋氣嚴，夏氣樂，冬氣哀。愛氣以生物，嚴氣以成功，樂氣以養生，哀氣以喪終，天之志也。」天也有意志、能力可賞善罰惡，故「禮無不答，施無不報，天之數也。」「仁，天心」，「天志仁，其道也義」，上天意志非是人力可以操控的。不過，天意對百姓別有厚愛，「天意常在於利民」，「天生民性有善質而未能善，於是爲之立王以善之，此天意也。」「天之生民，非爲王也；而天立王，以爲民也。故其德足以安樂民者，天予之；其惡足以賊害民者，天奪之。」當王有失政或是百姓不安時，天意便有警示，

> 國家之失乃始萌芽，而天出災害以譴告之；譴告之而不知變，乃見
> 怪異以驚駭之，驚駭之尚不知畏恐，其殃咎乃至。〔註15〕

怪象先是出現局部性的災禍，此爲「天之譴也」，再來則是廣泛的異象，此爲「天之威也」，災異怪象頻生仍不知天怒人怨，最後將演爲毀滅性的災難。天行有常，常道中含藏上天所欲啟示人類的倫理道德思想，從董仲舒所言天的內涵來看，天雖無言，默然奉行的卻是儒家仁心教化思想，至是自然之天、神化之天同時也是道德的天，天的價值標準與儒家思想完全疊合。

橫向來看，董仲舒認爲宇宙是一個連續動態的有機體，萬事萬物都內在的關連，「天地人，萬物之本也。天生之，地養之，人成之。」人非天地之間孑然獨立的個體，人與萬物始終保持和諧分工、交流共鳴的狀態。人類縱向追溯自身來由，其老祖宗就是天，「天亦人之曾祖父也，此人之所以乃

新意，達到借古喻今的目的。

〔註13〕《春秋繁露義證》，卷十三〈五行相生〉，第五十八，頁362。

〔註14〕董氏對五行相生、相勝的說明可參〈五行相生〉、〈五行相勝〉等章。

〔註15〕以上八段見於《春秋繁露義證》，卷十一〈王道通三〉，第四十四，頁331；卷一〈楚莊王〉，第一，頁6；卷六〈俞序〉，第十七，頁161；卷十七〈天地陰陽〉，第八十一，頁467；卷十〈深察名號〉，第三十五，頁302；卷七〈堯舜不擅移、湯武不專殺〉，第二十五，頁220；卷八〈必仁且智〉，第三十，頁259～260。

上類天也。」〔註16〕「陰陽之氣在上天亦在人」，天、人雖異體卻又同構同源，〔註17〕故上天有陰陽，人性有仁貪，「天有陰陽禁，身有情欲槑，與天道一也。」〔註18〕自然界中，物之同類者陰陽相應，彼此亦互相感通，天人同類，天將回應人之作爲，人也隨天之陰陽應類而動，美事召美類，惡事召惡類，故「帝王之將興也，其美祥亦先見」，於是天降甘露、朱草生、醴泉出、風雨時、嘉禾生、祥獸現，「其將亡也，妖孽亦先見」，〔註19〕乃有日食、星霣、雨蚉、彗星、山崩地震、河壅不流、雨雪非時、鶂鳥退飛等異象，此於《春秋》之中歷歷可考。萬物應天而化，人亦「資諸於天」，人生於天而「體天之節」、「取化於天」，故人之所爲宜取象於天，「觀天人相與之際」才能論人道之所在。

　　董仲舒認爲，天子是一國之中最重要的角色，「君人者，國之本」，王字「三畫者，天地與人也，而連其中者，通其道也。取天地與人之中以爲貫，而參通之，非王者孰能當是？」〔註20〕天子是上天指派的人選，他與上天必然存在某種神秘的連結，〔註21〕「天地神明之心，與人事成敗之眞，固莫之能見也，唯聖人能見之。」是以王者不可以不知天，王者之道應取法於天。

　　　爲人主之道，莫明於在身之與天同者而用之。〔註22〕

　　　王者唯天之施，施其時而成之，法其命而循之諸人，法其數而以起事，治其道而以出法，治其志而歸之於仁。〔註23〕

〔註16〕以上二段見《春秋繁露義證》，卷六〈立元神〉，第十九，頁168；卷十一〈爲人者天〉，第四十一，頁318。

〔註17〕董仲舒說天人同構，故人之形體骨肉、血氣耳目、喜怒好惡都和天數相偶相類，參見〈爲人者天〉、〈人副天數〉。

〔註18〕《春秋繁露義證》，卷十〈深察名號〉，第三十五，頁296。

〔註19〕以上二段見《春秋繁露義證》，卷十三〈同類相動〉，第五十七，頁358。

〔註20〕以上二段見《春秋繁露義證》，卷六〈立元神〉，第十九，頁166；卷十一〈王道通三〉，第四十四，頁329。

〔註21〕董仲舒以天意爲天子的神秘來源，「王者，天之所予也，其所伐皆天之所奪也。」「立爲天子者，天予是家。天予是家者，天使是家。」並謂：「天子不可不祭天也，無異人之不可以不食父。」以上三段參見《春秋繁露義證》，卷七〈堯舜不擅移、湯武不專殺〉，第二十五，頁220；卷十五〈郊祭〉，第六十七，頁409；卷十五〈郊祭〉，第六十七，頁405。天子事天與子之事父同禮，如此便宣告了政權統治的正當性，也把天子和天緊緊地結合在一起。

〔註22〕以上二段見《春秋繁露義證》，卷十四〈郊語〉，第六十五，頁397；卷十二〈陰陽義〉，第四十九，頁341～342。

〔註23〕《春秋繁露義證》，卷十一〈王道通三〉，第四十四，頁329～330。

> 為人主者，予奪生殺，各當其義，若四時；列官置吏，必以其能，
>
> 若五行；好仁惡戾，任德遠刑，若陰陽。此之謂能配天。〔註24〕

天道總體是仁，君主舉措配天首要不外發政施仁，如前所述，天的價值標準便是儒家道德準則，天子若能遵從儒家道德理想來治國，喜怒好惡有節，予奪生殺合義，天下便可大治，此即天道長萬物而王者長人，王者施化取諸天也。

「道之大原出於天」，天行大顯中已予人事諸多啟示，董仲舒對策中說：「道者，所繇適於治之路也，仁義禮樂皆其具也。故聖王已沒，而子孫長久安寧數百歲，此皆禮樂教化之功也。」〔註25〕君主治道取法於天，而天道總歸為仁，條縷述之便是仁義禮樂之類，由是，作為人道典範的天道思想實以儒家之道為方向，國家治道以及社會倫常標準，都可以由天道天理中找到一致的根據，王者治道之方向其實就是儒家的道德內容了。

二、以公羊學為漢制法

皮錫瑞謂：「春秋有大義，有微言。」〔註26〕董仲舒別春秋之義為六科、十指，大抵如於當時行事而以禮義裁之，以此差貴賤、定法誅、立尊卑、次人倫、撫民來遠、別賢賤不肖、「強幹弱枝，大本小末」、「別嫌疑，異同類」等，進以說解其一統天下、尊君卑臣、誅亂討賊、禮義教化、愛民謙讓等政治理念。大義、微言皆為正天下之理，代表《春秋》所言的王道秩序，因此，《春秋》不只是一己胸臆之抒發，而是孔子憂患天下，欲撥亂世反之正所立的新王之法，以《春秋》當新王之義，董仲舒發明甚多，

> 仲尼之作春秋也，上探正天端王公之位，萬民之所欲，下明得失，
>
> 起賢才，以待後聖，故引史記，理往事，正是非，……假其位號以
>
> 正人倫，因其成敗以明順逆。〔註27〕
>
> 春秋作新王之事，變周之制，當正黑統。……以春秋當新王。〔註28〕

〔註24〕《春秋繁露義證》，卷十七〈天地陰陽〉，第八十一，頁467～468。

〔註25〕《漢書》，卷五十六〈董仲舒傳〉，第二十六，頁2499。

〔註26〕皮錫瑞，《經學通論》，四〈春秋〉，「論春秋大義在誅討亂賊微言在改立法至孟子之言與公羊合諸子之注深得孟子之旨」條，北京：北京中華書局，1954.10，頁1。

〔註27〕《春秋繁露義證》，卷六〈俞序〉，第十七，頁159～163。

〔註28〕《春秋繁露義證》，卷七〈三代改制質文〉，第二十三，頁198～199。

孔子知言之不用，道之不行也，是非二百四十二年之中，以爲天下
儀表，貶天子，退諸侯，討大夫，以達王事而已。〔註29〕

周室衰微宜有新王代起，「君子曷爲春秋？撥亂世反諸正，……制春秋之義，
以俟後聖。」〔註30〕《春秋》既以褒貶寓寄孔子改革現狀的心意，也期許新
王能行春秋義法，通於三統，〔註31〕以明天命所受者博，非獨一姓。〔註32〕
孔子西狩獲麟受命而作，「託乎春秋正不正之間，而明改制之義。一統乎天子，
而加憂於天下之憂也，務除天下所患。」〔註33〕以達王事而已。今漢繼大亂
之後，外有夷狄之憂，內有封國之患，人民重商逐利，社會德教廢弛，歷史
情境與孔子之世實有若干吻合，是而董仲舒主張，漢主宜據《春秋》所事正
統易改其統，「少損周之文致，用夏之忠者。」〔註34〕作科以奉天地。

「春秋，大義之所本」，〔註35〕以《春秋》當新王是標舉王道評騭當前政
治，當有批判現實的寓意，《春秋》爲古代歷史，內容俱言「天子之事」，後
人由《春秋》中足可提煉經典永恆的文義，有國者自歷史經驗進行思考，宜
取其治亂之道以明今世因革損益的必要與價值。董仲舒由是排比推春秋大
義，建構適合武帝時代皇權體制需求的學說，以含有天人哲學的儒家觀點，
解釋漢代春秋大義的新內容，不過，漢繼秦末之亂，需大破後能大立，統治
者應先更化革弊而後能治，

今漢繼秦之後，如朽木、糞牆矣，雖欲善治之，亡可奈何。……竊
譬之琴瑟不調，甚者必解而更張之，乃可鼓也；爲政而不行，甚者
必變而更化之，乃可理也。……漢得天下以來，常欲善治而至今不

〔註29〕太史公聞董仲舒言。參見《史記》，卷一百三十〈太史公自序〉，第七十，頁3297。
〔註30〕何休解詁、徐彥疏，《春秋公羊傳注疏》，卷二十八，哀公十四年，北京：北
　　　　京中華書局，1980.9，頁2354。收於《十三經注疏附校勘記》。
〔註31〕通三統之義見〈三代改制質文〉：「王者之法，必正號，絀王謂之帝，封其後
　　　　以小國，使奉祀之。下存二王之後以大國，使服其服，行其禮樂，稱客而朝。
　　　　故同時稱帝者五，稱王者三，所以昭五端，通三統也。」參見《春秋繁露義
　　　　證》，卷七〈三代改制質文〉，第二十三，頁198。
〔註32〕「王者所以存二王之後何也？所以尊先王，通天下之三統也。明天下非一家
　　　　之有，謹敬謙讓之至也。」參見班固等撰、陳立疏證，《白虎通疏證》上，卷
　　　　八〈三正〉，北京：北京中華書局，1994.8，頁366。
〔註33〕《春秋繁露義證》，卷六〈符瑞〉，第十六，頁157～158。
〔註34〕《漢書》，卷五十六〈董仲舒傳〉，第二十六，頁2519。
〔註35〕《春秋繁露義證》，卷五〈正貫〉，第十一，頁143。

　　可善治者，失之於當更化而不更化也。〔註36〕

董仲舒認爲，今上夙寤晨興、親耕藉田、勸孝弟、崇有德、問勤勞、恤孤獨，盡思極神而功不能加於百姓，皆以國家未能更化之故，天子必先改變繼秦而來法刑爲主的統治方向，才能由仁義禮樂建立新時代的統治秩序。

　　董仲舒以孔子爲素王，其空垂一王之法而無以行諸世，他也相信《春秋》絕非只是一部斷爛朝報，而是孔子端正天下秩序所作的經典，於漢世之中猶有重大的意義。武帝時《春秋》公羊學最盛，〔註37〕當時公羊學者普遍相信《公羊傳》「以俟後聖」即《春秋》「爲漢制法」之意，〔註38〕漢主宜取春秋大義，大一統而致太平。唯詳究《公羊傳》本非爲大一統專制政體而作，書中沒有滲入一絲陰陽五行學說，雖記災異卻無一語及於感應之事，〔註39〕和董氏公羊學實大有不同，徐復觀說董仲舒「不僅是把公羊傳當作構成自己哲學的一種材料，而是把公羊傳當作是進入自己哲學系統中的一塊踏腳石。由文字以求事故之端，由端而進入於文義所不及的微眇；由微眇而接上了天志：再由天志以貫通所有的人倫道德，由此以構成自己的哲學系統。」〔註40〕頗能道出董氏公羊學的特殊之處，他以公羊學爲漢

〔註36〕以上二段見《漢書》，卷五十六〈董仲舒傳〉，第二十六，頁2499、2504～2505。

〔註37〕漢初用《春秋》稱《公羊》，高祖、景帝之朝廟堂上都有引公羊議事之例，武帝時，董仲舒以「明於春秋」爲一代大儒，公孫弘「以春秋白衣爲天子三公」，「上因尊公羊家，詔太子受公羊春秋，由是公羊大興。」帝王曾命嚴助：「具以春秋對，毋以蘇秦縱橫。」可見他對春秋之義（公羊學）的看重。武帝一朝，「書唯有歐陽，禮后，易楊，春秋公羊而已。」以上三段參見《漢書》，卷五十八〈儒林傳〉，第五十八，頁3617、3621；卷六十四上〈嚴朱吾丘主父徐嚴終王賈傳〉，第三十四上，頁2789。

〔註38〕司馬遷：「周室既衰，諸侯恣行。仲尼悼禮廢樂崩，追脩經術，以達王道，匡亂世反之於正，見其文辭，爲天下制儀法。」參見《史記》，卷一百三十〈太史公自序〉，第七十，頁3310。何休言：「春秋有改周受命之制」，「待聖漢之王以爲法」。參見《春秋公羊傳注疏》，卷二，隱公二年，頁2203、卷二十八，哀公十四年，頁2354。王充也説：「春秋，漢之經，孔子制作，垂遺於漢。」參見王充撰、黃暉校釋，《論衡校釋》，卷十二〈程材篇〉，第三十四，北京：北京中華書局，1990.12，頁542～543。至緯書中更發展出孔子預知未來，爲漢帝制法的説法。

〔註39〕「公羊春秋記災異者數矣，自董仲舒推言災異之應，……公羊之學惟據人事以明法戒，不侈天道以涉譸張，蓋天人之際荒忽無常，君子於其所不知，蓋闕如也。」參見王引之，〈經義述文〉，「公羊災異」條，台北：台北中華書局，1970.9二版，頁22。

〔註40〕徐復觀，〈先秦儒家思想的轉折及天的哲學的完成——董仲舒春秋繁露的研

制法的用心亦昭然可見。

中國古代儒家的歷史思維方式中，不論是因古以喻今、即史實而求史義，其指涉都是間接「隱喻」而非直接地說明，〔註41〕董仲舒於〈天人三策〉中再三徵引《春秋》事例講論大義，除了具體指點漢朝政治改革的方向，寓寄改革政治的理想，亦欲爲當時建構中的統治秩序立下典型。「王者，人之始」，當「以天之端，正王之政，以王之政正諸侯之即位，以諸侯之即位正竟內之治。」「今天大顯已，物襲所代而率與同，則不顯不明，非天志。故必徙居處、更稱號、改正朔、易服色者，無他焉，不敢不順天志而明自顯也。」〔註42〕元者，始也，《春秋》「貴乎元而言之」，又「大改制於初」以顯天命所在。由是以觀，漢天子全面更化、易統改制的必要性於天志中可得而見，故「有國家者不可不學春秋」，漢天子法天之施，當以《春秋》爲治國大典。董仲舒的禮法思想亦由其公羊學觀點出發，藉《春秋》改制之名向漢朝君主提供一套理想帝國的藍圖，同時寓寄革新文化道統、重建統治秩序的心意。

第二節　禮教大化的太平治世

古時五帝三王「改制作樂而天下洽和」，聖王沒後，王道大壞，後繼者務法上古猶不能回既倒之狂瀾，武帝追思前王盛世，乃向傳習古代經典的儒者詢問先王致治之方。董仲舒說，堯時眾聖輔德，賢能佐職，教化大行，聖王沒後天下仍得數百歲之長安；文王順天用賢，愛施兆民，遂使百姓去殷從周，武王平定殘賊後，周公「作禮樂以文之，至於成康之隆，囹圄空虛四十餘年，此亦教化之漸而仁誼之流，非獨傷肌膚之效也。」〔註43〕可知仁義施化非刑

究〉，收於《兩漢思想史》，卷二，台北：學生書局，1976.6，頁333。

〔註41〕中國古代儒家對歷史詮釋有其特殊的思維方式，黃俊傑分析儒家拉近古今距離的「比、興式」思維方法，指出儒者從史事中創造史義，基本上都是「隱喻」而非「借喻」，也即認爲儒者總是假設歷史事實當中隱藏豐富的意義，有帶後人加以解讀。參見黃俊傑，〈中國古代儒家歷史思維的方法及其運用〉，《中國文哲研究所集刊》，1993.3，第三期。

〔註42〕以上三段見《春秋繁露義證》，卷一〈楚莊王〉，第一，頁18；卷三〈玉英〉，第四，頁70；卷四〈王道〉，第六，頁101。

〔註43〕《漢書》，卷五十六〈董仲舒傳〉，第二十六，頁2510。

罰重法可取代。今跡之於古，返之於天，以史爲鏡，君主宜重行德，王者禮教有成，德澤足以庇蔭子孫數十代，故天子「大改制於初，所以明天命也。更作樂於終，所以見天功也。」唯若天下未遍合和，「王者不虛作樂」，當「立義以明尊卑之分，強幹弱枝以明大小之職；別嫌疑之行，以明正世之義；采摭託意，以矯失禮。善無小而不舉，惡無小而不去，以純其美。別賢不肖以明其尊。」王者除天下之患，正其一而後萬物可備，「天下者無患，然後性可善；性可善，然後清廉之化流；清廉之化流，然後王道舉。禮樂興。」〔註44〕由是觀之，太平之世應由改制作始，矯失禮立正義以除天下禍患，使生民皆以善爲性，禮樂教化才能順利推行，而後「上下和睦，習俗美盛，不令而行，不禁而止，吏亡姦邪，民亡盜賊，囹圄空虛，德潤草木，澤被四海，鳳皇來集，麒麟來游」，〔註45〕此亦治世之極。

考察董仲舒對太平世的想法一如孔子之言：「如有王者，必世而後仁」，〔註46〕治世的禮樂成就非一蹴可幾，教化須假以時日潛移默化而成，漢初魯二儒生曾以「禮樂所由起，積德百年而後可興」，〔註47〕拒絕加入叔孫通爲漢制禮的行列，董仲舒對於禮治時程之有關問題，應是抱持同樣的見解。不過，董仲舒並未單向反對依禮制法的行動，他主張要應天改制，明定綱常，強調教化爲君主大務，統治者「立太學以教於國，設庠序以化於邑，漸民以仁，摩民以誼，節民以禮」，〔註48〕至「公心以是非」、「刑罰甚輕而禁不犯」，禮教境界才能達成。

一、三綱禮教的秩序

董仲舒指出，所謂「禮」是「繼天地，體陰陽，而慎主客，序尊卑、貴賤、大小之位，而差外內、遠近、新故之級者也」，〔註49〕其論取法天地陰陽，其用則以建構國家社會秩序，不但國家禮制都是應天所施，社會倫常具有先驗絕對

〔註44〕以上三段見《春秋繁露義證》，卷一〈楚莊王〉，第一，頁19；卷五〈盟會要〉，第十，頁141～142。

〔註45〕《漢書》，卷五十六〈董仲舒傳〉，第二十六，頁2520。

〔註46〕董仲舒認爲堯之治世以德化民甚深，舜繼統業乃能垂拱無爲，「故孔子曰：『如有王者，必世而後仁』，此之謂也。」顏師古注曰：「言如有受命王者，必三十年，仁政乃成也。」班固：「言聖王承衰撥亂而起，被民以德教，變而化之，必世然後仁道成焉。」以上三段參見《漢書》，卷五十六〈董仲舒傳〉，第二十六，頁2508、2509；卷二十三〈刑法志〉，第三，頁1108。

〔註47〕《史記》，卷一百九十九〈劉敬叔孫通列傳〉，第三十九，頁2722。

〔註48〕《漢書》，卷五十六〈董仲舒傳〉，第二十六，頁2504。

〔註49〕《春秋繁露義證》，卷九〈奉本〉，第三十四，頁275～276。

性，借事明義所言禮之經權常變，亦足以斷是判非而爲立身行事的準則。

（一）應天改制

禮在封建時代本有維繫政治體制的功能，帝國形成後，融入忠孝思想的禮治觀念依然富有強烈的政治性，前有言之，《春秋》是孔子考堯舜治道，改制立法以撥亂反正之書，以《春秋》當新王是取公羊之義爲漢制定儀法，漢人討論春秋之制、春秋之義都有議禮的目的，包括議定漢初統治者關切的漢家儀典或更廣泛的王政教化事宜。改制問題是漢初禮學的重要議題之一，賈誼、公孫臣之後，董仲舒再度由其天道哲學論點中，確立了漢武改制的必要性，

> 道者萬世亡弊，弊者道之失也。先王之道必有偏而不起之處，故政有眊而不行，舉其偏者以補其弊而已矣。三王之道所祖不同，非其相反，將以捄溢扶衰，所遭之變然也。故孔子曰：「亡爲而治者，其舜虖！」改正朔，易服色，以順天命而已；其餘盡循堯道，何更爲哉！故王者有改制之名，亡變道之實。然夏上忠，殷上敬，周上文者，所繼之捄，當用此也。孔子曰：「殷因于夏禮，所損益可知也；周因于殷禮，所損益可知也；其或繼周者，雖百世可知也。」……禹繼舜，舜繼堯，三聖相受而守一道，亡救弊之政也，故不言其所損益也。〔註50〕

《春秋》上明三王治道，下立一王治法，〔註51〕三世治道即《春秋》所道，萬世無弊而不變，三王治法本三王治道而來，此爲其可變者。從中國歷史治亂循環來看改制之事，三代以前道無所失，治世相繼，禹繼舜、舜繼堯，俱「亡救弊之政」，其政不言損益，故言「繼治世者其道同」，只改正朔、易服色，至於大綱、人倫、道理、政治、教化、習俗、禮儀等盡如故；此後夏、商、周皆未能執道之全，後來更失道而亂，「政有眊而不行」，需以忠、敬、文次第救偏補弊，是故繼治世者改制而不易道，繼亂世者改制之外尙須補救道弊。今漢繼秦末大亂之後，秦之「遺毒餘烈」未滅，參考前代治亂之史，

〔註50〕 《漢書》，卷五十六〈董仲舒傳〉，第二十六，頁2518～2519。

〔註51〕 「春秋，上明三王之道，下辨人事之紀，別嫌疑，明是非，定猶豫，善善惡惡，賢賢賤不肖，存亡國，繼絕世，補敝起廢，王道之大者也。」又壺遂言：「（孔子）作春秋，垂空文以斷禮義，當一王之法。」以上二段參見《史記》，卷一百三十〈太史公自序〉，第七十，頁3297。「綴周之禮，因魯春秋，舉十二公行事，繩之以文武之道，成一王法。」參見《漢書》，卷八十八〈儒林傳〉，第五十八，頁3598。

漢主應退而更化全面改革，改制並救秦道之弊。

「改正之義，奉元而起」，依據董仲舒三統循環的想法，夏爲黑統，殷爲白統，周爲赤統，三統「歷各法而正色，逆數三而復」，漢朝承周應於《春秋》作新王之事，當正黑統，王者應天承統「必改正朔，易服色，制禮樂，一統於天下」，〔註52〕以明異姓，非繼人，所以「明乎天統之義」，彰顯秦、漢之異；曆數上，漢初用顓頊曆，「然正朔服色，未覩其眞，而朔晦月見，弦望滿虧，多非是。」〔註53〕董仲舒主張從三統說推算曆數，〔註54〕以正月爲歲首，「正日月朔於營室，斗建寅」，既迴避了德運決定秦朝歷史地位的問題，也解決了當時曆數失眞的現實情況；以服色言，「天統氣始通化物，物見萌達，其色黑。」故朝服、冠綬、祭牲、樂器等皆尚黑。再者，各統新受命之王，「禮樂各以其法象其宜」，「咸作國號，遷宮邑，易官名，制禮作樂。」漢初襲秦，「一因前制，修故業，而無有所改，是與繼前王而王者無以別。」〔註55〕不改制則無以彰天命，亦無以傳遞漢人反秦立國的正當性，故「春秋受命所先制者，改正朔，易服色，所以應天也。」〔註56〕

西漢政權建立後，統治者開始感到需要一套禮儀制度以包裝統治集團的神聖性，起朝儀、立宗廟儀法或「益廣多宗廟」等，皆冀由淵源悠久的禮樂神聖傳統，賦予劉家統治合法性，藉著行禮如儀的標準化過程，培養臣下效忠服從的心理，進一步穩定統治秩序。叔孫通制禮著重漢家禮儀，後來文帝以「繁禮飾貌，無益於治」〔註57〕不願重定儀禮，可見早期漢家禮儀主要是在規範朝廷生活、約束君臣份際，與一般百姓並無太大關係。至於董仲舒所主張的改制，並非只是國家制度與禮儀，改制以後大綱、人倫、道理、政治、教化、習俗、文義等亦隨之而立，故而改制意義並非只在形式之文，〔註58〕

〔註52〕以上四段見《春秋繁露義證》，卷七〈三代改制質文〉，第二十三，頁195、185；卷一〈楚莊王〉，第一，頁17。

〔註53〕《漢書》，卷二十一上〈律曆志〉，第一上，頁974。

〔註54〕西漢政權早期曆數與五德終始之說較密切，然漢政權究屬火德、土德或是水德之運，在武帝以前始終爭論未定。參見《漢書》，卷五上〈郊祀志〉，第二十五上，頁1210～1214。

〔註55〕以上二段見《春秋繁露義證》，卷七〈三代改制質文〉，第二十三，頁191、186。

〔註56〕《漢書》，卷五十六〈董仲舒傳〉，第二十六，頁2510。

〔註57〕《史記》，卷二十三〈禮書〉，第一，頁1160。

〔註58〕馮友蘭、趙伯雄俱認爲董仲舒不易道而改制，其餘「大綱、人倫、道理、政治、教化、習俗、文義盡如故，亦何改哉？」改的「都是那些形式上的事情」。參見馮友蘭：《中國哲學史新編》中，北京：北京人民出版社，1998.12，頁

「改制稱號正月，服色定，然後郊告天地及群神，遠追祖禰，然後布天下。諸侯廟受，以告社稷宗廟山川，然後感應一其司。」便向天地四方、祖先、眾神宣告全新王朝誕生，天子「法天奉本，執端要以統天下」，「正本而末應，正內而外應，動作舉錯，靡不變化隨從」，〔註59〕說明新王朝來臨之同時，新統治秩序也隨之建立，故「王者必受命而後王」，承天正統之新王必改正朔、易服色，禮樂各以其法象其宜，統治事業才能氣象一新。

董仲舒強調以天為統，承天之義以改制，更直接具體的參考對象則是《春秋公羊》，改制除了改正朔、易服色之類的表象禮儀，更涉及大綱、人倫、道理、政治、教化、文義等，便將儒家禮樂教化治世的理想都包含在內，「春秋作新王之制」，除了變周之制，正黑統，亦以革弊除患，並對過去秦朝刑治方向做出轉換，此亦董仲舒言春秋大義禮義之內涵。在三統三正更迭的歷史長河中，天子應天改制以正其統，「禮樂各以其法象其宜，順數四而相復。」〔註60〕所制禮樂也非僵化不變，這和孔子禮制因革的想法便已不同，和當時拒絕訂定新禮的守舊派儒生也有差異，〔註61〕武帝在太初之元逕自「改正朔，易服色，封泰山，定宗廟百官之儀，以為典常」，〔註62〕董仲舒之改制主張或有影響。

（二）明於三綱

儒家向來以禮關注社會秩序的穩定，〔註63〕孔子的「克己復禮」中禮便包含了個人角色中的社會關係，社會由個體所構成，個體間的人道倫常代表最基本的社會秩序，先秦之儒以禮求治，漢儒議論王道政治也仍歸之於禮，禮治中的社會倫理始終都是儒者關注的核心。不過，董仲舒對禮文化中的倫常觀，另有一套天人關係為出發的解釋，「其義以隨天地終始」，與前人理論便有不同。

董仲舒特別提出五倫中的君臣、父子、夫婦為「三綱」，「王道之三綱，

101，及趙伯雄，《春秋學史》，濟南：山東教育出版社，2004.4，頁136。

〔註59〕 以上三段見《春秋繁露義證》，卷七〈三代改制質文〉，第二十三，頁195～197。

〔註60〕 《春秋繁露義證》，卷七〈三代改制質文〉，第二十三，頁186。

〔註61〕 〈禮書〉記載：「今上即位，招致儒術之士，令共定儀，十餘年不就。或言古者太平，萬民和喜，瑞應辨至，乃採風俗，定制作。」參見《史記》，卷二十三〈禮書〉，第一，頁1160。

〔註62〕 以上二段見《史記》，卷二十三〈禮書〉，第一，頁1160～1161。

〔註63〕 由社會學觀點來看，春秋戰國時期之動亂對中國文化造成「創傷式」的衝擊，因此中國文化有一種「秩序情結」，儒家的「禮」正是以建立秩序為終極關懷所發展出來的一套學說。參見張德勝，《儒家倫理與秩序情結──中國思想的社會學詮釋》，台北：巨流出版社，1998.10，頁157～189。

可求於天」，三綱秩序可用陰陽關係來說明，

> 君臣、父子、夫婦之義，皆取諸陰陽之道。君爲陽，臣爲陰，父爲陽，子爲陰，夫爲陽，妻爲陰。……天爲君而覆露之，地爲臣而持載之；陽爲夫而生之，陰爲婦而助之；春爲父而生之，夏爲子而養之。〔註64〕

> 天下之尊卑隨陽而序位。……不當陽者臣子是也，當陽者君父是也。故人主南面，以陽爲位也。陽貴而陰賤，天之制也。〔註65〕

此處將君臣關係提至父子關係之前，〔註66〕顯示董仲舒認爲政治倫理是最重要的一種社會關係，各種社會身份依受命不同而各有次第，「天子受命於天，諸侯受命於天子，子受命於父，臣妾受命於君，妻受命於夫。諸所受命者，其尊皆天也，雖謂受命於天亦可。」君臣上下之序乃天之所命，其他各種關係都可類推其比，故「幼者居陽之所少，老者居陽之所老，貴者居陽之所盛，賤者居陽之所衰。」〔註67〕從陽尊陰卑的天道律則來看，天道貴陽而賤陰，「陽滅陰者，尊厭卑也，固其義也」；反之若陰滅陽，卑勝尊，「皆下犯上，以賤傷貴者，逆節也，故鳴鼓而攻之，朱絲而脅之，爲其不義也。」需大小不踰等，貴賤如其倫，方爲「義之正」。是故「丈夫雖賤皆爲陽，婦人雖貴皆爲陰。……諸在上者皆爲其下陽，諸在下者皆爲其上陰。」陽爲主陰爲助，「臣兼功於君，子兼功於父，妻兼功於夫，陰兼功於陽，地兼功於天。」〔註68〕君、父、夫「縣於前而任事」，臣、子、婦「縣於後而守空處」，君臣、父子、夫婦主從、上下地位截然分明。先秦儒家所談的君臣、父子、長幼等是一種相對的倫理觀，〔註69〕董仲舒言三綱秩序是天數所定，上下各自取諸陰陽之道不可相亂，

〔註64〕 以上二段見《春秋繁露義證》，卷十二〈基義〉，第五十三，頁350～351。

〔註65〕 《春秋繁露義證》，卷十一〈天辨在人〉，第四十六，頁336～337。

〔註66〕 儒家五倫次第是：「父子有親，君臣有義，夫婦有別，長幼有敘，朋友有信。」參見孫奭疏，《孟子注疏》，卷五下〈滕文公〉，北京：北京中華書局，1980，頁2705。

〔註67〕 以上二段見《春秋繁露義證》，卷十五〈順命〉，第七十，頁412；卷十一〈天辨在人〉，第四十六，頁336。

〔註68〕 以上四段見《春秋繁露義證》，卷三〈精華〉，第五，頁86～87；卷十一〈陽尊陰卑〉，第四十三，頁325；卷十二〈基義〉，第五十三，頁350。

〔註69〕 「定公問君使臣、臣事君，如之何？孔子對曰：君使臣以禮，臣事君以忠。」「景公問政於孔子。孔子對曰：君君、臣臣、父父、子子。」以上二段參見何晏集解、邢昺疏，《論語注疏》，〈八佾〉，第三，北京：北京中華書局，1980.9，

以此爲義，便接近於法家所談的絕對倫理。

「三綱」上下之間的尊卑懸殊，尤其在「君臣」之綱推展到極致，

> 爲人君者，其法取象於天，……爲人臣者，其法取象於地。〔註70〕
>
> 臣之義比於地，故爲人臣者，視地之事天也。……地事天也，猶下之事上也。〔註71〕

董仲舒說，「天地之志，君臣之義也；陰陽之理，聖人之法也。」君爲陽，臣爲陰，這種關係合於天志之義。他用天差地遠比諸君臣，使得君尊臣卑的關係完全成爲天經地義，臣子「供設飲食，候視疢疾」、「委身致命，事無專制」、「竭愚寫情，不飾其過，」、「伏節死難，不惜其命」、「推進光榮，襃揚其善」、「受命宣恩，輔成君子」、「功成事就，歸德於上」，奉職應對、盡忠致義、事貴致養、救窮助明也就完全理所當然，是故「春秋君不名惡，臣不名善，善皆歸於君，惡皆歸於臣。」〔註72〕臣子不爲其君受罪，罪莫大焉。

董仲舒由「天之制」論證「三綱」絕對化的合理性，天道不變，君臣、父子、夫婦關係也是永恆不變的，而「仁義制度之數，盡取之天，」人倫之義全由陰陽之道推展出來，「惡之屬盡爲陰，善之屬盡爲陽。」〔註73〕上善下惡理所應然，尊卑間的權力義務也趨絕對化，較諸賈誼用堂、陛、地刻意區別君臣上下關係的方式，董仲舒由三綱所築構的尊君理論，已如天道思想般地自然圓熟。回到儒家以禮維護社會秩序的角度來看，天下萬物有形有名，個人依其身份各有名號，「名號異聲而同本，皆鳴號而達天意者也」，名有常，倫有綱，基本的人倫之禮乃據天地之道而來，故號爲君、父、夫者各當其宜，號爲臣、子、妻者各有所司，王者治天下之端在深察名號，「是非之正，取之逆順，逆順之正，取之名號，名號之正，取之天地」，是「天地爲名號之大義」，而名號之正就在三綱倫常裡。名號既定，人倫次第之順逆可得，三綱已立，

〔註70〕 《春秋繁露義證》，卷十七〈天地之行〉，第七十八，頁458～459。

〔註71〕 以上二段見《春秋繁露義證》，卷十一〈陽尊陰卑〉，第四十三，頁326。

〔註72〕 以上九段見《春秋繁露義證》，卷十一〈王道通三〉，第四十四，頁331；卷十七〈天地之行〉，第七十八，頁458～460；卷十一〈陽尊陰卑〉，第四十三，頁326。

〔註73〕 以上二段見《春秋繁露義證》，卷十二〈基義〉，第五十三，頁351；卷十一〈陽尊陰卑〉，第四十三，頁326。

是非已明，天下可治，這便是禮秩序所欲建構的社會倫理。

（三）禮有經權

　　一般而言，禮有文、質兩面，「志爲質，物爲文。文著於質，質不居文，文安施質？質文兩備，然後其禮成。」前述引證天道的改制內容、三綱倫理等，皆非只是表面細節之事，唯行道有德之君才能受命改制，需德教有成之世乃可表彰三綱之明，當名號已定，德化已成，主客、尊卑、貴賤、大小皆本三綱，上自天子下至尋常百姓行住坐臥都有一定規範，「度爵而制服，量祿而用財。飲食有量，衣服有制，宮室有度，畜產人徒有數，舟車甲器有禁。生有軒冕、之服位、貴祿、田宅之分，死有棺槨、絞衾、壙襲之度。」〔註74〕無爵不敢服其服，無祿不敢用其財，透過日常生活的形式規範既建立了上下尊卑貴賤秩序，禮之質文兼合的意義亦由此而呈現出來，故禮之常經，志敬而節具，祭祀、建嗣、繼承、婚喪、行軍、朝聘、盟會皆以質文兩備爲禮。

　　唯若行禮不能質文兼顧時，形式上的儀文可有損益，「寧有質而無文」。董仲舒指出，「春秋論事，莫重於志」，《春秋》欲革周之弊，去文返之於質，緣此可知「禮之所重者在其志」，論漢世之禮亦以「先質而後文」爲宜。以文公喪娶爲例，三年之喪依禮需至二十五月而畢，喪期之內不宜嫁娶，文公雖在四十一個月後才娶妻，但其納采、問名、袷祭、納幣等皆在喪期之內，「雖從俗而不能終，猶宜未平於心」，《春秋》甚疾，以其非禮。實際上，有關禮的文、質衝突於人事當中時常可見，此時評判合禮與否應依實際情況仔細考量。

> 春秋有經禮，有變禮。爲如安性平心者，經禮也。至有於性，雖不安，於心，雖不平，於道無以易之，此變禮也。……明乎經變之事，然後知輕重之分，可與適權矣。〔註75〕

古代天子繼位三年而後稱王，婚俗不稱主人，婦人無出境之事，皆爲禮之常；然在特殊的時空情境下，天子「未三年而稱王」、迎娶「稱主人」，婦人爲奔父母喪或爲子娶婦而出境，是爲變禮。西周時，唯天子郊祭用騂犅，而魯以白牡祭周公，董仲舒指出，周公繼文武之業，德澤被於四海，成王爲報周公之德，命魯祭周公用白牡並郊以騂，此亦變禮之例。擴大言之，宣公十五年

〔註74〕以上二段見《春秋繁露義證》，卷一〈玉杯〉，第二，頁27；卷七〈服制〉，第二十六，頁221～223。

〔註75〕以上二段見《春秋繁露義證》，卷一〈玉杯〉，第二，頁25；卷三〈玉英〉，第四，頁74。

司馬子反與宋平，子反為楚臣而憂諸侯、未覆其君即與敵平，是奪君美而廢君命，其行已違常禮，董仲舒卻認為，臣子以君命為先不敢自專符合三綱之義，是禮之常經，唯「目驚而體失其容，心驚而事有所忘，人之情也。通於驚之情者，取其一美，不盡其失。……今子反往視宋，聞人相食，大驚而哀之，不意之至於此也，是以心駭目動而違常禮。禮者，庶於仁、文，質而成體者也。今人相食，大失其仁，安著其禮？」〔註76〕子反以仁心為質，未始無禮之意，其以志為質，以仁存心，雖守質失文，不責以失禮。復如公子目夷守宋國而不顧宋公性命，亦違守國存君之經，〔註77〕唯「權雖反經，亦必在可以然之域。不在可以然之域，故雖死亡，終弗為也」，〔註78〕目夷為國行權以君為輕，「前枉而後義」仍可謂之「中權」，不謂失人臣之禮。

由是以觀，正常情況下三綱五常之倫理規範一定要遵守，即如襄公三十年宋災，伯姬不願失禮乃死於火，《春秋》以其守禮而賢之，正是因為「信重於地，禮尊於身」，願以生命作為代價以守護經禮，確是至為高貴難得的道德美行。不過，非常時期或狀況緊急時也不能一味死守禮之常經，所謂「正經」是「大德無踰閑者」，故直返本心，對於守國、愛民、仁讓等大義不能有絲毫之退讓，唯「小德出入可也」，禮之權衡便要依據當下情況來判斷，死守故禮不可為經，前枉後義不謂失禮。唯遭急應變，能知義制中，舉措時宜，此亦君子之所難，董仲舒說：「春秋無通辭，從變而移」，「春秋以為人之不知義而疑也，故示之以義」，〔註79〕司馬遷說：「有國者不可以不知春秋，前有讒而弗見，後有賊而不知。為人臣者不可以不知春秋，守經事而不知其宜，遭變事而不知其權。為人君父而不通於春秋之義者，必蒙首惡之名。為人臣子而不通於春秋之義者，必陷篡弒之誅，死罪之名。其實皆以為善，為之不知其義，被之空言而不敢辭。」〔註80〕故學者多讀《春秋》，乃可通於禮義之旨，不失君臣父子之義，仕宦進退無大過也，此所以《春秋》為「禮義之大宗」，

〔註76〕《春秋繁露義證》，卷二〈竹林〉，第三，頁54～55。

〔註77〕「楚人謂宋人曰：子不與我國，吾將殺子君矣。宋人應之曰：吾賴社稷之神靈，吾國已有君矣。楚人知雖殺宋公，猶不得宋國，於是釋宋公。宋公釋乎執，走之衛。公子目夷復曰：國為君守之，君曷為不入？然後逆襄公歸。」參見《春秋公羊傳注疏》，卷十一，僖公二十一年，頁2257。

〔註78〕《春秋繁露義證》，卷三〈玉英〉，第四，頁79。

〔註79〕以上三段見《春秋繁露義證》，卷一〈楚莊王〉，第一，頁6；卷二〈竹林〉，第三，頁46、61。

〔註80〕《史記》，卷一百三十〈太史公自序〉，第七十，頁3297。

禮之眞意可由《春秋》而求。

（四）以禮成化

　　天是群物之祖、萬有之源，故總言禮之本仍在天；不過，在天人交感的眞實世界裡，禮樂是人爲特殊的成就，「天生之以孝悌，地養之以衣食，人成之以禮樂」，君主「立辟雍庠序，修孝悌敬讓，明以教化，感以禮樂」，〔註81〕是故禮應奉人以爲本，其具體內涵、標準將應個別人事而有別。

　　從最人性根本處看，性爲自然之資，本質莫不善義，「然不能義者，利敗之也。」故「聖人之道，眾隄防之類也，謂之度制，謂之禮節。」性有爲善的傾向，禮有防預的功能，以禮正性便能將人性引導到正確的方向，是故，

> 好色而無禮則流，飲食而無禮則爭，流爭則亂。夫禮，體情而防亂者也。民之情，不能制其欲，使之度禮。目視正色，耳聽正聲，口食正味，身行正道，非奪之情也，所以安其情也。〔註82〕

人欲好利而爭亂，「有善質」而未能善，聖人知亂之所從生，以禮對治人性消極的一面，因情「制人道而差上下也」，進一步使社會上「富者足以示貴而不至於驕，貧者足以養生而不至於憂，以此爲度而調均之，是以財不匱而上下相安，故易治也。」〔註83〕從積極面言，人性本是待教而善，天意「爲之立王以善之」，王者承天意，「以成民之性爲任者也」。

> 王者上謹於承天意，以順命也；下務明教化民，以成性也；正法度之宜，別上下之序，以防欲也；修此三者，而大本舉矣。……「天地之性人爲貴。」明於天性，知自貴於物；知自貴於物，然後知仁誼；知仁誼，然後重禮節；重禮節，然後安處善；安處善，然後樂循理；樂循理，然後謂之君子。〔註84〕

王者以順命、成性、防欲爲爲政之「三本」，這便意味著禮樂法度是爲教化百姓所作，王道政治又以教化任務爲核心，禮樂既是王道大化的境界，也是達成太平治世的方法，教化有成，民性有仁，禮教成化方得長遠。

　　如用天論哲學的陰陽觀點來說解禮、法關係，「天出陽，爲暖以生之；地出

〔註81〕 以上二段見《春秋繁露義證》，卷六〈立元神〉，第九，頁168～169。
〔註82〕 以上三段見《春秋繁露義證》，卷三〈玉英〉，第四，頁73；卷八〈度制〉，第二十七，頁231；卷十七〈天地施〉，第八十二，頁469～470。
〔註83〕 《春秋繁露義證》，卷十〈深察名號〉，第三十五，頁302。
〔註84〕 《漢書》，卷五十六〈董仲舒傳〉，第二十六，頁2515～2516。

陰，爲清以成之。不暖不生，不清不成。然而計其多少之分，則暖暑居百而清寒居一。德教之與刑罰猶此也。」〔註85〕故王道政治中，禮義爲陽，刑罰爲陰，人道應於天制之故達陽不達陰，〔註86〕董仲舒思想有關禮、法的論述，重點亦是在禮。董仲舒談禮的範圍甚廣，下至個人立身，社會倫常，上至國家禮儀、制度、甚至既成的規範法度都可謂禮的一部份，所謂「春秋之法」、「春秋正法」、「人臣之法」、「王者之法」、「聖人之法」、「男女之法」、「仁義法」、王法、四法、喪法等，雖以法名，內容卻指爲「禮」。而不論從人性談禮，或由三綱之常、改制內容等來看，董仲舒從未主張用國家刑罰推動其禮，新秩序的建立主要還要依靠道德禮教日積月累，禮治政治的達成不能操之過急。

　　依照天人理論來看，天道覆育萬物，化生養成，舉一切事功以奉人，人受天命應「取仁於天而仁」，以明繼天之善者，故「行有倫理，副天地也」，〔註87〕人道參天，倫理秩序、禮教綱常皆據天道而來，是故人之心志行爲若失所義，雖無不法，卻已違背天理。從傳統儒家的禮法觀點來看，孔孟對「法」能否善善惡惡始終質疑，〔註88〕但在天下大亂的年代裡，禮失其義，禮的標準爲何，始終難以釐清，董仲舒以陰陽五行宇宙圖式與儒家理論結合建立的帝國意識型態，提供了一個漢人都能接受的普同世界觀，更由天人理論的形上依據提高了禮之哲學地位，復由三綱的等級規範明確禮的標準，這便樹立了儒家以禮剖判是非的大原則，銜接了先秦儒家先禮後法的觀點。漢初黃老思想流行，《黃帝書》認爲法由道生，天地既成形名已定，法者乃自天道形名而來，因此違背法令既違反統治規定，同時也悖逆了天道天理；〔註89〕董仲舒由天論禮，不僅要肯定禮教綱常無可取代的地位，也意圖將善惡是非的準繩，由法家之法回到儒家的禮，在法度之先就以禮教綱常爲圭臬，於人心當

〔註85〕《春秋繁露義證》，卷十三〈基義〉，第五十五，頁351～352。

〔註86〕董仲舒謂人之數日據晝而不據夜，《春秋》記事亦載宋公而不書紀侯之母，可知人道據陽而不據陰。參見《春秋繁露義證》，卷十一〈陽尊陰卑〉，第四十三，頁324～325。

〔註87〕以上二段見《春秋繁露義證》，卷十三〈同類相動〉，第五十七，頁357；卷十一〈王道通三〉，第四十四，頁330。

〔註88〕法律無法體現人倫之善，故孔子評「父竊羊，其子證之」一事時言：「父爲子隱，子爲父隱，直在其中矣。」參見《論語注疏》，〈子路〉，第十三，頁2507。孟子也說：「徒法不足以自行」參見《孟子注疏》，卷七上〈離婁〉，頁2717。

〔註89〕詳見本文第二章第一節。

中便先築起一道道德的防線，禮教自然可以發揮正人倫、辨是非的無形力量，毋待刑法以正之。

二、《春秋》以治獄

　　春秋之道奉天而法古，在天與人歸的王道政治中，領導者是道德政治的典範，禮樂教化與法度紀律都是施於百姓，法制明確則「民知所從」。前面說過，太平是禮教大化的治世，也是儒家對理想政治永無止盡的追尋，在此之前，統治者重禮而不廢法，統治者應取春秋之義撥亂反正，最後「吏亡姦邪，民亡盜賊，囹圄空虛」，〔註90〕太平治世庶幾有成。

（一）大德小刑的原則

　　〈天人三策〉指出，三王之後世衰道微，君主廢棄德教專任刑罰是造成世道混亂的主要原因，〔註91〕適當的統治策略應該參考天道陰陽哲學，

> 陽爲德，陰爲刑。刑反德而順於德，亦權之類也。……天以陰爲權，以陽爲經。……經用於盛，權用於末。以此見天之顯經隱權，前德而後刑也。……天之好仁而近，惡戾之變而遠，大德而小刑之意也。先經而後權，貴陽而賤陰也。〔註92〕

> 天之親陽而疏陰，任德而不任刑也。……天出陽，爲暖以生之；地出陰，爲清以成之。不暖不生，不清不成。然而計其多少之分，則暖暑居百而清寒居一，德教之與刑罰猶此也。〔註93〕

陽氣予人溫暖，主愛而生、仁而寬，就像推動德化禮教過程給人和煦的感受，陰氣戾惡寒冷，主奪尚殺，即如刑罰剝奪人的生命或自由，不論陰、陽皆無法獨以成歲，德如陽，刑猶陰，「天之志，常置陰空處，稍取之以爲助。故刑者，德之輔；陰者，陽之助也。」天使陽出佈施於上而主一歲之功，使陰入伏于下而時出佐於陽，故知德爲經，刑爲權，德教、刑法不可偏廢，有德不

〔註90〕《漢書》，卷五十六〈董仲舒傳〉，第二十六，頁 2500。

〔註91〕秦「師申商之法，行韓非之說，憎帝王之道，以貪狼爲俗，非有文德以教訓於下也。誅名而不察實，爲善者不必免，而犯惡者未必刑也。……又好用憯酷之吏，賦斂亡度，竭民財力，百姓散亡，不得從耕織之業，群盜並起。是以刑者甚眾，死者相望，而姦不息，俗化使然也。」參見《漢書》，卷五十六〈董仲舒傳〉，第二十六，頁 2510～2511。

〔註92〕《春秋繁露義證》，卷十一〈陽尊陰卑〉，第四十三，頁 327。

〔註93〕《春秋繁露義證》，卷十二〈基義〉，第五十三，頁 351～352。

能無法，更不能棄德而恃刑，刑德之施應以德爲主，先經後權，大德小刑。

> 人主之道，莫明於在身之與天同者而用之，……使德之厚於刑也，
> 如陽之多於陰也。〔註94〕

> 人主近天之近，遠天之所遠，大天之所大，小天之所小。是故天數
> 右陽而不右陰，務德而不務刑。刑之不可任以成世也，猶陰之不可
> 任以成歲也；爲政而任刑，謂之逆天，非王道也。〔註95〕

天有四時，王有四政，天意親陽疏陰，「暖暑居百而清寒居一」，王者承天意以從事，亦不可獨好任刑。君主若能「多其愛而少其嚴，厚其德而簡其刑」，示民以德，「民樂而歌之以爲詩，說而化之以爲俗。故不令而自行，不禁而自止，從上之意，不待使之，若自然矣。」故王者明德，四方莫不響應，百姓悅於慶賞，其效「嚴於刑罰，疾於法令。」〔註96〕由是觀之，法令刑罰雖能誅罪，但只權用於末，慶賞罰刑雖然不可不具，但在任德遠刑的思想指導下，董仲舒對以法禁罪功效的看法顯得較爲消極。

在禮法的實際運作上，「司寇尚禮，君臣有位，長幼有序，朝廷有爵，鄉黨以齒，升降揖讓，般伏拜謁，折旋中矩，立則磬折，拱則抱鼓，執衡而藏，至清廉平，賂遺不受，請謁不聽，據法聽訟，無有所阿。」禮、法皆爲司寇所執掌，但是二者卻非可混爲一談。從董仲舒思想內容來看，他所認知有關法家的法幾乎就只是法令與刑罰，既未深入發展法的概念，也未如賈誼試圖從理論上去融合禮、法，德教倫常之禮不但大異於聽訟刑人之法，有關道德政治與禮教倫常的春秋義法更與法家之法截然不同，故如「法不刑有懷任新產」、「法不犯故刑不用」、「執法附黨不平，依法刑人」，〔註97〕法皆作刑，法令加上刑罰所帶來的經常是災難、負面的結果，是「法出而姦生，令下而詐起，如以湯止沸，抱薪救火，愈甚亡益也。」〔註98〕董仲舒建議，武帝「欲興仁誼之休德，明帝王之法制，建太平之道」，應取春秋之道以持一統，「諸

〔註94〕 以上二段見《春秋繁露義證》，卷十一〈天辨在人〉，第四十六，頁336；卷十二〈陰陽義〉，第四十九，頁341～342。

〔註95〕 《春秋繁露義證》，卷十一〈陽尊陰卑〉，第四十三，頁328。

〔註96〕 以上三段見《春秋繁露義證》，卷十二〈基義〉，第五十三，頁352；卷九〈身之養重于義〉，第三十一，頁265；卷十四〈郊語〉，第六十五，頁401。

〔註97〕 以上二段見《春秋繁露義證》，卷十三〈五行相生〉，第五十八，頁365；卷十三〈五行相勝〉，第五十九，頁371。

〔註98〕 《漢書》，卷五十六〈董仲舒傳〉，第二十六，頁2504。

不在六藝之科孔子之術者，皆絕其道，勿使並進。邪辟之說滅息，然後統紀可一而法度可明」，〔註99〕以儒學思想澆熄邪辟之說，透過禮樂教化促成文化的大一統，法度之上仍以儒學禮教爲指導，「刑反德而順於德」，讓法刑最後仍舊歸之於禮樂德教。

在董仲舒陽德陰刑的禮法關係中，君主治國應以禮樂教化爲經，行刑罰罪爲權，前面提過，禮、法之施有其天道所定比例，王者治世應該以禮爲主，治世不可以恃刑，爲了徹底扭轉漢朝過度重法的不良風氣，漢主應更化改制，大德小刑，以禮樂治世爲教化終極。以王政內容來說，「聖人之道，不能獨以威勢成政，必有教化。」〔註100〕王者「正法度之宜，別上下之序，以防欲也」，〔註101〕禮、法皆以預防犯罪爲上，都含寓教化的功能欲使民能守禮而不犯法，董仲舒引《春秋》決獄，本其事實之外強調行爲者的背景與動機，便是希望在刑罰之外強化個人的道德教育和修養，在法的審判中適時加入禮的考量，使刑有禁制犯罪的作用，司法也有教育百姓的功能，「故折獄而是也，理益明，教益行。折獄而非也，闇理迷眾，與教相妨。」〔註102〕教化爲政事之本，獄事爲治道之末，事雖不同，其用則一，聖人之治天下，「少則習之學，長則材諸位，爵祿以養其德，刑罰以威其惡，故民曉於禮誼而恥犯其上。」〔註103〕當教化有成，民性有仁，用法而去法，刑止而禮行，禮樂盛世雖不中亦不遠了。

（二）本事原志以聽獄

儒家最重君臣父子之禮、夫婦長幼之序，《春秋》究論人事之紀，亦由貴賤親疏、身份等級以「別嫌疑，明是非，定猶豫」。〔註104〕《春秋》爲大義所本，其「志得失之所從生，而後差貴賤之所始矣。論罪源深淺，定法誅，然後絕屬之分別矣。」春秋決獄自不能仿效法家一斷於法，不別親疏貴賤之身分等級。

> 春秋之聽獄也，必本其事而原其志。志邪者不待成；首惡者罪特重，
> 本直者其論輕，……罪同異論，其本殊也。〔註105〕

〔註99〕以上三段見《漢書》，卷五十六〈董仲舒傳〉，第二十六，頁 2504、2519、2523。
〔註100〕《春秋繁露義證》，卷十一〈爲人者天〉，第四十一，頁 319。
〔註101〕《漢書》，卷五十六〈董仲舒傳〉，第二十六，頁 2515。
〔註102〕《春秋繁露義證》，卷三〈精華〉，第五，頁 94。
〔註103〕《漢書》，卷五十六〈董仲舒傳〉，第二十六，頁 2510。
〔註104〕《史記》，卷一百三十〈太史公自序〉，第七十，頁 3299。
〔註105〕以上三段見《春秋繁露義證》，卷五〈正貫〉，第十一，頁 143；卷十一〈陽

董仲舒主張以《春秋》聽獄,並且提出聽獄的兩大原則,一是根據犯罪事實,一是追究犯罪動機,凡首謀之人加重其罪,心術不正、動機不良,即是未遂犯仍予處罰,但若言「即使行爲合法亦可處以刑罰」,則推又推論太過;〔註106〕相對地,非惡意而有違法行爲者從輕,是「『刑故無小,宥過無大。』聖君原心省意,故誅故貰誤。故賊加增,過誤減損」。〔註107〕此處董仲舒所謂「志邪」、「本直」不依行爲結果論斷,而是根據道德因素來衡量,「志邪者不待成」、「本直者其論輕」,如此一來,法所處罰的範圍可能進入道德的領域,間接使得所謂「經禮」都有挾法自重的可能,後儒「誅心」、「無將」之說由此無邊際地蔓延出去,〔註108〕正是後人對董仲舒決獄主張最爲詬病的地方。

董仲舒認爲秦法之失在「誅名而不察實」,即只論所犯罪名而不探討眞正的行爲動機,〔註109〕才會致使「刑者甚眾,死者相望,而姦不息」。〔註110〕舉例而言,逢丑父與轅濤塗俱欺三軍,前者當斬而後者不宜執,實因逢丑父不明大義,「措其君於人所甚賤以生其君」,故其罪重,轅濤塗雖使齊軍陷於沛澤,本意卻欲爲陳免去兵難,其罪宜輕;再如慶父與闔廬同犯弑君之罪,慶父罪不可赦,闔廬則可釋之,亦因二者所志不同故論處各異。由是可知,董仲舒不但反對法家「不別親疏,不殊貴賤,一斷於法」的論罪方式,〔註111〕更以察微見細、同罪異論爲春秋決獄的重要價值。不過,治獄時亦非只一味考慮動機,《鹽鐵論》言:「春秋之治獄,論心定罪。志善而違於法者免,志惡而合於法者誅。」〔註112〕不談董仲舒「必原其事」的前提,便加大了主觀

尊陰卑〉,第四十三,頁327:卷三〈精華〉,第五,頁92~93。
〔註106〕張濤,《經學與漢代社會》,石家莊:河北人民出版社,2001.12,頁195。
〔註107〕《論衡校釋》,卷十二〈答佞篇〉,頁520~521。
〔註108〕余英時引戴震「後儒以理殺人」之說,謂《春秋》「將而誅」之文,使得人死於法,又死於理,「不但要毀滅人的身體,更要緊的是毀滅人的精神。」「硬刀子和軟刀子同時砍下,這是最徹底的殺人手段。」參見余英時,〈反智論與中國政治傳統〉,收於《歷史與思想》,台北:聯經出版社,1997.6,頁35。
〔註109〕法家反對「釋法術而任心治」、「去規矩而妄臆度」,故而論罪科刑有客觀主義的傾向,但秦律中,有關故意、過失的犯罪罪名並不相同,刑罰也有輕重之分,詳細舉例說明可參黃源盛,〈主觀與客觀之間──兩漢春秋折獄「原心定罪」的刑法理論〉,收於《經義折獄與傳統法律學術研討會》,2004.12。董仲舒擴大法家一斷於法的缺失,比附秦法爲機械式的論罪科刑模式,此與他反秦反法的立場有極大關連。
〔註110〕《漢書》,卷五十六〈董仲舒傳〉,第二十六,頁2511。
〔註111〕《史記》,卷一百三十〈太史公自序〉,第七十,頁3291。
〔註112〕桓寬撰、王利器校注,《鹽鐵論校注》,卷十〈刑德〉,第五十五,北京:北京

動機對於量刑輕重的影響，〔註113〕而把原心論罪的原則絕對化了。

〈藝文志〉有「公羊董仲舒治獄十六篇」，應劭言：「董仲舒老病致仕，朝廷每有政議，數遣廷尉張湯親至陋巷，問其得失。於是作春秋決獄二百三十二事，動以經對，言之詳矣。」〔註114〕可見董仲舒不只認為《春秋》可以聽獄，也曾解析春秋之義參與司法實務的進行。

以程樹德所輯董仲舒折獄的有關案例來看，

1. 甲無子，拾道旁棄兒乙養之，以為子。及乙長，有罪殺人，以狀語甲，甲藏匿乙，甲當何論？

2. 甲有子乙以乞丙，乙後長大，而丙所成育。甲因酒色謂乙曰：汝是吾子。乙怒杖甲二十。甲以乙本是其子，不勝其忿，自告縣官。

3. 君獵得麑，使大夫持以歸。大夫道見其母隨而鳴，感而縱之。君慍，議罪未定，君病恐死，欲託孤幼，乃覺之，大夫其仁乎，遇麑以恩，況人乎，乃釋之，以為子傅。

4. 甲父乙與丙爭言相鬥，丙以佩刀刺乙，甲即以杖擊丙，誤傷乙，甲當何論？或曰毆父也，當梟首。

5. 甲夫乙將船，會海風盛，船沒溺流死，不得葬。四月，甲母丙即嫁甲，欲皆何論。或曰，甲夫死未葬，法無許嫁，以私為人妻，當棄市。〔註115〕

例一之甲藏匿人犯依法當坐，其案有疑殆因甲、乙係養父子，能否依親親得相首匿的原則不予連坐。親屬相隱自古有之，〔註116〕秦法鼓勵告發，〔註117〕漢

中華書局，1992.7，頁576。

〔註113〕張景賢謂春秋決獄「要求法關審理案件時，不必重視犯罪事實和法律標準，而應當重視被告的主觀動機。」即是其例。參見張景賢，《漢代法制史研究》，哈爾濱：黑龍江教育出版社，1997.12，頁41。

〔註114〕范曄撰，《後漢書》，卷四十八〈楊李翟應霍爰徐列傳〉，第三十八，北京：北京中華書局，1997，頁1612。

〔註115〕董氏春秋決獄之書今已不傳，程樹德蒐《通典》、《白氏六帖》、《太平御覽》所錄編為董仲舒《春秋決獄》六則，其中「甲為武庫卒」條與原志定罪無關，董氏之辭亦前後矛盾，此不予討論。以上引文見程樹德撰，《九朝律考》，卷一〈漢律考〉七，北京：北京中華書局，2003.1，頁161～162。

〔註116〕「父竊羊，其子證之」子曰：「父為子隱，子為父隱，直在其中矣。」參見《論語注疏》，〈子路〉，第十三，頁2507。孟子以為瞽瞍殺人，「舜視棄天下猶棄敝蹝也。竊負而逃，遵海濱而處，終身訢然，樂而忘天下。」《孟子注疏》，

初首匿連坐之法則時存時廢，至少到宣帝之前皆未定論，〔註118〕本例發生時間可能是在武帝「重守匿之科，著知從之律」的法制改革以前，〔註119〕或抑禁止親屬相匿之法與人情落差甚大，當時可能並未如實執行，才會有甲匿養子是否成罪的疑點。董仲舒認為，乙雖非甲親生，「螟蛉有子，蜾蠃負之」，〔註120〕其心即存親愛之情，養子生子何異，應就春秋之義不當坐。例二之乙杖打生父依律當梟首，唯乙自小為丙所成育，視丙為父，甲言既辱乙、丙，此傷害事件是否仍用毆父之律，亦有可疑。董仲舒以為，甲雖生乙而不能長之育之，原其本心，已絕親親義，如前例言，丙雖為乙之養父，原其孝慈愛心無異親生父子，不當坐以毆父之罪。〔註121〕例三之大夫廢君命而縱麑，其罪大矣，但所犯何罪，一時卻又難以議定。董仲舒則指出「君子不麛不卵」，大夫之過在不諫其君之失而不在有廢君命，不過，大夫以一念之仁而縱麑，雖廢君命其心則仁，徙之當罪可矣。例四之甲救父情急而誤傷其父，董仲舒以為，父子至親，毆父情節雖屬事實但卻非心存故意，君子原心應憫其情「赦而不誅」。例五之甲夫死未葬而嫁，法所不許。董仲舒據《春秋》「夫人姜氏歸於齊」經義指出：「夫死無男，有更嫁之道」，本其事而論之，甲係尊者所嫁，本無淫行之心，「非私為人妻也」，甲之前夫雖死而未葬，甲既無子，順母命而嫁並不與法律衝突。

以上案例多係法有明文之犯罪，「文致於法而於人心不厭者」，乃是獄事

　　　卷十四下〈盡心〉，頁 2769。

〔註117〕「『夫有罪，妻先告，不收。』妻媵（賸）臣妾、衣器當收不當？不當收。」參見睡虎地秦墓竹簡整理小組，《睡虎地秦墓竹簡》，北京：文物出版社，1990.9，頁 133。

〔註118〕文帝「盡除收孥相坐律令」，但連坐之事仍亦有之，武帝重首匿之科，著知從之律，其中當亦包括親屬相匿的情況，故至昭帝時的鹽鐵會議中，文學便提出「自首匿相坐之法立，骨肉之恩廢，而罪刑多矣」的意見。參見《鹽鐵論校注》，卷十〈周秦〉，第五十七，頁 585。宣帝以後正式頒詔親屬間得互相容隱，「父子之親，夫婦之道，天性也。雖有患禍，猶蒙死而存之。誠愛結于心，仁厚之至也，豈能違之哉！自今子首匿父母，妻匿夫，孫匿大父母，皆勿坐。其父母匿子，夫匿妻，大父母匿孫，罪殊死，皆上請廷尉以聞。」參見《漢書》，卷八〈宣帝紀〉，第八，頁 251。

〔註119〕《後漢書》，卷三十四〈梁統列傳〉，第二十四，頁 1166。

〔註120〕鄭元箋、孔穎達疏，《毛詩正義》，卷十二，小雅〈小苑〉，北京：北京中華書局，1980.9，頁 451。收於《十三經注疏附校勘記》。

〔註121〕此處「雖杖甲，不當坐。」指乙「無罪」或「論以普通傷害罪」，或有疑義，筆者取第二種看法，即不論乙明知甲為生父，忿其生而不養，或乙為甲辱丙之言所激，皆不治以毆父罪。

有疑的主因。因此，審判採用之條文不能僅是事實表面的吻合，應當深入考量事件背景與過程，衡量當事人的身份與關係，論其本事原其初心，核對是否符合法律所禁之構成要件，才能予以適當的裁量與判決。當行爲人以惡意而違犯法令，犯罪事實明確且與法律規定要件相符，犯罪行爲之處罰當然適用國家律令，春秋之義也不能任意改變法律，此爲審案之經；唯若行爲事實表面上雖屬違法，論其本心卻是情有可原，此常爲當時不夠精詳的法令條文所未規範，春秋之義便能擔任深入解釋律文的角色，發揮「創造性補充」的超法規解釋功能。前文提過，「刑反德而順於德，亦權之類也。」〔註122〕司法審獄過程中，適用法律時亦應該參酌前述變禮權衡的原則，由此亦可發現春秋大義其實主要仍是站在統治者立場，道德臧否多不悖於統治秩序，違法行爲本非禮義所可，禮與律的關係並非絕對衝突，所謂以禮破律的批評，〔註123〕應當限定爲春秋決獄的一小部分。

　　如本文第一章所言，漢初律令多襲秦朝，蕭何定律、叔孫通作傍章之後，似乎未有大規模的立法，景帝曾經小幅修改律令，〔註124〕大體而言國家法令變動不大，武帝決意改制後，也開始一連串的律令制訂與改革，時訂越宮律二十七篇、朝律六篇，「漢時決事，集爲令甲以下三百餘篇，及司徒鮑公司撰嫁娶辭訟決爲法比都目，凡九百六卷。」〔註125〕「律令凡三百五十九章，大辟四百九條，千八百八十二事，死罪決事比萬三千四百七十二事。」此時「文書盈於几閣，典者不能遍睹」，〔註126〕唯國家律令雖繁，立法技術實欠周密，法典體制混亂，「盜律有賊傷之例，賊律有盜章之文，興律有上獄之法，廐律有逮捕之事，若此之比，錯糅無常。」〔註127〕趙翼以爲「漢初法制未備」，故「每有大事，朝臣得援經義，以折衷是非。」〔註128〕由史書所錄來看，在春

〔註122〕《春秋繁露義證》，卷十一〈陽尊陰卑〉，第四十三，頁327。

〔註123〕戴東雄，《從法實證主義之觀點論中國法家思想》，作者自印，1979.9，頁122。

〔註124〕沈家本由《漢書·景帝紀》輯出景帝所改律令七條。參見沈家本，《律令九卷》，〈律令二〉，「孝景改定律令」條，北京：北京中華書局，1985.12，頁855～856。收於《歷代刑法考》二。

〔註125〕房玄齡撰，《晉書》，卷三十〈刑法志〉，第二十，北京：北京中華書局，1997，頁922。

〔註126〕以上二段見《漢書》，卷二十三〈刑法志〉，第三，頁1101。

〔註127〕《晉書》，卷三十〈刑法志〉，第二十，頁923。

〔註128〕趙翼撰，《二十二史劄記》，卷二「漢時以經義斷事」條，頁26，台北：世界書局，1962.3。

秋決獄的時代裡，漢朝已是律令科比甚繁，比諸秦朝毫無遜色，只是古代法學理論發展有限，立法技術亦未臻成熟，援事設例、因類附比使得法令內容日趨繁瑣，解釋律文的律學雖有釐清補充律法不足的功能，卻仍無法應付層出不窮的社會糾紛，引《春秋》決獄能由經典之義補充法條所不及，也將儒家價值系統引入司法判例中，確能修正部分的苛法酷刑。

（三）春秋決獄的影響

漢初立國首重休養生息，武帝時開始對外用兵，北驅匈奴，南平百越，西通中亞，對內則採各種辦法嚴密監控王國，此時諸侯「大國不過十餘城，小侯不過數十里，上足以奉貢職，下足以供養祭祀，以蕃輔京師。而漢郡八九十，形錯諸侯閒，犬牙相臨。」〔註129〕皇帝為中心的一元政權形成，政治集權高度今非昔比。從國家法制情況來看，漢武大規模增訂法令後，律令科比繁多，酷吏深文周納，更加助長當時重刑任法的風氣，王充說：「法令，漢家之經，吏議決焉。事定於法」，「文吏治事，必問法家，縣官事務，莫大法令。」〔註130〕死刑過制，生刑易犯，復有獄吏以苛為察，以刻為明，故使孝武之時，「征發煩數，百姓貧耗，窮民犯法，酷吏擊斷，奸軌不勝。」在董仲舒的認知裡，法家之法就是刑罰與法令，天子不以「主上之法」自繩，王政之失端賴天之譴告，因此法刑純粹就是君主治民的工具；而從天人哲學觀點來看，刑德一如陰陽，有陽必有陰，王者治國當亦有德又有刑，不過法刑存在必要性的也僅此而已，「今廢先王德教之官，而獨任執法之吏治民，毋乃任刑之意與！」〔註131〕董仲舒對武帝重用執法之吏仍有很多批評。

班固說：「董仲舒在家，朝廷如有大議，使使者及廷尉張湯就其家而問之，其對皆有明法。」〔註132〕王充言：「董仲舒表春秋之義，稽合於律，無乖異者。」〔註133〕可見漢武不但推重公羊之學，〔註134〕董仲舒亦以其公羊學說參與審判

〔註129〕《史記》，卷十七〈漢興以來諸侯王年表〉，第五，頁803。

〔註130〕以上二段見王充撰、黃暉校釋，《論衡校釋》，卷十二〈程材篇〉，北京：北京中華書局，1990.2，頁542。

〔註131〕以上二段見《漢書》，卷二十三〈刑法志〉，第三，頁1101；卷五十六〈董仲舒傳〉，第二十六，頁2502。

〔註132〕《漢書》，卷五十六〈董仲舒傳〉，第二十六，頁2525。

〔註133〕《論衡校釋》，卷十二〈程材篇〉，頁542。

〔註134〕漢代經學中，《春秋》經的政治影響居五經之冠。景帝所立博士中，胡毋生、董仲舒皆治《公羊》，「以春秋白衣為天子三公」的公孫弘也是武帝時的公羊學者，「上因尊公羊家，詔太子受公羊春秋，由是公羊大興。」武帝一朝，「書

或提供朝廷議事時的法律意見。陳蘇鎮言：「董仲舒、公孫弘、吾丘壽王等《公羊》學家直接參與了更定法律的工作。」〔註135〕從現有文獻資料來看，董仲舒之參與決獄，當有改變漢朝司法風氣與重法習尚的意圖，但卻不見他像叔孫通一樣地以禮定律，將儒禮的有關內容實際化爲法典的內容。

董仲舒之後，漢朝經義決獄之風大行，中國傳統司法也深受影響，張湯「決大獄，欲傅古義，乃請博士弟子治尚書、春秋補廷尉史，亭疑法。奏讞疑事，必豫先爲上分別其原，上所是，受而著讞決法廷尉，絜令揚主之明。……所治即上意所欲罪，予監吏深刻者；即上意所欲釋，予監吏輕平者。」〔註136〕竟使經義成爲君主操弄的工具，法的確定性與獨立性就完全消失了，法家有關法的理想理念至此蕩然無存。〔註137〕上述所見董仲舒之春秋決獄皆未涉及統治有關的政治性案件，但至孝武之世「見知之法生，而廢格沮誹窮治之獄用矣。其明年，淮南、衡山、江都王謀反迹見，而公卿尋端治之，竟其黨與，而坐死者數萬人，長吏益慘急而法令明察。」〔註138〕張、趙「條定法令，作見知故縱、監臨部主之法，緩深故之罪，急縱出之誅。其後奸猾巧法，轉相比況，禁罔寖密。……奸吏因緣爲市，所欲活則傅生議，所欲陷則予死比」，〔註139〕經義折獄既經張湯、趙禹之屬濫用，「法令決事，輕重不齊，或一事殊法，同罪異論，奸吏得因緣爲市，所欲活則出生議，所欲陷則與死比，是爲刑開二門也。」〔註140〕獄政更形嚴酷，這應該也是董仲舒所難以想像的。

唯有歐陽，禮后，易楊，春秋公羊而已。」曾命嚴助：「具以春秋對，毋以蘇秦縱橫。」可見他對春秋之義的看重。參見《漢書》，卷五十八〈儒林傳〉，第五十八，頁 3617、3621；卷六十四上〈嚴朱吳丘主父徐嚴終王賈傳〉，第三十四上，頁 2789。

〔註 135〕陳蘇鎮，《漢代政治與《春秋》學》，北京：中國廣播電視出版社，2001.3，頁 255。

〔註 136〕《史記》，卷一百二十二〈酷吏列傳〉，第六十二，頁 3139。

〔註 137〕法家所談的法並不只是嚴刑與權術，韓非便言：「明主之國，令者，言最貴者也；法者，事最適者也。言無二貴，法不兩適，故言行而不軌於法令者必禁。」故「有道之主，遠仁義，去智能，服之以法。」上二段參見韓非撰、陳奇猷校釋，《韓非子集釋》，卷十七〈問辯〉，第四十一，高雄：復文圖書出版社，1991.7，頁 898；卷十七〈說疑〉，第四十四，頁 914。法是民眾舉動依循的準則，國法之外沒有其他權威，也無其他評價標準，君主摒棄私心以法擇人，全體君民便可透過律法趨向一國公利。

〔註 138〕《史記》，卷三十〈平準書〉，第八，頁 1424。

〔註 139〕《漢書》，卷二十三〈刑法志〉，第三，頁 1101。

〔註 140〕《後漢書》，卷二十八上〈桓譚馮衍列傳〉，第十八上，頁 959。

　　董仲舒以《春秋》決獄影響甚廣，經刀筆法吏援引、操縱司法後，衍生之弊亦罄竹難書，歷來學者已有許多批評，具代表性者如趙翼言：「援引古義，固不免於附會。後世有一事，即有一例，自亦無庸援古證今。第條例過多，竟成一吏胥之天下，而經義盡為虛設耳。」〔註141〕劉師培言之，「援公羊以傅今律，實則便於酷吏之舞文」，不過他也認為案習文法吏事的公孫弘，「外避法吏之名，內行法吏之實」，〔註142〕才是以儒術輔法吏的始作俑者。章太炎則直指董仲舒為「原附經讖，比于酈侯、叔孫」的「佞之徒」。〔註143〕楊鴻烈更說董氏決獄是「牽強附會，無所不至。」〔註144〕

　　唯如前文所見，董仲舒之春秋決獄並非完全扭曲原有律令，只有在犯罪者情有可原時引春秋之義解釋律文的精神，當不至於牽強附會，本事原志以斷獄，是以較高的道德理想作標準，冀能產生限制苛法的作用，非文法吏胥胡引經義便可任意斷案。在法制不夠完備的情況下，用不確定的經義概念作補充，的確會使法律適用產生很大的隨意性，故遇聖君賢吏則寬之，遇酷吏法臣則嚴之，復以斷獄原其本事尚非容易，欲知行為人心之所志就更加困難，董仲舒之春秋決獄既曲高和寡便難逃知音難覓的命運，自張湯以下，徒有經義斷獄的形式，卻無董仲舒春秋決獄的精神，馬端臨言：「漢人專務以春秋決獄，陋儒酷吏遂得以因緣假飾，往往見二傳中所謂責備之說、誅心之說、無將之說，與其所謂巧詆深聞者相類耳。聖賢之意豈有是哉！」〔註145〕由春秋決獄衍生的流弊，對董仲舒而言應也是無比的沈重。

　　春秋決獄雖藉司法究論行為人之是非曲直，其意卻非在殺一儆百以戒效尤，更重要的是罰一勸百以明春秋經權之義。審獄以達成禮治教化為目的，法意便不在於恐嚇報復式的「以刑去刑」。董仲舒的春秋決獄案例中，行為人依法而論皆當有罪，但是經過原心重讞後，或是不坐其罪，或可減輕其罰，可見董仲舒之議罪並非只據僵化的法令，法律之先尚審之以禮。春秋決獄「必

〔註141〕《二十二史箚記》，卷二「漢時以經義斷事」條，頁26。
〔註142〕劉師培，〈儒家法學分歧論〉，《國粹學報》，第二十九期。
〔註143〕章太炎，《章太炎全集》三，卷三〈檢論・原法〉，上海：上海人民出版社，1985.9，頁436。
〔註144〕楊鴻烈，《中國法律思想史》下，北京：北京商務印書館，1998，頁61。
〔註145〕馬端臨撰，《文獻通考》，卷一百八十二〈經籍〉九，北京：北京中華書局，1986.9，頁1567。

本其事而原其志」，是將主觀犯罪動機、行為者背景等因素與客觀犯罪事實合併考量，為了評判行為人的本意屬於故意或過失，倫理之三綱五常與儒家經典的微言大義亦需一併運用考量，是而官員斷獄不僅只是機械化地援引法律，更要考量經典文義當中所昭示的天理人情，既論經禮之常也要斟酌變禮之權，如此一來，在以經典詮釋轉化禮思想於法律解釋中，便可能改變先前適用的法律或補充原律法之不足，或者是以禮之權變寬宥非屬惡意之犯行，這麼一來，則倫理道德將會先於法律規範作考量，以禮修正不善之法，司法判決因此更貼近人情民心，卻也使得法律解釋趨於儒家化了。

「春秋者，禮義之大宗也。」〔註146〕董仲舒以《春秋》當新王，要求漢主改制更化，即以禮教大化的太平治世為理想。董仲舒認為，三綱是奠定社會秩序基礎最重要的禮思想，三綱以君臣為首，君臣上下如同天地之懸隔，「天之子」的地位高不可攀，董仲舒之三綱思想有取於法家，強調絕對化的政治社會秩序規範又能助長君主專制的權威，但其思想仍有截然不同於法家思想的一面，甚至表現對於專制政體的抗衡。〔註147〕以禮思想而言，董仲舒所談三統三政之制、社會倫常之三綱都是經禮，經禮大多站在尊君的立場，為維持統治秩序而發言；但是董仲舒的禮也非只有服從國君的一面，故逢丑父雖捨身存君而不謂知禮，相反地，公子目夷不顧宋公、子反廢君命，卻不以失人臣之禮相責，決獄案例中，大夫未從君命私自縱覽，董仲舒仍許其仁心，可見所謂禮者，「於道無以易之」，雖失其經，仍屬變禮，董仲舒於變禮當中寓含道德的理想性，故能權知變禮之人，應是足可擔當教化之任的聖人。

再由法思想以觀，董仲舒認為法家之法便是律與刑，法刑固是帝國統治的利器，但他卻明確反對天子治國而恃刑。人主「操殺生之勢」，法自君出，但是君權立法仍須服從於天，〔註148〕否則便有可能遭受天譴。董仲舒不但主張統治者要輕法少刑，在德主刑輔的天道原則下，法刑應該只是輔助禮治的

〔註146〕《史記》，卷一百三十〈太史公自序〉，第七十，頁3298。

〔註147〕林聰舜指出，董仲舒透過「屈君而伸天」發揮了儒家理念，「貶天子、肯定湯武革命、禪讓等理論，基本上是有條件的『尊君』。」參見林聰舜，《西漢前期思想與法家的關係》，台北：大安出版社，1991.1，頁179。

〔註148〕「王者上謹於承天意，以順命也。」參見《漢書》，卷五十六〈董仲舒傳〉，第二十六，頁2515。

工具，從《春秋》治獄的主張來看，「春秋爲仁義法。仁之法在愛人」，〔註149〕決獄雖有原心而誅未遂的一面，但至後世擴大爲「誅心」、「無將」之說，應非董仲舒之原意。漢朝治獄不但應該輕刑尚寬，以《春秋》澄清法治，天子更應透過決獄推行教化，至「刑罰甚輕而禁不犯」，禮教大化，「不令而行，不禁而止，吏亡姦邪，民亡盜賊，囹圄空虛」。〔註150〕由是可知，董仲舒思想中，不論禮、法所欲達成之太平理想皆爲一致，只是不論禮、法的理想，最後還是希望能夠透過禮教來實現了。

第三節　小　結

　　春秋之道，「奉天而法古」，董仲舒以陰陽五行觀點說解天道運行的規律，將春秋大義與天道思想連結，進一步點出王者施化應取諸於天，才能如天之爲，成就愛利生民的事業。董仲舒指出，秦朝獨任刑罰助長專制統治之威，早期漢主消極承秦、舉事無所更易當然無法改變國家的困境，秦之遺風餘烈未滅，今之文吏倚法求治，酷吏又以苛察爲能，今世天子當然難以成就德澤四海的萬世功業。爲了改變漢朝治道方向，統治者宜取《春秋》當新王，以公羊學爲漢制法，革弊更化而後能使天下大治。

　　由儒家禮樂治世的步驟來看，漢主應天而立，應就黑統改正奉元，「改正朔，易服色，制禮樂，一統於天下」，〔註151〕除此之外，曆數、朝服、冠綬、祭牲、樂器、宮邑、官名等當亦應天而改，使四境同風，文化一統，禮樂各以其法象其宜，漢主由改制彰顯所受天命，亦將漢人反秦立國的正當性傳遞出來，改制之於漢朝的意義無疑是至關重大的。董仲舒所言改制內容包含漢家之禮，但是其與叔孫通專務尊君的朝儀或漢家禮儀並不相同，叔孫通之制禮，重在強化天子威儀、標幟統治家族的神聖性，董仲舒則將禮制範圍擴及教化，冀由庠序之教打造一個更合理的國家社會秩序，此與當時拒爲武帝訂禮的保守派主張亦大相逕庭。其次，董仲舒明確提出三綱的原則，作爲君臣、父子、夫婦等人倫次第與社會關係的大方向，三綱既立，是非可明，禮教已然建構一個上下井然的人道倫理秩序，毋待法以正之。不過，在天下未遍合

〔註149〕《春秋繁露義證》，卷八〈仁義法〉，第二十九，頁250。

〔註150〕《漢書》，卷五十六〈董仲舒傳〉，第二十六，頁2520。

〔註151〕《春秋繁露義證》，卷一〈楚莊王〉，第一，頁17。

和之前，「王者不虛作樂」，需先除去天下之患，罰惡舉善，故法刑不可盡廢，應如天道「暖暑居百而清寒居一」的原則，以禮為主，大德而小刑。

三綱已在人心之中預先築起一道道德的防線，此外春秋大義、禮樂思想也提供許多道德原則作補充，廣義地說，董仲舒認為道德之經甚或一般律法規定，都在三綱禮義所示的原則內，故若百家殊方，指意不同，而上亡以持一統，將使「法制數變，下不知所守」，今以孔子之術為道，「然後統紀可一而法度可明，民知所從矣。」〔註152〕可見國家所制法度確在儒禮認可的範圍內；至若禮義之權、疑獄於人心而有不厭者，更不能死守教條，或只依靠僵化的法令條文來判斷，需返之於心，返之於義，尋求契合天道人心的真理正義，這才是在春秋決獄所欲揭示的重要意義。王充認為，董氏「表春秋之義，稽合於律，無乖異者。」是以春秋正法突破「論者徒尊法家，不高春秋」之闇蔽，〔註153〕考究董氏「躬自厚而薄責於外」的仁義法思想特意凸顯價值理性與道德本質，「正其道不謀其利，修其理不急其功」，〔註154〕與法家之急功近利自然有別，董仲舒冀以矯正武帝時期尚刑輕德的刑罰風氣，以儒學扭轉漢朝政治方向的意圖顯然可見。

觀察漢初儒者的禮、法思想，雖仍遵循孔孟仁愛重民的教訓，也始終站在維護皇權統治的立場，從董仲舒思想內容來看，他不但認同漢朝大一統的政治體制，更從災異解析反對郡國立廟，進而有誅殺驕揚恣睢諸侯的主張。不過，董仲舒一方面肯定專制體制，另方面仍由其公羊學的禮法思想灌注現實政治以理想。在大德小刑的思考脈絡中，董仲舒建構了一套符合儒家秩序理想的禮法觀，禮、法關係既結合了時人所認同的陰陽五行宇宙架構，又與帝國統治所需的意識型態相合，漢初以來「漢家禮儀」為主軸的制禮觀念逐漸轉化，教化為體的禮法思想成為此後傳統禮法觀點的主要思維，這也是董仲舒在儒學史上地位舉足輕重的一大原因。

〔註152〕以上二段見《漢書》，卷五十六〈董仲舒傳〉，第二十六，頁2523。
〔註153〕以上二段見《論衡校釋》，卷十二〈程材篇〉，頁542～543。
〔註154〕《春秋繁露義證》，卷九〈對膠西王越大夫不得為仁〉，第三十二，頁268。

結　論

第一節　西漢前期禮法思想的背景與發展

一、禮法思想的時空背景

思想的發生多與時代環境有關，禮、法更是學術應於時局變遷與社會重大危機所形成的反響。走過道術爲天下裂的時代，戰國百家爭鳴的榮景也走到尾聲，當秦漢帝國形成，學術文化進入百川匯流、兼容並包的新型態，漢初學者既繼受先秦思想，又面對與彼時帝國政治的情況，他們在傳承前人文化遺產的同時，尚需提出符合新時代觀點的主張，其禮、法思想不但傳達時代、政治需求，也表明了學者改良現實的意圖，並爲後世禮法思想指出新方向。

（一）皇權秩序的確立

秦始皇以郡縣爲官僚制度基礎，支撐起皇帝意志爲主的皇權體制，漢初郡國並行雖能平衡各方勢力、協調不同體制之認知，〔註1〕終仍無法避免中央

〔註 1〕 先秦時期天下「定於一」的思想已頗流行，參見劉家和，〈論先秦時期天下一家思想的萌生〉，收於《中國歷史上的分與合學術研討會論文集》，台北：聯經出版社，1995。秦漢統一後，統治階層對此新制仍有疑慮，不乏主張回復分封制度者，如秦相綰言：「諸侯初破，燕、齊、荊地遠，不爲置王，毋以塡之。」淳于越要求秦王再度分封：「臣聞殷周之王千餘歲，封子弟功臣，自爲枝輔。今陛下有海內，而子弟爲匹夫，卒有田常、六卿之臣，無輔拂，何以相救哉？」項羽滅秦後，「乃分天下，立諸將爲侯王。」酈食其曾獻計漢王「復立六國後世」，張良則揭露平民野心家所願，直指須分封效力游士爲王，韓信也曾以「齊僞詐多變，反覆之國也，南邊楚，不爲假王以鎮之，其勢不定。」

地方的衝突。從高祖到文景之朝，一國兩制深深影響漢朝政治穩定，專制皇權不容權力分享，朝廷與王國間也從齟齬猜忌而致見諸兵戎，朝廷為了擴充勢力陸續收回諸侯王權力、侵奪其地、減黜其官，「諸侯王不得復治國，天子為置吏，改丞相曰相，省御史大夫、廷尉、少府、宗正、博士官，大夫、謁者、郎諸官長丞皆損其員。」〔註2〕王國需守漢律漢法，軍事、司法等重要官吏改由中央派任，皇權與分封的衝突初步解決。

　　皇權體制勝出，影響了漢代學術的整體思維趨向，一方面，學術不能於體制之外而求用，那些主張分封的意見也就慢慢變成空谷跫音；另方面，過去志於道業的士人，已從托庇權貴私門轉而依附國家制度，這些具有深厚社會經濟基礎的士人，不若往昔不治橫議的處士，〔註3〕他們不但積極入世求用，也與統治的法律、秩序有所互動與配合。禮學本是儒家理想，非為統治便利或尊君而設，當皇權秩序形成，漢朝知識份子為了因應統治政權需要、致用所學，部分轉化了先秦禮學觀點，摻入法家思想，切入現實重新釋禮，故如叔孫通之朝儀，便是以強制性的禮儀排場迎合漢主自大虛榮的心理，後來的陸、賈、董子等也都站在中央立場，由政局安危、走向說明禮於統治的重要性。陸賈言：「道因權而立，德因勢而行，不在其位者，則無以齊其政，不操其柄者，則無以制其剛。」〔註4〕是將政治視為實踐禮義道德的最佳途徑，賈誼以仁義恩厚、權勢法制為人主之具，〔註5〕《淮南子》：「權勢者，人主之車輿」，「攝權勢之柄，其於化民易矣。」〔註6〕都是認同政治力量的優先性，

要求受封假王。以上五段參見司馬遷撰，《史記》，卷六〈秦始皇本紀〉，第六，北京：北京中華書局，1997.9，頁 238～239、254；卷七〈項羽本紀〉，第七，頁 316；卷五十五〈留侯世家〉，第二十五，頁 2040～2041；卷九十二〈淮陰侯列傳〉，第三十二，頁 2621。

〔註2〕 班固撰，《漢書》，卷十九上〈百官公卿表〉，第七上，北京：北京中華書局，1997.9，頁 741。

〔註3〕 余英時指出，「秦漢之後，中國知識階層發生了一個最基本的變化，即從戰國的無根的『游士』，轉變為具有深厚的社會經濟基礎的『士大夫』。」參見余英時，〈古代知識階級的興起與發展〉，收於《中國知識階層史論：古代篇》，台北：聯經出版社，1997.4，頁 86。

〔註4〕 王利器，《新語校注》，卷上〈辨惑〉，第五，北京：北京中華書局，1986.8，頁 84。

〔註5〕 「仁義恩厚，此人主之芒刃也；權勢法制，此人主之斤斧也。」參見賈誼撰、閻振益、鐘夏校注，《新書校注》，卷二〈制不定〉，北京：北京中華書局，2000.7，頁 71。

〔註6〕 以上二段見劉安等撰、何寧校釋，《淮南子集釋》，卷九〈主術〉，北京：北京

承認道德權威可由政治權威樹立。在皇權主義的框架下，禮法思想始終是以重建統治秩序爲核心，儒生雖然援道入禮，實際上又不免只能在道屈於勢的情況下，〔註7〕轉而尋求理想與現實的妥協。

　　從治術而言，秦朝統一天下後未能熄烽火、安百姓，漢人檢討秦亡史事，關注法術政治之殘暴，認定漢朝應當改變統治方向以求治，用法治以外的方式穩固皇權。漢人認爲自恣狂妄的秦帝是秦朝覆滅的元兇，君權過度膨脹將造成毀滅性的災難，但在一人專制的政治壓力下，要求限縮君權實有所難，〔註8〕因此儘管學者一致反對任刑重法的統治方式，反對不能聞過納諫的秦王，他們對皇權過大的問題卻仍多所迴避，唯一主張以禮法規範君權的只有《淮南子》，唯《淮南子》的異見有其特殊時空背景與政治處境，在當代思潮中究屬異數，故當皇帝之於儒禮只是「度吾所能行爲之」，漢儒由陰陽災異譴告談君權的責任與義務時，又以「春秋君不名惡，臣不名善，善皆歸於君，惡皆歸於臣」，〔註9〕研議由大臣承擔天子過失，則以天制君便仍只是一種理論的理想，禮亦不能約束漢天子。西漢前期的禮、法思想轉爲一種適應帝國政治需求的思想型態，透過與統治秩序結合成爲皇權體制的上層建築，既支持著皇權體系的運作，也發揮體制內的影響力。

（二）長治久安的需求

　　由時間縱向來看禮、法關係，起源於宗教儀式的禮，內容隨時代而變遷，法家興起後，急功務力的作法有立竿見影之效，法治催生了專制政體，也助成國際局勢從群雄混戰走向秦朝統一。秦亡以後，漢人回顧前朝歷史，認爲是暴君酷法使秦速亡，繼秦代立者必需突破秦政權的舊思維，提出延續統治的具體辦法，才能走出異於亡秦的道路。從西漢前期儒者所強調的釋禮、制禮之事來看，他們都肯定由禮可致國家長治久安，相較於秦政權之「專任刑罰」，重新詮釋符合新時代所需之禮有其必要，漢人再度言禮並非老調重彈，而是富有時代

　　　中華書局，1998.10，頁647、672。

〔註7〕先秦儒、墨都有以道自任的責任感，既是「士志於道」便「憂道不憂貧」、「樂
　　　其道而忘人之勢」而從道不從君。參見余英時，〈古代知識階級的興起與發
　　　展〉，頁38～50。

〔註8〕徐復觀，〈兩漢知識份子對專制政治的壓力感〉，收於《兩漢思想史》，卷一，
　　　台北：學生書局，1993.2七版，頁281～292。

〔註9〕董仲舒撰、蘇輿校注，《春秋繁露義證》，卷十一〈陽尊陰卑〉，第四十三，北
　　　京：北京中華書局，1992.12，頁325。

意義的。若從政治空間觀察，漢儒論禮大都站在擁護皇權的立場，以禮防制臣下僭越，所謂的禮不再僅是禮容、禮數或禮器，更重要的是禮文當中傳達的尊尊訊息，禮文化同時代表了大一統的政治秩序，禮與政治秩序的結合也就更加緊密。至於《淮南子》的禮、法思想則與封國政治處境有關，其禮、法主張不僅和當時學術主流不同調，也與時代的政治趨向不能協調，其說較為特殊。

　　漢初承沿秦制，統治者取黃老為治，「治道貴清靜而民自定」，民生經濟皆得休養生息。史書中的張良、陳平、曹參等都富有道家氣質，〔註10〕他們採取黃老寬簡無為的思想治國，既改善了秦政之過極失當，又能沿用秦制少作興革，余英時說：「黃老之能流行於大一統時代的漢初，決不是單純地因為它提出了『清靜無為』的抽象原則，而是黃老與法家匯流之後使得它在『君人南面之術』的方面發展了一套具體的辦法，因而才受到了帝王的青睞。」〔註11〕金春峰亦言：「漢初黃老思想的政治實質是法家思想。」「它糾正與改變的是秦代對法治的濫用，而其法治的精神與立場，則是沒有改變的。」〔註12〕可見漢初統治階級的意識型態實與秦時相差無多，法家影響並未在漢初反秦思潮中消除。但多數儒者認為，漢主沿用霸道治天下非但不能穩固統治基礎，漢家天下亦無法長久，唯今之計，只有用儒家禮為主體的意識型態取代過去倚賴刑治的想法，重整國家秩序，徹底扭轉漢朝統治方向，才能改變秦朝弊端。漢初學者所討論的禮法思想，攸關當時穩定政權的需求，亦且針對時弊提出改善政治社會、經濟民生、司法制度的具體方案，他們不但在理論上修正了先秦儒禮或法家之法，其治天下之議也引起統治者注意，對於此後漢主的改革行動都有影響。

二、禮法思想的發展

　　史謂秦以法治，檢視出土簡帛與文獻資料可知秦法不僅只是刑律，也包含各種制度與規章，從詮選官吏、勞蹟考課、徭役征發到官員交接、財產移交、供食差等或是公器標幟、器物材料等皆有可循之律，秦律規範細密，很能展現

〔註10〕張良「學辟穀，道引輕身」，陳平「本好黃帝、老子之術。」以上二段見《史記》，卷五十五〈留侯世家〉，第二十五，頁 2048；卷五十六〈陳丞相世家〉，第二十六，頁 2062。「蕭、曹為相，填以無為，從民之欲，而不擾亂。」參見《漢書》，卷二十三〈刑法志〉，第三，頁 1097。

〔註11〕余英時，〈反智論與中國政治傳統〉，收於《歷史與思想》，台北：聯經出版社，1997.6，頁 14。

〔註12〕以上二段見金春峰，《漢代思想史》，北京：中國社會科學出版社，1997.12 二版，頁 49～50。

帝國法治成就與官僚體系運作的效能，可見秦朝確實有意實現法家以法治國的理念，但是，這樣一個龐大的帝國竟「二世而亡」，秦法之弊遂引起漢人注意。秦非全無孝悌禮義觀念，〔註13〕只是法家強調君權價值與功利導向的忠孝仁義思想，確實無法與儒家的仁愛禮義等量齊觀，而漢人既然不以秦禮為禮，不以秦樂為正，重新建立漢朝禮學、導正秦法方向，便是漢初士人的重要使命與嚴肅議題。酷法亡秦宣告了重刑高壓統治的失敗，也讓漢人對禮法有更多的思考與關心，在收拾殘破山河之後，如何振興衰頹經濟、修補前朝敗俗遺風、維繫統治政權於不墜又能締造統治秩序的新格局，遂為西漢前期君臣的迫切課題。

　　本文以為，西漢前期禮法思想可大別為幾個階段：早期以黃老、陸賈、叔孫通為代表，賈誼與《淮南子》開展了禮法思想的另一階段，董仲舒以後，傳統禮法思想理論便大致定型。西漢前期禮法思想與當時國家情勢有關，隨著時代環境變化，襲秦的重法統治意識開始轉變，德主刑輔思想成為禮法論述的主軸，彼時儒者的禮法思想不但影響中國政治社會千年之久，其所傳達的濟世主張與改革理想對於後世之儒更有典範性意義

（一）從無為道法而至儒家德主之法

　　漢朝初立時，經濟凋弊，國政困窘，在漢承秦制的現實情境中，統治者倚賴秦制秦法為治，欲去秦法之苛酷煩民，又能重建漢法的尊嚴與威信，黃老思想正可發揮其功效。道法思想以道為依，自然天道有度、有數、有信、有常便是道法的特性，天地之道譬諸人事之理，王者端己正靜、守道無私則可執天之道、御法之理，漢法循天道法理而立，其合天地陰陽、正於份位形名，因此即使漢初承沿秦制，若取道法原則來理解，漢法與漢朝統治仍能具有正當性意義，而與暴秦無道苛法不同。其次，道法雖然強調法的超越與尊貴，基本上仍不可違反黃老清靜約省的主張，黃老治道意義的德、仁、義、禮都是用柔守雌的政術手段之一，儒家道德為內涵的禮在黃老之學當中並無深刻含意，為求「參於天地，合於民心。」〔註14〕統治者仍然不能一味追求

〔註13〕秦代刻石碑文中，便有男女禮順、端直敦忠、聖智仁義、體道行德等道德觀念。參見《史記》，卷六〈秦始皇本紀〉，第六，頁243～247。另秦簡〈為吏之道〉有對於官員高標準的道德要求，〈封診式〉及《法律答問》中皆有對不孝者治罪之律。參見睡虎地秦墓竹簡整理小組，《睡虎地秦墓竹簡》，北京：文物出版社，1990.9。

〔註14〕魏啓鵬箋證，《馬王堆漢墓帛書《黃帝書》箋證》，卷一《黃帝書・經法》，〈四度〉，J5.2，北京：北京中華書局，2004.12，頁43。

重罰或必刑，影響所及，漢初司法案件審判不但可以彈性從輕，統治者為了示民寬緩，也不時施恩行惠以免刑。

究論黃老本非純屬先秦道家，從「道生法」到執道無為等說法，在在顯示黃老是循法的無為而非反法之無為，其審定名實以別君臣之分的道法形名主張，並不同於儒家「正名」思想，反而接近法家的尊主卑臣觀，法家法治觀念滲入老子的無為思想，道法之說實際含有更多法家的概念，這也是在漢初承秦而又反秦的時代裡，黃老之學的一大優勢與特點。道法既融合了道家、法家概念，刑德相養、慈惠愛民、毋奪民時等主張又吸收了儒家王道政治觀，道法乃呈現綜合各家的傾向，這便沖淡了法家嚴刑峻罰的色彩，修正了秦政當中最令人詬病的地方。黃老道法思想，在社會疲弊環境中適得其宜，在政治尚未穩定的西漢早期，對於緩解中央地方對抗的情勢也有助益，道法之說既可解釋漢朝反秦卻又承用秦法的矛盾，等於是將法的負面形象作一個轉換，初步消解了人民對於漢法合理性的質疑。黃老學說由道法提供新王朝之統治正當性，也由道法思想賦予統治者更高的理想性，為了落實道法理想，統治者須是神明虛靜的聖王，他不但要能執道生法也要「自引以繩」，以能確保道法實行時之公平與公正，在儒禮式微的時代裡，道法思想對約束皇權與改革秦制秦法仍有一定的意義。

高祖時期的儒生中，只有陸賈曾較完整地提出有關法的見解，而在當時具有一定的代表性。陸賈指出文明秩序由天道自然開端，聖人循「天地之法而制其事，則世之便而設其義。」賞罰之法乃據現實奸邪佚亂所設，具有較為強烈的針對性，伊始便與黃老道法的形上特性不同。陸賈所言無為治世雖有法令刑罰之用，但「民不罰而畏，不賞而勸」，非因國家刑罰已設而是社會教化成功，因此同樣是講無為，陸賈言「彈五弦之琴，歌南風之詩」，「制作禮樂，郊天下，望山川，……四海之內，越裳之君，重譯來朝」的無為之治，〔註15〕實較接近儒家「恭己南面」的無為治世，師旅不設、刑格法懸與黃老循法的無為更形成對比，可見陸賈言法主要還是先秦儒家的傳統，和黃老究非相同。其次，陸賈一再指出暴秦恃刑而治，刑立則德散，法具體落實於懲治犯罪時，法、刑幾乎就是一體的兩面，著實無法提供更高層次的價值與理想，因此不論是改革秦制或約束國君，法的效果都很有限，禮義教化才是根

〔註15〕 以上四段見《新語校注》，卷下〈思務〉，第十二，頁 168；卷上〈無為〉，第四，頁 59、64。

本，陸賈未由法之解釋詮釋漢法以新意，也未強烈主張改訂法制，其有關法的看法大體遵循傳統儒家的意見。

漢初休養生息二十餘年後，天下和洽，政治偏安，此間晁錯、張釋之曾以執法更令等作爲聞名，直到賈誼才將禮法主張架構爲一套經世治國的論點，西漢前期儒者所言之法，至此有了較大的轉變。賈誼對於法刑之失、治國宜取刑德並用的看法基本上和陸賈相同，唯其思想富有崇儒貶法的傾向，對於黃老消極無爲的作法更是不能苟同，依照賈誼對帝國現實情況的觀察，傳統儒學已經無法解決當時政治的困境，爲了對付威逼天子的諸侯，漢廷應以法爲斤斧以割「眾髖髀」，而從尊君集權的時代需求來看，「人主法而境內軌矣，故其士民莫弗輔也。」故而不但傳統儒家的禮學內涵需要轉化，也需修正先秦儒家法的偏見與看法，賈誼有關法的論點便與陸賈有所不同。

先秦法家強調法的公平與公正，「法不阿貴，繩不撓曲。……刑過不避大臣，賞善不遺匹夫。」君主「明於公私之分，明法制，去私恩」，〔註16〕「使法擇人」、「使法量功」，不再講求尊親關係與恩情，《商君書》：「所謂壹刑者，刑無等級。自卿相、將軍以至大夫、庶人，有不從王令，犯國禁，亂上制者，罪死不赦。有功於前，有敗於後，不爲損刑；有善於前，有過於後，不爲虧法。」〔註17〕都欲樹立法、刑某一程度的平等性。從西漢前期法思想的發展來看，黃老言法自天道而來，道法以天道律則爲矩矱，其公正、客觀與平等意義應予肯定；陸賈對於承秦而來的現行漢法自有臧否，但對一般刑罰意義的法並無太多著墨；賈誼則凸顯了法的差別性，他既反對刑上大夫，亦否定王子犯法與庶民同罪的看法，爲了凸顯君主尊貴，基於「投鼠忌器」的心理，罪臣有賜死而無戮辱，「係、縛、榜、笞、髡、刖、黥、劓之罪，不及士大夫」，法既阿曲於身份之貴者，又可當作統治者的「斤斧」，其維護身份階級的功能便遠過於紬羨齊非，與法家具平等性的法也就大相逕庭。當漢朝君主專制意識日漸高漲，任何助益於皇權統治的思想觀念，都會格外受到統治者青睞，於是，先秦法家那種公平、獨立、客觀的理想之法無人再究，儒家濟世改革之道只能求之於禮，再也不能寄望於法了。此外，賈誼談法還有更關鍵的一面，他將禮法結合推出「經制」的觀念，經制本來以禮爲核心，車輿、衣服、器械、地制等皆有所定，唯制度既定之後，

〔註16〕以上二段見韓非撰、陳奇猷校釋，《韓非子集釋》，卷二〈有度〉，第六，高雄：復文圖書出版社，1991.7，頁88；卷五〈飾邪〉，第十九，頁311。

〔註17〕蔣禮鴻解詁，《商君書解詁定本》，卷四〈賞刑〉，第十七，北京：北京中華書局，1986.4，頁100。

禮、法由制度連結,「等級既設,各處其檢,人循其度。擅退則讓,上僭則誅。」
〔註18〕由禮而定的各種制度,不但需如法令般地被遵守,一旦違反還會受到刑
罰伺候,至是法爲禮制的後盾,則法不僅只是刑,法教尚有維護禮意的目的,
如此一來,賈誼定經制的「辦法」便與早期叔孫通之制禮遙相呼應,這也是後
來統治者實踐儒禮最簡便的方法。

漢初黃老風行,承秦之漢法繼續沿用,陸賈有關法的看法並未引起太多
注意,文景之後,政局稍安,道法思想在現實中的保守傾向,受到主張興革
者的質疑,賈誼說當前局勢「可爲痛哭者一,可爲流涕者二,可爲長太息者
六,若其它背理而傷道者,難徧以疏舉。」他對諸侯坐大、民風日下而漢廷
無爲的情況憂心忡忡,認爲朝廷宜「改正朔,易服色制度,定官名,興禮樂」,
以使「諸侯軌道,百姓素樸,獄訟衰息。」〔註19〕賈誼從「經制」規劃出來
的制度之法,內容明確而詳實,「經制」結合實際賞罰,又摻入了禮的想法與
精神,這是賈誼論法富有創造性的地方。賈誼的禮法主張,內容包含漢儒轉
化傳統儒家法學立場的意圖,也代表了漢儒企圖建立新國家學說的嘗試,對
大一統的政治形勢是有正面意義的。從文帝不取「經制」理想,卻採用賈誼
施法用刑的部分主張來看,在法能尊君、適時提供統治功能的前提下,統治
者對於儒家法學觀點已逐漸接受了。

不過,此後仍有學者抱持與中央完全不同的立場來論法,這就是劉安等人
由無爲治道中尋繹出來的法思想。《淮南子》談法觀點非常特殊,它既不認同黃
老法由天生的說法,也不贊成儒者依照君主政治判斷而爲立法的主張,「法生於
義,義生於眾適,眾適合於人心」,法令當因於人性、順於人情,這樣的法不但
具有普世價值,對廣大民眾而言也有一定的客觀性。其次,《淮南子》要求立法
應隨時舉事、與時推移,變古應俗未可爲非,循舊守典不足以爲政,它對儒者
以法令促成集權政治的作法非常反感,更批評申、商、韓非等人過於刻削的刑
法主張,在《淮南子》看來,不論秦政所遺之法或是前儒禮法的主張,皆屬過
度造作、違反人性,更使漢法成爲打壓王國的幫凶,尤其是天子一人兼有天下,
卻困於依法擅斷、勞心煩志的卑狹格局,著實不足爲取。《淮南子》認爲,法應
爲全體人類服務,故「法籍禮義者,所以禁君,使無擅斷也。」爲了減少中央

〔註18〕以上二段見《新書校注》,卷二〈階級〉,頁80;卷一〈服疑〉,頁53。
〔註19〕以上三段見《漢書》,卷四十八〈賈誼傳〉,第十八,頁2230、2222;卷二十
　　　　二〈禮樂志〉,第二,頁1030。

專制、防範君主濫權，真正的法應該擺脫政治干預，天子也要受法所約束，「所謂亡國，非無君也，無法也。」〔註20〕不守法的天子被視爲亡國亂源。

在黃老式微的武帝初年，《淮南子》論法的意見格外特殊，它遠承先秦法家要求君主守法的主張，〔註21〕上繼黃老「執道者，生法而弗敢犯殹（也），法立而弗敢廢[也]。□能自引以繩」的說法，〔註22〕進一步要求法能獨立，不受政治干擾，也表達了淮南王與其門客以法對抗皇權的立場。整體而言，《淮南子》論法意圖綜合先秦儒法之家與黃老觀點之長，另方面它的論點與漢初承秦之法、陸賈或賈誼等儒的主張都不一樣，其法不但富有學術理想性，更有意改變當前王權過度擴張下的不合理現象，《淮南子》認爲，漢廷應設「無爲」之法，才能擴大統治政權的格局。不過，這種具有普世價值意義的法，抽離了西漢當時的政治現實，在時代大一統的趨勢下，異於中央的獨特立場不但難以獲得漢天子賞識，與漢代儒學的政治趨向也全然不合，劉安縱有滿腔理想，《淮南子》有關法的意見還是只能像是曇花一現了。

在西漢前期思想家派人物中，董仲舒論法觀點有關鍵的地位，他將漢初以來的天道陰陽學說有系統地融入禮法觀念，再由《春秋》微言大義之闡釋，確認了漢儒皆有共識的禮法關係與價值，此後，儒者對法的定義、定位幾乎定型，對西漢前期法思想的發展而言，其論具有階段性的代表意義。從他的陰陽觀點來看，陽爲德，陰爲刑，「天以陰爲權，以陽爲經。」〔註23〕雖君道不可獨陽而無陰，但是刑者始終只是輔助的角色；在三綱禮教爲主的王道秩序中，董仲舒不再細究法的獨立性或理想性，法幾乎便就只是令與刑，「法出而姦生，令下而詐起，如以湯止沸，抱薪救火，愈甚亡益也。」〔註24〕其所

〔註20〕 以上三段見《淮南子集釋》，卷九〈主術〉，頁 660～663。

〔註21〕 《商君書》中已有君主守法的觀念：「法者君臣之所共操也。」「君臣釋法任私必亂。」韓非亦言，「明主使法擇人，不自舉也；使法量功，不自度也。」參見《韓非子集釋》，卷二〈五蠹〉，第六，頁 86。唯此處君、法關係只到國君不亂法爲止。《管子》中有「禁勝於身，則令行於民矣。」明君「置法以自治，立儀以自正」的想法，唯「生法者，君也。守法者，臣也。法於法者，民也。」參見黎翔鳳校注，《管子校注》，卷六〈法法〉，第十六，北京：北京中華書局，2004.6，頁 293、312；卷十五〈任法〉，第四十五，頁 906。其法以制君的思想仍較《淮南子》削弱許多。

〔註22〕 《馬王堆漢墓帛書《黃帝書》箋證》，卷一《黃帝書・經法》，〈道法〉，J1.1，頁 1。

〔註23〕 《春秋繁露義證》，卷十一〈陽尊陰卑〉，第四十三，頁 327。

〔註24〕 《漢書》，卷五十六〈董仲舒傳〉，第二十六，頁 2504。

帶來的負面災難比起誅惡去邪之效更顯怵目驚心，董仲舒對以法禁罪的期待，與前面提過的思想或人物相較，顯得更為消極。

值得注意的是，董仲舒對審獄斷案有他獨特的見解：「春秋之聽獄也，必本其事而原其志。志邪者不待成；首惡者罪特重，本直者其論輕」，〔註25〕因此「罪同異論」是審判過程的細緻化，而非裁量權隨心所欲的擴大。董仲舒之論決獄，都在立法司法的現實層面談法，透過這樣的討論，不但讓朝廷接受了以司法行政落實儒禮的事實，也由引述經義的決獄過程中，向統治者爭取到了一點議法權，這是西漢儒者由制禮到議法過程重大的一步，叔孫通、賈誼以禮定制的主張於此並未受到排斥，反而是在這樣的決獄觀點中全面整合。觀察西漢前期法思想的發展，不但儒者有關法的意見越來越多，言法也愈強調制度刑罰的細節與審判內容，具體可行之法不再只是法家關注的課題，借入世之法灌注儒者的意見與理想，更成為漢儒法思想重要的一部份。而董仲舒豐富的天人哲學理論，不但吸收黃老道法、刑德等觀念，又能擴充儒家法學的內涵，補充漢初以來儒者言法的不足，漢人有關禮法關係的探究，從此由法理討論擴展到具體的司法審判與運用，董仲舒在漢代法學發展的角色是非常關鍵的。

中國法制系統的討論可以粗略分為幾個層面，有靜態的立法、動態的司法審判與法理意義的探討等，法制發展上意義重大的變革，通常始自理性的法理探究開始，經歷司法審判之醞釀，進而追求立法的完備與美善。當然這三種層面的演化並非只以直線方向單向進行，法理、司法與立法三者經常同時並存而又交錯影響，漢初由禮法思想討論秦朝法制體系的改良，正是理論、審判與立法三方面發展的成果。

綜觀西漢早期論法著重形上哲學的一面，黃老由天道思想推展道法觀念，初步穩固了承秦漢法的正當性，陸賈由秦朝惡法反求先王之法的真諦，他們有關法學的論點，主要著眼於法學理念的宣揚，這個階段所談的法，與先秦儒、法之家較接近。文景之後，學者有關法的意見多集中在具體制度刑罰上，賈誼用經制規劃陳述法的理想，《淮南子》則從「無為」言治，要求改革當時統一的法令制度，所談已經涉及司法實務，但對實際審判仍未產生直接的影響。至董仲舒由《春秋》指點審獄斷案，則透過儒家經典直接介入實際案例，儒者由實務上的司法審判實踐禮學理想，審視法令適用的合理性，

〔註25〕《春秋繁露義證》，卷三〈精華〉，第五，頁92。

可說是禮法思想的全面結合。

　　前期法思想的演變過程中，法思想的發展與當時政治現況息息相關，道法思想曾在早期發揮一定的功效，此後儒者積極探討法的價值，他們所規劃的制度理念比起黃老而言，更適合也更能運用於皇權主義的漢朝帝國政治。儒者改造漢家法制體系的過程中，首先，法家之法客觀、平等等種種形式特點不再被強調，儒學經典中各種抽象理念與微言大義，則不斷被運用到當時法學的概念，禮學成為法制上位的原則，禮的重要性根本性在法制系統中相對凸顯，法家富理想性或獨立性的法也就不復存在了。唯經典畢竟不具法律標準、明確、強制等特點，治國完全使用儒家經典取代法律也不可能，董仲舒透過天道陰陽大義的說明，一方面建立統治禮學絕對的地位，另方面則由經義決獄，指導抽象的禮義原則在具體的司法案件中運用，自此之後，禮法的天道哲學系統成形，西漢儒家的法學理論更為完備，在董仲舒帝國意識型態的儒家法學中，法只是刑，只是輔助禮的工具，中國思想中禮法關係已然定型。

（二）由「漢家禮儀」回歸春秋之義

　　黃老著作談禮較少，《文子》、《鶡冠子》都從道德之處談禮，但「聖人之道與神明相得，故曰道德。」〔註26〕禮根源處的道德觀與先秦儒家仁政、修身等想法並不一樣，它們對禮的看法也與傳統儒家不同。黃老主要從政治作用談禮的價值，敬者禮也，「修其禮則下尊敬」，故「為上則恭嚴，為下則卑敬。退讓守柔，為天下雌，立於不敢，設於不能，此之謂禮也。」〔註27〕禮是合宜行為的表徵，恭嚴、卑敬、謙柔、貴重，立禮者不敢，有禮者不犯，禮是優良的人格特質，最大優點則是能使忠於國事，明於上下之分。黃老把禮當作統治工具之一，禮有順理人文世界的貢獻，但更重要的則是其維護統治秩序的意義，從這個角度來看，黃老禮學與叔孫通之禮實有共通的地方，而後者所倡又較前者深入，實際運作時也更務實可行。

　　叔孫通非常懂得「與時變化」來談禮，他取儒家禮不相復的想法制作朝儀、解釋禮文損益，禮文不但妝點皇帝居處動作之儀容，也能標舉統治權威的神聖性，當黃老「冠雖敝必加於首，履雖新必貫於足」的想法深得天子所然時，叔

〔註26〕鶡冠子撰、黃懷信校注，《鶡冠子》，卷中〈泰鴻〉，第十，北京：北京中華書局，2004.10，頁224。

〔註27〕王利器疏義，《文子疏義》，卷第五〈道德〉，北京：北京中華書局，2000.9，頁224～225。

孫通亦以嚴格的朝儀訓練和「王者無過舉」擄獲漢主心意，其禮遂也能在漢初政壇據有一席之地。和黃老不同的是，叔孫通言禮天道色彩已輕，禮非只是天論道德下的一項小細目，他雖然很少提到道德修養或是禮教治民，所述有關朝廷之儀與宗廟之禮，仍是先秦禮學相當重視的一部份。漢初庶事草創，但故秦禮制皆具，文帝曾說：「繁禮飾貌，無益於治」，〔註28〕漢初統治者對於禮學內涵的認知，恐多限於儀文之事，是而，黃老言禮多從統治便利與政治實際效用著手，叔孫通也從儀文象徵及有益於治的立場為朝廷制禮，漢初統治階層質樸少文，當時又大量承用秦制規模，行禮既能免除朝廷重法的污名，制禮又能達到尊君卑臣的效果，由官方進行漢禮法制化的行動，對漢初政治情況而言是有相當實益的。叔孫通以政治暴力實踐禮制的作法既有漢主認可，他的制禮過程遂以強制手段確保眾人行禮如儀，然而，這種倚法成禮的作法不但未見於黃老帛書，即使是主張隆禮至法、化性起偽的荀子，都認為人文化成的世界應由禮義之統來保障，而非以法為禮之後盾，更不要說化禮為法了。

漢初學術環境寬鬆，在思想未定一尊前，學術仍是兼容多元，當時務實之風盛行，然實用主義的學術傾向並未使得儒者喪失理想性，從拒為高祖制禮的魯二儒生到進退從容的陸賈，他們談禮皆仍保有自己的立場與堅持。陸賈思想雖有天道、無為的色彩，但其禮觀點既未承自黃老，與叔孫通之學更是大不相同，他從儒家尊親觀點指出王道奠基於人道禮義，不論父子、君臣之禮都以自然人倫為前提，而王道政治中的禮義文化不僅連結天道理性，亦可證諸儒家之五經六藝，由此看來，禮非僅是講求政治實用的儀，也包含內在道德仁義等非形式化關係，禮的推動應透過教化進行，因為再多的制式朝儀或繁文縟節，都不能達成「民不罰而畏，不賞而勸，漸漬於道德」的無為治境，〔註29〕顯見德禮仁義是比立法設制更根本的問題。陸賈因此期待一個有德仁君施行禮樂教化，至德之世中，民風既淳，君上無為，刑法備而不用，正是禮義教化最高的境地。

傳統儒家將禮與道德、修身結合，外在禮文的重要性遠不及內在之精神與價值，但是漢初風氣尚於實用，只有能夠凸顯尊君卑臣的禮文象徵才能引起統治者注意，叔孫通之制禮，整套朝儀所呈現的幾乎就是權力尊卑的政治遊戲，相較之下，陸賈從道德教化層面談禮，一則補充了叔孫通禮學所不及，也等於

〔註28〕《史記》，卷二十三〈禮書〉，第一，頁1160。
〔註29〕《新語校注》，卷上〈無為〉，第四，頁64。

是對叔孫通以區隔尊卑爲禮之大務的主張，做出否定。叔孫通制禮，使禮學有流於形式化的危機，陸賈的禮義主張，則又回到先秦儒家的理想主義，賈誼爲了扭轉秦法秦制之失，除了禮的外在儀節外，也很強調以禮成就道德政治的內涵，然而文帝之時漢朝專制體制未竟，內外之憂不斷，傳統儒家王道政治拒絕以力服人的想法，著實難以因應當今實際的困難，爲使儒家禮學符合漢朝政治具體的需求，並以建立新時代的國家學說，賈誼的經制理論既有個人道德修養的層面，也包含了國家制度的內容，其說不但全面性地涵蓋了叔孫通與陸賈的主張，也結合了儒、法兩家，同時具有「明王道」與「明申商」兩種面向，禮、法二者不但在政治手段上結合，透過經制也得互相會通，這是賈誼對傳統儒家禮學的修正，賈誼禮爲主的禮法主張不僅論點特殊，內容也相當具有創造性。

　　前面提過，漢初取黃老思想爲治，乃欲以無爲治道將秦政禍害減到最低，但直到文帝之時，秦法之害未盡除，黃老無爲之弊又新生，賈誼沈痛指出，無爲政策已使漢匈關係「倒懸」、諸侯王國坐大，如此不僅將引爆新的政爭，連帶使得社會風氣更趨沈淪，漢治遂與秦治無二，秦法之過亦爲漢世之失，當今唯有「立經陳紀」，才能根本解決所有問題。賈誼所謂的「立經陳紀」也就是「定經制」，內容便是有關禮的各種主張，而禮不但包含陸賈所言的人倫道德之常、社會風俗等，更廣及宦學事師、祭祀祝禱、裁判訴訟、治軍蒞官等公私領域，甚至身份服章、名號器物、排場禮儀、車輿器械等細部儀節都在禮的範圍中。賈誼談禮範圍遠比陸賈深廣，他對「明等級以道之禮」的重視，較諸陸賈更尤過之，與黃老或叔孫通以禮區隔尊卑的想法，反而比較接近。賈誼認爲，禮能分別個體上下貴賤等級，等級分明則「下不得疑；權力絕尤，則臣無冀志。」整體國家秩序才能建立，故當服制一定，身份階級標準皆能歸於一元，地制一定，宗室子孫慮莫不王，亦不敢有背反之心，事事各有定制，「天下無可以徼倖之權，無起禍召亂之業」，當今政治社會各種僭越逾制的亂象便得矯正，使「主主臣臣，上下有差，父子六親各得其宜，奸人無所冀幸，群眾信上而不疑惑。」〔註30〕統治秩序從此安定，也奠定漢朝長治久安的基礎。

　　賈誼禮學主張雖然未獲文帝採用，但是這種能夠深入各階層行動領域又具意識型態控制力的禮思想，慢慢成爲統治意識的主流，武帝即位後，逐漸改變無爲政策，此時仍有劉安等人倡議無爲，意向漢主傳達更高境界的禮學

〔註30〕以上三段見《新書校注》，卷一〈服疑〉，頁 53；卷二〈五美〉，頁 67；卷三〈俗激〉，頁 92。

理想。《淮南子》談禮內容與先秦儒家沒有太大的歧異，但是若從禮的形式與政治效用來看，《淮南子》的看法就非常特殊。文明社會初始，聖人依照喜怒哀樂情緒設婚喪饗樂之禮，「禮者，實之文也」，與人性眞情不可分，又「禮因人情而爲之節文」，故有節制內在感情與文飾外在行爲兩部分，需內外合一，合情行宜，其禮方合於義，才能受到人心普遍認可，故當時移世異，禮文隨之變化，便無單一標準的儀文；而天下各地民性不同，齊一禮俗、頒訂儀常也就沒有太大的意義。漢初許多儒者都曾致力禮制改革，及其末流，更以講求登降之禮、整齊紱冕之服爲禮節之善，《淮南子》對此大表不滿，它指責那些儒墨之徒食古不化，只知固守先人禮節儀式，因循古代禮制空文，完全忽略了「禮者，體情制文者」的實質，「此之是，非彼之是也；此之非，非彼之非也。」〔註31〕圖「以一世之度制治天下」，只學到聖人立禮設教的糟粕。其次，從劉安及其門下的政治角度來看，不但朝廷各項禮制多爲皇權體制所設，中央制禮更未考量地方特有的習慣，強勢要求王國一用漢法，徒使禮制爲集權者幫腔，《淮南子》不認這樣的禮是「禮」。禮有時間性，需能與時推移才能使禮富有時代性，禮有空間性，只有尊重地方禮俗、保持禮之客觀與多樣，才能見到眞實普遍的禮，故而有道之主立禮設教，重在以誠懷遠而非煩飾以招行，漢主將制禮的片面價值誤爲絕對價值，不但扭曲禮的眞正本質，打壓王國生存空間的作法更是「制於禮樂」，將無法成就無爲政治最高的格局。

　　黃老、陸賈、叔孫通與賈誼等談禮各有所重，禮學樣貌多元，至於董仲舒思想，則是透過對「六藝之科孔子之術」的重新詮釋，建立禮爲指導的儒家統治秩序。董仲舒談禮，和前人一樣從「務爲治」的觀點出發，所不同的是，他以天道陰陽思想與《公羊》學說爲基礎，要求漢朝改制、更化，進而打造一套符合帝國所需的國家意識型態。董仲舒首先高舉孔子和《春秋》的權威，指出孔子受於天命，「託乎春秋正不正之間，而明改制之義。」今依「春秋作新王之事」，漢朝宜由制度禮儀之改易，將國之大綱、人倫、道理、政治、教化、習俗、文義等原則一併建立起來，是故改制並非只是形式儀文的損益，實質的禮樂教化已在改制理想規劃中。以事而言，禮有文、質兩方面，「質文兩備，然後其禮成。」〔註32〕當名號既定，德化已成，本於三綱的主客、尊

〔註31〕以上三段見《淮南子集釋》，卷十一〈齊俗〉，頁788；卷九〈主術〉，頁662。
〔註32〕以上二段見《春秋繁露義證》，卷六〈符瑞〉，第十六，頁157；卷七〈服制〉，第二十六，頁221～223。

卑、貴賤等身份，行住坐臥皆有一定規範，禮之本質亦將在形式禮節中如實
呈現出來，故禮之常經，志敬而節具，唯若質文不能兩備時，禮重其志，「寧
有質而無文」，此時於性雖不安，於心雖不平，「於道無以易之」，是爲變禮。
漢初以來學者有關禮的論點，或是強調禮的儀文形式，或者要求重視禮的人
倫本質，董仲舒有關經禮、變禮的看法，既能統合上述兩種立場的歧異，又
將禮的權衡標準回歸春秋之義，墨守成規不可謂經，前枉後義亦非失禮，學
者應當深究春秋大義，判斷當下情勢，方能知義制中，舉措合禮。

　　綜觀漢初禮思想的發展，與當時的反秦思潮、學者意圖扭轉秦制的想法
息息相關，漢儒皆未否定法的必要性，叔孫通、賈誼等人更欲由法的力量推動
禮，但是法雖有效，最終目的卻還是了爲凸顯禮，可見禮治比起法治仍有更根
本的意義。現實政治中，重視實效運用的禮儀更容易制度化，漢初學者雖然有
心倡議禮治，但是官方所接受的禮，往往只是支援統治意志的那一部分，最早
黃老、叔孫通言禮都從政治實效著手，禮以簡易、必要、實用爲主，範圍較狹，
禮制既能宣揚高祖家天下的偉業，又能消除漢人對於秦制秦法的反感，是故禮
雖近儀，卻具相當的政治實益。賈誼將儒家之禮經制化，欲由經制推行取代法
治，進而深植儒家禮樂教化，完成禮法世界的理想。但是賈誼詳細規劃的經制
主張，統治者仍只取其尊君集權的部分受用，那種《淮南子》、陸賈等人極力反
對的「要在中央」、接近秦制的禮，對於漢朝專制體制最有助益，反而最能獲得
官方認可與推行。董仲舒在〈天人三策〉中指出，「仁誼禮智信五常之道，王者
所當脩飭也」，〔註33〕統治者應以仁誼禮智信五常之道，繼亂世而悉去其亦，復
修禮樂教化，養民成俗，將秦朝以刑爲治的政治方向與內容徹底做出轉換，以
禮更化，此亦禮治之極。在董仲舒的禮學思想中，法只是刑，漢朝治道應完全
回歸儒禮當中，因此他的儒學，成功地扮演了主導國家意識型態的角色，其禮
論觀點成爲儒者論禮之圭臬，漢代禮學從此進入新紀元。

　　西漢初年，政治走向大一統，學術思想也有匯流綜合的特徵，當時著
作大多雜揉儒道、兼收墨法，具有兼容並蓄的特點。由本文討論可以發現，
西漢早期學者雖對法家和秦的暴政視爲一體加以批判，其禮論學說卻都多少

〔註33〕《漢書》，卷五十六〈董仲舒傳〉，第二十六，頁 2505。

吸收了法家觀念，法家之法既被儒者以各種方式納入禮學體系，法的地位反而有了更加妥善的安排，這是法思想的一大變化，也是此時法學理論的特點。漢初學者多治公羊，若據韋賢等人所說：「穀梁子本魯學，公羊氏乃齊學。」〔註34〕史、漢言鄒魯之民親親而上恩、好學崇禮，迂謹固守周文之遺，齊地之人則尚利好智而衿功名，其學亦有隨俗應時、滿足統治需求的傾向，漢初禮學常在朝儀、宗廟等儀典操作的容禮細節上講求，看重禮之實踐也遠過於禮之思想，可能與漢初齊學或公羊學派發達有關。但若從董仲舒思想來看，他所規劃的禮教秩序，含括了燕齊文化的陰陽五行天道思想，也吸了收法家尊君刑名，更重要的是，「繁禮釋貌」的制度禮儀不再是其禮學理論的重心，踐禮之時所體現的三綱五常人道倫理內涵才被視為真正的禮，從這個角度來看，漢初禮學思想發展至於董仲舒已難謂為齊化之學，〔註35〕其禮學同時具有齊學、魯學的特點，而在現實政治與儒家理想之間努力調解。

從西漢前期禮法思想的演化線索來看，漢初多承秦制，黃老清靜無為主張不但可以沖淡刑罰殘酷的色彩，道法之說亦可解釋漢承秦制的合理性，其學一時風靡當非偶然。黃老當令的年代裡，叔孫通以制禮方式爭得儒家禮學的一席之地，其後賈誼亦以「定經制」的辦法吸收法家之說對抗法家之學，陸賈談禮主張回歸儒家經典，《淮南子》則欲探究禮、法真意，擘畫漢帝國的新時代秩序觀，漢初禮學主張本是人言人殊。直到董仲舒時，他以天道陰陽與《春秋公羊》為基礎，要求以禮全面更化，徹底改制，透過質文兼合的論述，結合內在道德與外在制禮行動，又以行經守權之說，標舉三綱原則，同時保持多元權變之彈性與特色，由此結合前人禮學主張，建立儒學主體的國家新秩序，這是前面任何一位儒者都不曾達到的理論成就，也是董仲舒禮學的一大特點。值得注意的是，董仲舒未取叔孫通、賈誼以法成禮的辦法，而是透過春秋決獄爭取解釋法律、參與司法的權利，當春秋決獄能為帝國體制所認同，儒家理念也能滲透進入司法當中，《春秋》不但成為「一王之法」，可能還能發揮制約王權、超越王權的功效，由是儒家不必透過立法卻能影響司法，透過決獄便能改變法家政策的方向，這是漢儒在中國傳統法學史上扭轉乾坤重要的一步，漢初以來儒者所致力的禮法融合，至此是一個重要的段落。

〔註34〕《漢書》，卷八十八〈儒林傳〉，第五十八，頁3618。
〔註35〕李則芬指出漢代儒家變質的全貌是「儒學的齊化」。參見李則芬，〈從董仲舒、公孫弘、董仲舒三人看儒學的齊化〉，《東方雜誌》，1984，第十四卷第三期。

第二節　西漢前期禮法思想的融合與意義

　　從法制史學的角度來看，漢初禮、法思想的變化實有「儒學法家化」傾向，﹝註36﹞若由治道層面言之，亦可名爲「陽儒陰法」，而不論是「法律儒家化」或是「儒家法學」，﹝註37﹞細究漢初禮、法思想的發展變化，其實歷經兩種不同的進程，初時儒者不僅意以禮制扭轉秦制，也欲用禮的理想逐步改造現實政治，最後成就漢天子爲頂點的國家禮儀；董仲舒以後，禮學不但結合國家體制進行教化，並又參與決獄進行司法改革。

一、禮法關係的兩種向度

　　由前述西漢前期禮法思想的發展來看，從黃老到董仲舒，法的哲學地位由高至低不斷跌落，禮的功能與價值則是節節高升，黃老道法思想並未含納禮的道德意義，至多只言刑德互濟、文武兼施，但是漢儒不但認爲禮、法施行手段應當互相配合，禮思想更吸納了法之作用與主張，甚至成爲指導法律原則的精神與理想，於是禮的範圍越來越廣，幾可包含大部分法的內涵，「出於禮，入於刑，禮之所去，刑之所取」﹝註38﹞也成爲漢儒努力的方向。瞿同祖說，漢朝「儒家獨尊」後儒法之爭消滅，「在禮治德治爲主法治輔的原則下，禮治德治與法治的思想且趨於折衷調和。」﹝註39﹞但由前文所述，仍可發現在西漢前期禮、法發展過程中，仍有「漢禮法制化」與「漢律儒家化」兩種向度。﹝註40﹞

﹝註36﹞余英時的觀點較爲特殊，他不是單由「儒家日益肯定刑法在維護社會秩序方面的作用」，而是由由尊君卑臣的角度，指出「儒學的法家化」是漢初儒學思想發展的特殊變化。參見余英時，〈反智論與中國政治傳統〉，收於《歷史與思想》，1997.6，台北：聯經出版社，頁32。

﹝註37﹞陳顧遠，〈儒家法學的價值論〉，收於《陳顧遠法律文集》上，台北：聯經出版社，1982.9，頁177。

﹝註38﹞王充撰、黃暉校釋，《論衡校釋》，卷十二〈謝短篇〉，第三十六，北京：北京中華書局，1990.12，頁566。

﹝註39﹞瞿同祖，《中國法律與中國社會》，台北：里仁書局，1984.9，頁409～411。

﹝註40﹞馬小紅指出中國傳統法律發展趨向爲「道德法律化」，認爲漢代以後「許多道德的戒律逐漸演化爲法律的條文。」參見馬小紅，《中國古代法律思想史》，北京：法律出版社，2003.11，頁307。此外于語和，〈論漢代的經學與法律〉，《南開學報》，1997，第四期，及史廣全，〈春秋決獄對禮法融合的促動〉，《哈爾濱學院學報》，2002.7，第二十三卷第七期，亦有同樣看法。瞿同祖認爲漢儒反對獨任刑罰但是並不排斥法令，開啓「法律的儒家化」的契機。參見瞿同祖，《中國法律與中國社會》，頁408～425。于振波亦以中國法律的倫常化

（一）漢禮法制化

儒禮法律化是將儒家之禮具體化、條文化，依禮定律，並以國家力量爲後盾對違禮者予以強制或處罰。叔孫通是首位將漢禮法制化的人物，西漢開國之初，廟堂之上「群臣飲酒爭功，醉或妄呼，拔劍擊柱」，叔孫通自告奮勇爲漢制禮，「頗采古禮與秦儀雜就之」，簡化原本繁複瑣碎的禮儀，如此一來，連平民出身的劉邦君臣也能輕易行禮，漢天子終能肯定儒生的價值，也開始留意禮的重要性。而其禮操演時，「御史執法舉不如儀者輒引去」，於是諸侯王臣無不「振恐肅敬」，「竟朝置酒，無敢讙譁失禮者。」〔註41〕叔孫通的禮，短時間內便能付諸實行並達整齊畫一的效果，完全是因其禮透過國家力量強制所致，因此，他制禮的有關內容一般皆以律令視之，〔註42〕正因叔孫通將儒家之禮與法家刑辟擺在一起，禮儀規範便無異於法律。

再看賈誼的禮法思想，《新書》中說：「君惠臣忠，父慈子孝，兄愛弟敬，夫和妻柔，姑慈婦聽，禮之至也。」理想社會應是禮治有成的世界，爲了落

爲「法律的儒家化」。參見于振波，《秦漢法律與社會》，長沙：湖南人民出版社，2000.3，頁 73。今人觀察漢代後的禮法關係的結局，對於「儒學的法家化」（「道德的法律化」）或「法律的儒家化」（「法律的道德化」）多無分別，「漢以後，歷朝法典幾乎都出於儒家學者之手。儒家的禮教或道德思想，瀰漫一切立法。同時，解釋法典與實際審理案件，亦無不以儒家的禮經爲最後的依據。……學者所謂『法律儒家化』或『儒家思想法律化』即指此而言。」參見馬漢寶，〈法律、道德與中國社會變遷〉，收於《法律與中國社會之變遷》，台北：翰蘆出版社，1999.10，頁 5。梁治平以「道德的法律化」與「法律的道德化」者是「同一事物的兩面」，內容似無大別。參見梁治平，《尋求自然秩序中的和諧──中國傳統法律文化研究》，北京：中國政法大學出版社，2002.11，頁 7～34。張景賢則指董仲舒決獄是「把儒家經典法典化，將其與國家制定的律令並列。」魏晉以後，才由禮入於法，通過儒學對法律全面改造。參見張景賢，《漢代法制史研究》，哈爾濱：黑龍江教育出版社，1997.12，頁 39。由於上述名詞指涉範圍較大，或是不唯描述禮法關係，而將廣泛的道德概念或儒法之爭等議題都牽涉其內，或未對二者的具體定義其範圍，本文只從思想理論與具體實踐兩方面，討論西漢前期儒禮對法思想、法令的滲透影響以及禮法思想之實踐，故將上述詞語加以定義並予範圍之限縮。

〔註41〕以上二段見《史記》，卷九十九〈劉敬叔孫通列傳〉，第三十九，頁 2723。

〔註42〕杜貴墀言「漢禮儀多在律令中。」參見杜貴墀輯證，《漢律輯證》，六「無干車無自後射」條，台北：新文豐出版社，1988，頁 500。收於《叢書集成續編》。沈家本也說，叔孫通〈傍章〉之禮係「律所不及者，廣而衍之，於律之中拾其遺，於律之外補其闕。」參見沈家本，《漢律摭遺》，卷一，北京：北京中華書局，1985.12，頁 1377。收於《歷代刑法考》三。今人張景賢、華友根、張建國等皆有類似看法，詳見本文第三章第一節。

實禮對國家社會的影響，賈誼主張以禮「定經制」，使王國有地制、高下有品秩，車輿有度、衣服器械各有制數。經制一立則尊卑已定，「主主臣臣，上下有差，父子六親各得其宜，奸人無所冀幸，群眾信上而不疑惑。」透過「定經制」的明確辦法，將以整頓統治體制下的各種身份關係，建立尊卑明確的等級秩序，「於是主之與臣，若日之與星以。臣不幾可以疑主，賤不幾可以冒貴。下不凌等，則上位尊；臣不踰級，則主位安；謹守倫紀，則亂無由生。」此處經制雖言為禮，具體落實時卻與法制非常接近，可說便是依禮所立之法，而「等級既設，各處其檢，人循其度。擅退則讓，上僣則誅。」〔註43〕維持經制還是要依靠國家刑罰。由此觀之，賈誼為落實禮治而將儒禮法律化的作法，實與叔孫通有近似之處。

（二）漢律儒家化

法律儒家化，是以儒家禮的道德精神指導法之所有規範或審判活動，禮入於法，司法同時行使道德的職能，審判的意義不在伸張法令而是發揮教化功能，法的精神、裁量輕重都據於禮，法律自然也就儒家化了。

在漢廷經制未定、上下尊卑關係不明的情況下，為了明確區隔貴賤等級，賈誼認為法刑應當因人而異，尤其是對地位尊貴、接近皇帝的士大夫階級更應「投鼠忌器」，不論適用法律或執行刑罰都要特別小心。他托古以言：「古者大臣有坐不廉而廢者，不謂曰不廉，曰『簠簋不飾』；坐穢污姑婦姊姨母，男女無別者，不謂污穢，曰『帷箔不修』；坐罷軟不勝任者，不謂罷軟，曰『下官不職』。故貴大臣定有其罪矣，猶未斥然至以呼之也，尚遷就而為之諱也。」建議文帝處罰罪臣應當採取如下辦法：「其在大譴大何之域者，聞譴何則白冠釐纓，盤水加劍，造請室而請其罪爾，上弗使執縛係引而行也。其中罪者，聞命而自弛，上不使人頸盭而加也。其有大罪者，聞命則北面再拜，跪而自裁。上不使人捽抑而刑也。」〔註44〕法家認為君臣係「以計合者也。夫臨難必死，盡智竭力，為法為之。故先王明賞以勸之，嚴刑以威之。」〔註45〕是故君主法治其臣，不加其私；賈誼則以「上設廉恥禮義以遇其臣」，則「父兄

〔註43〕以上四段見《新書校注》，卷六〈禮〉，頁215；卷三〈俗激〉，頁92；卷一〈服疑〉，頁53～54。

〔註44〕以上二段見《新書校注》，卷二〈階級〉，頁81～82。

〔註45〕韓非撰、陳奇猷校釋，《韓非子集釋》，卷五〈五蠹〉，第十九，高雄：復文圖書出版社，1991.7，頁311。

之臣誠死宗廟，法度之臣誠死社稷，輔翼之臣誠死君上，守衛捍敵之臣誠死城廓封境。」君臣間以恩義相報，是故主遇大臣應論以禮，是以「係、縛、榜、笞、髠、刖、黥、劓之罪，不及士大夫」，大臣不與庶民適用同樣的法令，「今而有過，令廢之可也，退之可也，賜之死可也」，〔註46〕執法過程需予人臣禮遇不能挫辱人臣的尊嚴。賈誼禮遇大臣的主張部分是為鋪陳其尊君之說，但由「刑不上大夫」強調禮貌群臣的重要性，論法已然融入禮的思想，禮有差異之故使得法亦有階級之別，如此，法律不但趨於儒家化，距離法家之法不別親疏、貴賤的要求也越來越遠。

　　董仲舒以為禮教法刑一如天數，四季之中暖暑為主，但是清寒時節不可或無，治國亦應以禮為常經，法刑為權，「刑反德而順於德」，法刑只是德禮權用時的另一面，論其本質仍應以禮樂教化為大本。若從司法審獄本身來看，則國法所禁常非禮義所可，帝王法制與董仲舒所言之禮並非絕對衝突，當犯行明確、法理不容，依法論罪殊無可議，此為審案之經；至若「文致於法而於人心不厭者」的民事案件，當引《春秋》以達權變，在決獄過程中，「罪同異論，其本殊也」，〔註47〕原其犯者心志若是不違經義，法之適用或解釋便會出現不同的考量，可見法律之前，禮義道德已列論罪之先，無形中禮的差異性已經改變了法的平等性，在儒家禮義原則指導下，「統紀可一而法度可明」，若行為人先能以禮自持，已然無須國家律法發動懲戒。宣帝地節四年，以父子之親、夫婦之道為人之天性，詔令：「子首匿父母，妻匿夫，孫匿大父母，皆勿坐。其父母匿子，夫匿妻，大父母匿孫，罪殊死，皆上請廷尉以聞。」〔註48〕明令審案考量親親得相首匿原則時，將不適用原來法令的規定，儒者引禮入法的結果，漢律也逐漸儒家化了。

二、禮法思想融合的意義

　　漢人再倡禮法結合並非只是復辟周制，時代條件不同，漢代儒者重新詮釋的禮法觀點已非單純的孔孟之禮或法家之法，而是一套能夠符合帝國現狀、消解禮法衝突、建構儒家社會秩序的新主張，今世學者以「合」、「分」、「和」三個階段描述先秦以來的禮、法關係，〔註49〕確能說明漢代禮法重新

〔註46〕以上三段見《新書校注》，卷二〈階級〉，頁82、80。

〔註47〕《春秋繁露義證》，卷三〈精華〉，第五，頁93。

〔註48〕《漢書》，卷八〈宣帝紀〉，第八，頁251。

〔註49〕林咏榮分禮、法沿革三階段為：「創始期——禮刑混同時期」、「變革期——禮

結合的特殊情況。不過，此時禮法思想之融合，並非僅是禮、法內涵相通或是手段並用，禮法關係實有法律化與儒家化兩種趨向，而這兩種向度分別代表漢初儒者對禮法見解的兩種立場，唯上述兩種趨向的思想差異，並未進一步撕裂擴大以至難以縫彌，從後來傳統法令制度的發展來看，不但禮觀念已逐漸運用於法制規範中，〔註50〕法家客觀主義的司法原則亦為儒家禮意所改造。實務上的禮法融合是法學思想儒家化、儒禮內容法制化共同作用的結果，推究這兩種趨向最後走向融合當有幾項原因。

　　首先，法家之法本為便於君主統治所設，自然是以維護統治者利益為考量，而儒家之禮本是入世之學，禮學能又復崛起於漢初政壇，亦以其助益皇權而受統治者青睞。初時漢禮的經世致用往往托附於「漢家禮儀」中，禮學思想以維護皇權、統治秩序為前提，至如陸賈、董仲舒之類的禮論觀點，固然有其不可強力而致的道德層面，但其政治立場仍與皇權體制保持一致的觀點。漢初禮學既以皇權為尚，自然有其穩定政治社會秩序的功能，故而不論是禮是法，或是禮入於法，都是穩固皇權的重要力量。

　　董仲舒以後的西漢中後期至東漢末年，經義決事之風久而不衰，表面上是儒家經典禮義大行，絕大多數的春秋決事之例卻是引《春秋》之文附和皇權統治利益、維護國家政治權力，〔註51〕而非運用禮的標準斷其是非，春秋

刑分離時期」、「確立期——禮刑調和時期」。參見林咏榮，《中國固有法與道德》，台北：大中國圖書公司，1975.6，頁39～54。范忠信以「禮法分合的觀念歷程」為：一、法家傾向：禮法分離，獨任法治。二、漢儒的反省：禮法結合，德主刑輔。三、法觀念定型：禮主法輔，禮在法中，法外有禮。參見范忠信，《中國法律傳統的基本精神》，2001.1，頁389～395。高明士則略分魏晉之前律令不分的時代為：禮刑二分、刑治世界、禮刑合一。參見高明士，〈從律令制的演變看唐宋間的變革〉，《台大歷史學報》，2003.12，第三十二期。另戴者春，〈試論我國古代「禮法并用、德主刑輔」的治國方略〉，《黑龍江社會科學學報》，2001，第五期等。

〔註50〕如文帝採納賈誼「刑不上大夫」的建議，使「大臣有罪，皆自殺，不受刑。」參見《漢書》，卷四十八〈賈誼傳〉，第十八，頁2260。宣帝以「父子之親，夫婦之道，天性也。雖有禍患，猶蒙死而存之。誠愛結于心，仁厚之至也，豈能違之哉！自今子首匿父母，妻匿夫，兄匿弟，孫匿大父母，皆勿坐。其父母匿子，夫匿妻，大父母匿孫，罪殊死，皆上請廷尉以聞。」頒詔明訂親親得相首匿。參見《漢書》，卷八〈宣帝紀〉，第八，頁251。

〔註51〕盧瑞容分春秋決事用例為三類，一是「決斷疑案」，二是「附麗風雅」，三是「權力角逐」，觀察西漢春秋決事之例，屬第三類的案例佔多數。參見盧瑞容，〈儒家「通經致用」實踐的考察——以西漢朝廷「春秋決事」為中心的探討〉，《文史哲學報》，1997.12，第四十七期。

之義淪爲朝臣間彼此糾舉鬥爭或至諂諛取容的工具，反而助長朝廷嚴刑重法的風氣，此種春秋決事已然不符董仲舒經義決獄的精神，亦非漢禮法制化或漢律儒家化的現象，反而是上述二種情況綜合之後的扭曲與變形。

其次，西漢前期王國與朝廷的對抗形勢，使得中央集權的需要更加迫切，缺乏神聖傳統的平民天子，也使極端尊君的需求有增無減，爲了將流動的社會狀況穩定下來，同時建立以皇帝爲主體的有效統治型態，法的強力手段不可或缺；唯在秦鑑不遠的漢初政治中，秦法的失敗已是無庸置疑，反秦反法思潮漫成時代共同的情緒，儒學以仁易暴、體卹民情的形象適足以收攬人心，此時漢儒所詮釋的禮法融合理論，既可維持有效的社會控制，又能符合統治者「緣飾以儒術」的內在需求，實是帝國統治不可或缺的意識型態。武帝時，建成侯「坐不朝，不敬，國除。」千鍾侯「不使人爲秋請，有罪，國除。」〔註52〕此外，坐酎金國除者更多，統治者以禮開罰以達集權目的之案例已不勝枚舉。

其三，在統一專制的政治體制下，統治者已然意識到漢朝帝國需要一種能夠代表國家政策、領導社會秩序，又能爲大眾所接受的意識型態，一可結束先秦至漢初以來學術、政治上的禮法矛盾，又能統合現實當中承秦制度與反秦思潮的落差，重新締造一個上追五帝三王禮樂盛世的時代新局。秦朝的法制吏道雖然出色，卻缺乏一種足以協調各階級利益的統治思想，缺乏維繫既有秩序的倫理意識，缺乏傳播統治階級價值觀與世界觀的禮樂教化，漢初儒者提出禮法論點不但可以救治，亦能彌補秦政之弊，扭轉漢朝帝國統治的方向，禮法各層面的交互融合已是大勢所趨。

如前所述，禮法思想的兩種趨向，代表西漢前期不同的禮法思想主張，前者立禮爲法，儒家禮義藉由實質立法而落實；後者認爲漢法內容幾乎就是刑罰，因此對於以秦法爲內涵的漢律只能消極肯定其存在，論者意以儒家禮義融入代表統治意志的法。從皇權本位角度來看，前者談禮尊君立場鮮明，天子是禮的最高標準，帝王甚至可以採取法律行動逼迫臣民行禮；後者之禮較富理想性，對於君權的推崇多半仍是有條件的。〔註53〕唯不論是透過制禮辦法或決獄之事，一旦禮的思想透過三綱、經制、司法判決的宣揚，其思想

〔註52〕以上二段見《史記》，卷二十一〈建元以來王子侯者年表〉，第九，頁1096、1100。

〔註53〕陸賈就曾警告劉邦治國不可恣意行法、輕忽禮義之道，董仲舒亦以春秋之道推言禮之權變，認爲禮的價值不因君主一人而改變，禮由教化而成，非能行法致之。詳見前文所述。

意涵所傳達的道德意識與社會價值等，將不斷隨著實踐行爲內化成爲個人信念的一部份。人們只要遵守某些日常之常理規則便能符合禮的精神，無須再有法律強制的規範，用刑罰強迫人們實踐禮數是等而下之的作法，這也成爲漢儒對於禮法關係的共識。

　　禮學制度化本來應是欲由踐禮行爲中復禮，禮入於法的深層目的，應是要由釋法論獄中探詢法制背後眞實的禮意，二者當是殊途同歸。但是，徒以作令、制度的辦法立禮，勢難消除儒者對於立法之事的疑慮，只有回到儒家立場以禮探究法意，既可申明儒家之禮，又不混淆禮法二者的主次關係，這也是董仲舒總結西漢前期禮法思想，而能具有關鍵代表性地位的原因之一。此後經義決獄、以禮注律之風大行，律學大致沿著儒禮精神而開展，法律與道德結合，「以禮入律」或是「引禮注律」更難區分，立法與復禮已是可以合二爲一了。

　　而在儒學成爲學校教育主軸後，「法吏儒士化」的現象使得漢朝的司法隊伍結構逐漸變化，〔註54〕東漢以後，引經注律盛行，「叔孫宣、郭令卿、馬融、鄭玄諸儒章句十有餘家，家數十萬言。凡斷罪所當由用者，合二萬六千二百七十二條，七百七十三萬二千二百餘言。」〔註55〕當「法律之家亦爲儒生」，儒者從立法上根本處去改造法律也將是水到渠成，這種透過制度、立法所呈現的禮，便成爲傳統禮法的源頭。

　　傳統禮之意義在照顧每一個體的特殊處境與相對關係，法同樣也有強化人倫規範的作用，作法則是齊一標準、消弭個別差異；儒禮使人成爲規範內植的彬彬君子，由此保障整體社會秩序，法家之法則以明確賞罰強制眾人趨於公利，將國家秩序整齊劃一，禮、法手段雖有分別，「務於治」的目標卻是同一，二者原非水火不容。從禮法思想消長變化的幾個歷史階段來看，封建時代禮刑合一，原則上出禮則入於刑，封建崩解後禮法思想各有發展，秦是法家最盛的

〔註54〕陳啓雲指出，法吏自西周以來便已存在，經歷戰國而在秦朝達到顛峰，漢代儒生對於法吏的影響，是歷經高、惠、文、景、武、昭、宣帝諸朝逐漸升高的，由此脈絡來看，應是法吏的儒士化，而非儒士的法吏化。參見陳啓雲，〈漢儒與王莽：評述西方漢學界的幾項研究〉，《史學集刊》，2007.1，第一期。

〔註55〕房玄齡撰，《晉書》，卷三十〈刑法志〉，第二十，北京：北京中華書局，1997，頁 923。

年代，事無大小「皆決於法」，「皆有法式」，儒者後來反省秦朝短祚而亡的原因，認爲秦朝暴亡係統治者獨任法治所致，「以刑罰治之者，積刑罰。刑罰積而民怨背，……毆之以法令者，法令極而民風哀。」〔註56〕秦置天下於法令刑罰，天下不治，漢人以是認爲禮法並用仍是治國牧民較好的方法。

在統一帝國的皇權秩序下，法於治國之效不能否認，漢儒於是透過制禮、釋禮、定經制等方式吸納法的內涵與精神，透過禮法融合的理論與思想定位，導正秦法秦治的錯誤方向，爲漢朝治道找出路，並且消融禮、法扞格，在道德理想與政治現實間取得折衷與平衡。西漢早期學術環境較爲寬鬆，但高祖厭惡儒生，惠、文、景帝尚於黃老，儒生在現實政治處境惡劣，是而他們雖有濟世改革的理想，但陳義不能過高，須配合現實情勢與功利實用角度有限度地進行改革，觀察西漢前期的禮思想，確實都有功利實用主義的趨向，爲了便利統治、達成政治實效，儒者談禮不能不提及區隔尊卑的功能或是制度儀式的規劃，即使強調回歸禮之道德本質的陸賈、《淮南子》、董仲舒等，也在認同尊君集權的前提下對於禮學理論有所修正，儒生走出先秦禮學理想的象牙塔，透過儀式、制度、決獄等方式影響現實政治，無形間成就了以漢天子爲頂點的國家禮儀，也使儒家禮學的影響力在政府體制內外大大增加。嚴格來說，漢儒並非徹底反法，而是透過對禮義的特殊轉化，削弱了法家之法獨立絕對的地位，並使法家之法逐漸退居爲律或刑，法的作用既然多可由禮而取代，統治秩序中禮法的輕重主從便應重新安排。

從叔孫通、陸賈以降，到了賈誼、董仲舒，傳統禮法關係的基本理論建構大體形成，也成爲中國政治社會中君臣士民普遍都能接受的共識或觀念，這些禮法概念雖在日後爲人反覆申論而成老生常談，卻在漢朝初建又未進行政治文化改造前，打造了一種大不同於秦朝法制的帝國政治文化模式，不僅在當時具有重大意義，對於後世更是影響深遠。此後，禮教吃下了法理的江山，禮法不僅在條文內容上結合，禮的範圍與影響更遠過於法，陳顧遠說：「自漢以後，律統雖在，律意全非；律的地位如故，律的靈魂卻非屬法家，而係儒家所有。」〔註57〕董仲舒以後，儒者對於禮法各有其說，但禮的內容主張、以法爲刑之觀點、禮法先後的本末之序皆已大致定型，「文德者，帝王之利器；

〔註56〕〈治安策〉。參見《漢書》，卷四十八〈賈誼傳〉，第十八，頁 2253。
〔註57〕陳顧遠，〈中國固有法系與中國文化〉，收於《陳顧遠法律文集》上，頁 46～49。

威武者，文德之輔助也。……至於刑錯兵寢者，其本末有序，帝王之極功也。」〔註 58〕「夫德刑並行，天地常道也。先王之道，上教化而下刑法，右文德而左武功，此其義也。或先教化，或先刑法，所遇然也。撥亂抑彊，則先刑法，扶弱綏新，則先教化。安平之世，則刑教並用。大亂無教，大治無刑，亂之無教，勢不行也。」〔註 59〕自此之後，法律儒家化與儒禮法律化往往融合爲一，禮主刑輔已是無須爭論的禮法議題。

　　學者常謂，在中國大一統的政治體制下，知識份子與統治君主間，經常存在一種微妙共生的緊張關係，從上述西漢前期禮法思想的發展變化來看，處在學術與政治之間的禮法議題，也經常在理想與現實間拔河。對漢朝皇帝而言，將儒禮立爲法制不但足可強調統治家族的威儀，亦可行諸制度改造民間文化，就政治的實際運作而言確實便利許多，但是，此種徒重體制忽略禮意或以禮制滿足帝王好侈誇奢的作法，究竟難爲堅持儒家理想的儒生所接受，魯二儒生不願加入叔孫通制禮的行列，儒者不願妄議武帝封禪之禮，董仲舒談禮非以君主利益爲首要之經，反而進一步要求根據春秋大義樹立以禮剖判是非的大原則，可見儒家傳統禮學中要求淑世、改革的理想，並未在西漢儒生入仕後消失，儒者對於禮的價值理想始終有所堅持，這是西漢前期禮法思想演變過程中不可忽略的一面。觀察叔孫通到董仲舒，儒者支持君主集權的政治立場雖較一致，但是儒者以禮御法的原則卻是未曾改變，即使是政治立場與中央較爲一致的董仲舒，他的禪讓之說、「屈君而伸天」，或謂守國死君仍是禮之行權，都是與統治者利益針鋒相對的論點，由是以觀，董仲舒的禮學思想雖然樹立了帝國統治意識型態的典範，但是他由「更化」理論所規劃的新統治秩序，基本上仍是有條件地尊君，這也說明董仲舒的禮學，依然具有從道不從君的獨立精神，這對西漢前期禮學思想的發展而言，是非常有意義的。

〔註 58〕　《漢書》，卷二十三〈刑法志〉，第三，頁 1091。
〔註 59〕　荀悅撰，《前漢紀》，卷二十三〈前漢孝元皇帝紀〉，台北：商務印書館，1971.11台二版，頁 234。

參考書目

一、出土簡帛

1. 中國文物研究所、湖北省文物考古研究所：《龍崗秦簡》，北京：北京中華書局，2001.8。
2. 《馬王堆漢墓帛書》整理小組：《馬王堆漢墓帛書》，北京：文物出版社，1975。
3. 高明校注：《帛書老子校注》，北京：北京中華書局，1996.5。
4. 《張家山二四七號墓》竹簡整理小組：《張家山漢墓竹簡[二四七號墓]》，北京：文物出版社，2001.11。
5. 《睡虎地秦墓竹簡》整理小組：《睡虎地秦墓竹簡》，北京：文物出版社，1990.9。
6. 魏啓鵬箋證：《馬王堆漢墓帛書《黃帝書》箋證》，北京：北京中華書局，2004.12。

二、古　籍

1. 孔穎達疏：《尚書正義》，北京：北京中華書局，1980.9。《十三經注疏附校勘記》。
2. 王夫之撰：《讀通鑑論》，台北：里仁書局，1985.2。
3. 王引之撰：《經義述聞》，台北：台北中華書局，1970.9 臺二版。中華書局聚珍倣宋版。
4. 王充撰、黃暉校釋：《論衡校釋》，北京：北京中華書局，1990.2。
5. 王先謙疏證：《釋名疏證補》，上海：上海古籍出版社，1984.3。
6. 王利器疏義：《文子疏義》，北京：北京中華書局，2000.9。

7. 王弼注、孔穎達疏：《周易正義》，北京：北京中華書局，1980.9。《十三經注疏附校勘記》。

8. 司馬遷撰：《史記》，北京：北京中華書局，1997.9。

9. 朱彬校注：《禮記訓纂》，北京：北京中華書局，1996.9。

10. 何休解詁、徐彥疏：《春秋公羊傳注疏》，北京：北京中華書局，1980.9。《十三經注疏附校勘記》。

11. 何建章校釋：《戰國策校釋》，北京：北京中華書局，1990.2。

12. 何晏集解、邢昺疏：《論語注疏》，北京：北京中華書局，1980.9。《十三經注疏附校勘記》。

13. 呂不韋等撰、高誘注、畢沅校：《呂氏春秋》，上海：上海中華書局，1947。

14. 杜貴墀輯證：《漢律輯證》，台北：新文豐出版社，1988。《叢書集成續編》社會科學類第 51 冊。

15. 沈家本輯釋：《歷代刑法考》，北京：北京中華書局，1985.12。

16. 邢昺疏：《爾雅注疏》，台北：台北中華書局，1977.12 三版。中華書局聚珍倣宋版。

17. 叔孫通撰、陳懷玉校、嚴一萍選輯：《漢禮器制度》，台北：藝文印書館，1970。原刻景印《叢書集成續編》。

18. 房玄齡撰：《晉書》，北京：北京中華書局，1997.9。

19. 范曄撰：《後漢書》，北京：北京中華書局，1997.9。

20. 韋昭注：《國語》，台北：里仁書局，1980.9。以《四部備要》明道本為底本，參《四部叢刊》影印明公序本為校。

21. 孫奭疏：《孟子注疏》，北京：北京中華書局，1980.9。《十三經注疏附校勘記》。

22. 桓寬撰、王利器校注：《鹽鐵論校注》，北京：北京中華書局，1992.7。

23. 班固等撰、陳立疏證：《白虎通疏證》，北京：北京中華書局，1994.8。

24. 班固撰：《漢書》，北京：北京中華書局，1997.9。

25. 荀況撰、王先謙校注：《荀子集解》，北京：北京中華書局，1988.9。

26. 荀悅撰：《前漢紀》，台北：商務印書館，1971.11 台二版。

27. 馬端臨撰：《文獻通考》，北京，北京中華書局，1986.9。

28. 張純一校注：《晏子春秋校注》，台北：世界書局，1981.4。

29. 許慎撰、段玉裁注、魯實先正補：《說文解字注》，台北：黎明文化事業出版股份有限公司，1994.7 十一版。

30. 郭慶藩校釋、王孝魚點校：《莊子集釋》，北京：北京中華書局，1961.7。

31. 陸賈撰、王利器校注：《新語校注》，北京：北京中華書局，1986.8。

32. 章樵編注、錢熙祚校:《古文苑》,台北:商務印書館,1968.6。《國學基本叢書》。

33. 揚雄撰、汪榮寶注疏:《法言義疏》,北京:北京中華書局,1987.3。

34. 程樹德撰:《九朝律考》,北京:北京中華書局,2003.1。

35. 楊伯峻校注:《春秋左傳注》,北京:北京中華書局,1995.5 二版。以清阮元刻本爲底本,並據敦煌殘卷、北京圖書館照片及有正書局石印本、日本金澤文庫本校正修訂。

36. 葛洪撰:《西京雜記》,上海:上海古籍出版社,1991.5。

37. 董仲舒撰、嚴一萍選輯:《公羊治獄》,台北:藝文印書館,1971。原刻景印《叢書集成三編·黃氏逸書考》。

38. 董仲舒撰、蘇輿校注:《春秋繁露義證》,北京:北京中華書局,1992.12。

39. 賈誼撰、閻振益、鐘夏校注:《新書校注》,北京:北京中華書局,2000.7。

40. 趙翼撰:《二十二史箚記》,台北:世界書局,1962.3。

41. 劉安等撰、何寧校釋:《淮南子集釋》,北京:北京中華書局,1998.10。

42. 劉知幾撰、浦起龍校釋:《史通通釋》,上海:上海古籍出版社,1978.4。

43. 劉俊文箋:《唐律疏議箋解》,北京:北京中華書局,1996.6。

44. 蔣禮鴻解詁:《商君書解詁定本》,北京:北京中華書局,1986.4。

45. 鄭元箋、孔穎達疏:《毛詩正義》,北京:北京中華書局,1980.9。《十三經注疏附校勘記》。

46. 黎翔鳳校注:《管子校注》,北京:北京中華書局,2004.6。

47. 韓非撰、陳奇猷校釋:《韓非子集釋》,高雄:復文圖書出版社,1991.7。

48. 鶡冠子撰、黃懷信校注:《鶡冠子》,北京:北京中華書局,2004.10。

49. 顧炎武:《日知錄》,台北:商務印書館,1978。

三、學術著作

1. A.P.d'Entreves(英),李日章譯:《自然法——法律哲學導論》,台北:聯經出版社,2000.6。

2. Dennis Lloyd(英),張茂柏譯:《法律的理念》,台北:聯經出版社,2002.12。

3. Montesquieu(法),張雁深譯:《論法的精神》,台北:商務印書館,1998.1。

4. Reinhard Bendix(美):《韋伯:思想與學說》,台北:桂冠圖書公司,1998.7。

5. 丁原植:《文子新論》,台北:萬卷樓圖書公司,1999.10。

6. 于振波:《秦漢法律與社會》,長沙:湖南人民出版社,2000.3。

7. 大庭脩（日），林劍鳴譯：《秦漢法治史研究》，上海：上海人民出版社，1991.3。

8. 干春松：《制度化儒家及其解體》，北京：中國人民大學出版社，2003.2。

9. 中國歷史上的分與合學術研討會籌備委員會主編：《中國歷史上的分與合學術研討會論文集》，台北：聯經出版社，1995。

10. 王子今：《秦漢區域文化研究》，成都：四川人民出版社，1998.10。

11. 王永祥：《董仲舒評傳》，南京：南京大學出版社，1995.9。

12. 王伯琦：《近代法律思潮與中國固有文化》，台北：法務通訊雜誌社，1993.4五版。

13. 王健文：《奉天承運——古代中國的「國家」概念及其正當性基礎》，台北：東大圖書公司，1995.6。

14. 王國維：《觀堂集林》，北京：北京中華書局，1959.6。

15. 王葆玹：《西漢經學源流》，台北：東大出版社，1994.6。

16. 王曉波：《道與法：法家思想和黃老哲學解析》，台北：台大出版中心，2007.5。

17. 王興國：《賈誼評傳》，附陸賈、晁錯評傳，南京：南京大學出版社，1992.1。

18. 史廣全：《禮法融合與中國傳統文化的歷史演進》，北京：法律出版社，2006.12。

19. 甘懷真：《皇權、禮儀、與經典詮釋》，台北：喜馬拉雅研究發展基金會，2004.2。

20. 田餘慶：《秦漢魏晉史探微》，北京：北京中華書局，1993.11。

21. 皮錫瑞：《經學通論》，北京：北京中華書局，1954.10。

22. 任繼愈主編：《中國哲學發展史》（秦漢），北京：北京人民出版社，1985.2。

23. 牟宗三：《歷史哲學》，台北：學生書局，2000.9增訂版。

24. 牟鐘鑒：《《呂氏春秋》與《淮南子》思想研究》，濟南：山東齊魯書社，1987.9。

25. 余英時：《中國知識階層史論：古代篇》，台北：聯經出版社，1997.4。

26. 余英時：《中國思想傳統的現代詮釋》，台北：聯經出版社，1987.3。

27. 余英時：《歷史與思想》，台北：聯經出版社，1997.6。

28. 呂思勉：《中國制度史》，上海：上海教育出版社，1985.5。

29. 呂理政：《天、人、社會——試論中國傳統的宇宙認知模型》，台北：中央研究院民族學研究所，1990.3。

30. 李約瑟著，陳立夫主譯：《中國之科學與文明》，台北：商務印書館，1989.12修訂五版。

31. 李偉泰：《兩漢尚書學及其對當時政治的影響》，台北：國立台灣大學文學院，1976.6。

32. 李偉泰：《漢初學術及王充論衡論述稿》，台北：長安出版社，1985.5。

33. 李開元：《漢帝國的建立與劉邦集團——軍功受益階層研究》，北京：北京三聯書店，2000.3。

34. 李零：《中國方術考》修訂本，北京：東方出版社，2000.4。

35. 李劍農：《先秦兩漢經濟史稿》，台北：華世出版社 1981.12。

36. 李增：《先秦法家哲學——先秦法家法理、政治、哲學》，台北：國立編譯館，2001.12。

37. 李增：《淮南子》，台北：東大圖書公司，1992。

38. 李增：《淮南子的哲學思想》，台北：洪葉文化出版事業，1977.10。

39. 李學勤：《簡帛佚書與學術史》，台北：時報出版社，1994.12。

40. 李澤厚：《中國古代思想史論》，台北：三民書局，1986.9。

41. 杜正勝：《編戶齊民》，台北：聯經出版社，1990.3。

42. 杜維明：《道、政、學》，上海：上海人民出版社，2000.10。

43. 邢義田：《秦漢史論稿》，台北：東大圖書公司，1987.6。

44. 邢義田主編：《永恆的巨流》，台北：聯經出版社，1998.5。《中國文化新論》根源篇。

45. 阮芝生：《從公羊學論春秋的性質》，台北：台灣大學文學院，1969.8。

46. 周桂鈿：《董仲舒評傳——獨尊儒術 奠定漢魂》，南寧：廣西教育出版社，1995.1。

47. 林毓生：《思想與人物》，台北：聯經出版社，1964。

48. 林聰舜：《史記的人物世界》，台北：三民書局，2003.10。

49. 林聰舜：《西漢前期思想與法家的關係》，台北：大安出版社，1991.1。

50. 林咏榮：《中國固有法與道德》，台北：大中國圖書公司，1975.6。

51. 柳春藩：《秦漢魏晉經濟制度研究》，哈爾濱：黑龍江人民出版社，1993.10。

52. 金春峰：《漢代思想史》，北京：中國社會科學出版社，1997.12 二版。

53. 俞榮根：《儒家法思想通論》，南寧：廣西人民出版社，1992.5。

54. 姚苧田：《史記菁華錄》，台北：文津出版社，1992.2。

55. 胡寄窗：《中國經濟思想史》，上海：上海人民出版社，1963.8。

56. 范忠信：《中國法律傳統的基本精神》，濟南：山東人民出版社，2001。

57. 韋伯（德），康樂等譯：《支配的類型：韋伯選集 III》修訂版，台北：遠流出版社，1997.2 二版。

58. 韋政通：《董仲舒》，台北：東大圖書公司，1986.7。

59. 凌廷堪：《校禮堂文集》，上海：上海古籍出版社，2002。續修四庫全書集部別集類。

60. 孫筱：《西漢經學與社會》，北京：中國社會科學出版社，2002.10。

61. 徐復觀：《中國人性論史》，台北：商務印書館，1969.1。

62. 徐復觀：《中國經學史的基礎》，台北：學生書局，1982.5。

63. 徐復觀：《兩漢思想史》，台北：學生書局，1993.2 七版。

64. 耿雲卿：《先秦法律思想與自然法》，台北：商務印書館，2003.1 二版。

65. 馬小紅：《中國古代法律思想史》，北京：法律出版社，2003.11。

66. 馬小紅：《禮與法：法的歷史連接》，北京：北京大學出版社，2004.8。

67. 馬漢寶：《法律與中國社會之變遷》，台北：翰蘆出版社，1999.10。

68. 崔永東：《道德與中西法治》，北京：北京人民出版社，2002.9。

69. 崔永東：《簡帛文獻與古代法文化》，武漢：湖北教育出版社，2003。

70. 崔瑞德、魯唯一編：《劍橋中國秦漢史》，北京：中國社會科學院，1992.2。

71. 張中秋：《中西法律文化比較研究》，南京：南京大學出版社，1999.6 二版。

72. 張亨：《思文之際——儒道思想的現代詮釋》，台北：允晨文化事業出版社，1997.11。

73. 張建國：《帝制時代的中國法》，北京：法律出版社，1999.8。

74. 張景賢：《漢代法制研究》，哈爾濱：黑龍江教育出版社，1997。

75. 張舜徽：《周秦道論發微》，台北：木鐸出版社，1983.9。

76. 張壽安：《以禮代理——凌廷堪與清中葉儒學思想之轉變》，台北：中央研究院近代史研究所，1994.5。

77. 張端穗：《西漢公羊學研究》，台北：文津出版社，2005.3。

78. 張德勝：《儒家倫理與秩序情結——中國思想的社會學詮釋》，台北：巨流出版社，1998.10。

79. 張濤：《經學與漢代社會》，石家莊：河北人民出版社，2001.12。

80. 梁治平：《尋求自然秩序中的和諧》，北京：中國政法大學出版社，2002.11。

81. 莊春波：《漢武帝評傳》，南京：南京大學出版社，2001.12。

82. 許倬雲：《求古編》，台北：聯經出版社，1994.10。

83. 陳柱：《公羊家哲學》，台北：力行出版社，1929。

84. 陳鼓應：《黃帝四經今注今譯》，台北：商務印書館，1995.6。

85. 陳德和：《淮南子的哲學》，嘉義：南華管理學院，1999.2。

86. 陳遵媯：《中國天文學史》，台北：明文書局，1990.6。

87. 陳蘇鎮：《漢代政治與《春秋》學》，北京：中國廣播電視出版社，2001.3。

88. 陳麗桂：《秦漢時期的黃老思想》，台北：聯經出版社，1997.2。

89. 陳麗桂：《戰國時期的黃老思想》，台北：聯經出版社，1991。

90. 陳顧遠：《陳顧遠法律文集》，台北：聯經出版社，1982.9。

91. 陶希聖：《中國法治之社會史考察》，台北：食貨出版社，1979.12。

92. 章太炎：《章太炎全集》，上海：上海人民出版社，1985.9。

93. 章權才：《兩漢經學史》，台北：萬卷樓圖書公司，1990。

94. 堀毅（日）：《秦漢法制史論攷》，北京：法律出版社，1988.8。

95. 勞思光：《新編中國哲學史》，台北：三民書局，1993.8 增訂七版。

96. 馮友蘭：《中國哲學史新編》，北京：北京人民出版社，1998.12。

97. 黃俊傑主編：《天道與人道》，台北：聯經出版社，1996.12。《中國文化新論》思想篇二。

98. 黃俊傑主編：《東亞儒學的新視野》，台北：財團法人喜馬拉雅研究發展基金會，2001.12。

99. 黃俊傑主編：《理想與現實》，台北：聯經出版社，1996.12。《中國文化新論》思想篇一。

100. 黃源盛：《中國傳統法制與思想》，台北：五南出版社，1998。

101. 黃錦鋐：《秦漢思想研究》，台北：學海出版社，1979.1。

102. 楊鴻烈：《中國法律思想史》，北京：北京商務印書館，1998。

103. 楊鶴皋主編：《中國法律思想史》，台北：漢興出版社，1993.10。

104. 經濟思想史研究室：《秦漢經濟思想史》，上海：上海社會科學經濟研究所，1989.7。

105. 雷戈：《秦漢之際的政治與皇權主義》，上海：上海古籍出版社，2006.4。

106. 熊鐵基：《秦漢新道家》，上海：上海人民出版社，2001.3。

107. 趙伯雄：《春秋學史》，濟南：山東教育出版社，2004.4。

108. 劉俊文主編：《日本中青年學者論中國史》，上古秦漢卷，上海：上海古籍出版社，1995.12。

109. 劉厚琴：《儒學與漢代社會》，濟南：山東齊魯出版社，2002.1。

110. 蔣慶：《公羊學引論》，瀋陽：遼寧出版社，1995.6。

111. 蔡英文：《韓非的法治思想及其歷史意義》，台北：文史哲出版社，1986.2。

112. 閻步克：《士大夫演生史稿》，北京：北京大學出版社，1996.5。

113 瞿同祖：《中國法律與中國社會》，台北：里仁書局，1984.9。

114. 龔鵬程：《漢代哲學》，嘉義：南華大學出版，1999.8。

四、期刊及論叢（依年代順序排序）

一九八〇年以前

1. 陳顧遠：〈儒家法學的價值論〉，《法令月刊》，年代不詳，第 9 卷第 2 期。
2. 劉師培：〈儒家法學分歧論〉，《國粹學報》，年代不詳，第二十九期。
3. 梅仲協：〈孔孟荀的法律思想〉，《法學叢刊》，1956.1，第 1 期。
4. 劉德寬：〈中國的傳統法思想和現代的法發展〉，《法學叢刊》，年代不詳，第 152 期。
5. 瞿同祖：〈中國法律之儒家化〉，《國立北京大學五十週年紀念論文》，文學院第 4 種，1948。
6. 林咏榮：〈我國固有法上禮與刑合一的作用及其新評價（上）〉，《法學叢刊》，1967.4，第 13 卷第 1 期。
7. 林咏榮：〈我國固有法上禮與刑合一的作用及其新評價（下）〉，《法學叢刊》，1968.7，第 13 卷第 3 期。
8. 戴君仁：〈漢武帝抑黜百家非發自董仲舒考〉，《孔孟學報》，1968，第 16 期。
9. 何任清：〈我國古代之法律思想〉，《法學叢刊》，年代不詳，第 104 期。
10. 程武：〈漢初黃老思想和法家路線〉，《文物》，1974，第 10 期。
11. 唐蘭：〈馬王堆出土《老子》乙本卷前古佚書的研究〉，《考古學報》，1975，第 1 期。
12. 王更生：〈陸賈及其學術思想之探究〉，《師大學報》，1977，第 22 期。

一九八〇～一九八九

1. 林聰舜：〈漢初黃老思想中的法家傾向〉，《漢學研究》，1980，第 8 卷第 2 期。
2. 高敏：〈漢初法律全部繼承秦律說〉，《秦漢史論叢》，第 6 輯，1981.7。
3. 林咏榮：〈春秋決獄辨〉，《法學叢刊》，1981，第 26 卷第 4 期。
4. 張維華：〈論西漢初年對刑律的修正〉，《文史哲》，1982，第 5 期。
5. 李學勤：〈馬王堆帛書與《鶡冠子》〉，《江漢考古》，1983，第 2 期。
6. 王讚源：〈淮南子與法家的法論比較〉，《國文學報》，1983，第 14 期。
7. 程天權：〈論商鞅改法爲律〉，《復旦學報》社會科學版，1983，第 1 期。
8. 李則芬：〈從董仲舒、公孫弘、董仲舒三人看儒學的齊化〉，《東方雜誌》，1984，第 14 卷第 3 期。
9. 田餘慶：〈說張楚──關於"亡秦避楚"問題的探討〉，《歷史研究》，

1989，第 2 期。

一九九○～一九九九

1. 潘武肅：〈「春秋決獄」論略〉，《中國文化研究所學報》，1990，第 21 期。

2. 黃湘陽：〈尊王黜罷主張在漢初的發展與意義〉，《第三屆漢代文學與思想學術研討會論文》，台北：國立政治大學中國文學系，2000.12。

3. 陳乃華：〈秦漢"不道"罪考述〉，《中國史研究》，1991，第 2 期。

4. 丁原明：〈楚學與漢初黃老之學〉，《文史哲》，1992，第 4 期。

5. 李學勤：〈《鶡冠子》與兩種帛書〉，《道家文化研究》第 1 輯，上海：古籍出版社，1992.6。

6. 王健文：〈西漢律令與國家正當性——以漢律中的〝不道〞爲中心〉，《新史學》，1992.9，第 3 卷第 3 期。

7. 茲賀秀三（日）：〈西漢文帝的刑法改革和曹魏新律十八篇篇目考〉，《日本學者研究中國史論著選譯》，第 8 卷法律制度，北京：中華書局，1992.7。

8. 林聰舜：〈叔孫通「起朝儀」的意義——劉邦卡理斯瑪支配的轉變〉，《哲學與文化》，1993，第 20 卷第 2 期。

9. 汪漢卿、張杰：〈試論《淮南子》的法律思想〉，《安徽大學學報》哲學社會科學版，1993，第 1 期。

10. 黃俊傑：〈中國古代儒家歷史思維的方法及其運用〉，《中國文哲研究所集刊》，1993.3，第三期。

11. 馬育良：〈漢初治政與賈誼的禮治思想〉，《孔子研究》，1993.4，第 32 期。

12. 林聰舜：〈「禮」世界的建立——賈誼對禮法治序的追求〉，《清華學報》，1993.6，新 23 卷第 2 期。

13. 高明士：〈皇帝制度下的廟制系統——以秦漢至隋唐作爲考察中心〉，《文史哲學報》，1993.6，第 40 期。

14. 王博：〈論《黃帝四經》產生的地域〉，《道家文化研究》第 3 輯，上海：上海古籍出版社，1993.8。

15. 西嶋定生（日）：〈關於中國古代社會結構特質的問題所在〉，《日本學者研究中國史論著選譯》第 2 卷專論，北京：北京中華書局，1993.10。

16. 高敏：〈漢初法律全部繼承秦律說〉，《秦漢史論叢》第六輯，南昌：江西教育出版社，1994。

17. 詹哲裕：〈漢初黃老思想下「禮法」合流之探析〉，《復興岡學報》，1994.9，第 52 期。

18. 王健文：〈歷史解釋的現實意義——以漢代人對秦政全興亡的詮釋與理解爲例〉，《新史學》，1994.12，第 5 卷第 4 期。

19. 李定生：〈《文子》非僞書考〉，《道家文化研究》第 5 輯，上海：上海古籍出版社，1994.11。

20. 詹哲裕：〈西漢獨尊儒術下禮法思想之探析〉，《復興岡學報》，1994.12，第 53 期。

21. 華友根：〈《淮南子》法律思想當議〉，《文史哲》，1995，第 1 期。

22. 華友根：〈西漢的禮法結合及其在中國法律史上的地位〉，《復旦學報》社會科學版，1995，第 6 期。

23. 華友根：〈叔孫通爲漢訂禮樂制度及其意義〉，《學術月刊》，1995，第 2 期。

24. 劉家和：〈論先秦時期天下一家思想的萌生〉，《中國歷史上的分與合學術研討會論文集》，台北：聯經出版社，1995。

25. 河北省文物研究所定州漢簡整理小組：〈定州西漢中山懷王墓竹簡《文子》釋文〉，《文物》，1995，第 12 期。

26. 河北省文物研究所定州漢簡整理小組：〈定州西漢中山懷王墓竹簡《文子》的整理和意義〉，《文物》，1995，第 12 期。

27. 林聰舜：〈帝國意識形態的建立——董仲舒的儒學〉，《大陸雜誌》，1995.8，第 91 卷第 2 期。

28. 陳靜：〈《淮南子》學派歸屬論辨——兼論漢初的思想融合〉，《第二屆儒道國際學術研討會——兩漢論文集》，1995.8。

29. 林素英：〈董仲舒「三綱說」思想評述〉，《第二屆儒道國際學術研討會——兩漢論文集》，1995.8。

30. 華友根：〈試論賈誼的禮學觀〉，《江海學刊》，1996，第 3 期。

31. 丁原明：〈《鶡冠子》及其在戰國黃老之學中的地位〉，《文史哲》，1996，第 2 期。

32. 陳麗桂：〈兼容道、法兼採陰陽的漢儒——陸賈〉，《中國學術年刊》，1996.3，第 17 期。

33. 羅新：〈從蕭曹爲相看所謂"漢承秦制"〉，《北京大學學報》哲社版，1996.5，第 21 期。

34. 陳麗桂，〈從《新書》看賈誼融合儒、道、法的思想要論〉，《國文學報》，1996.6，第 25 期。

35. 丁原明：〈《文子》思想的哲學基本結構〉，《哲學與文化》，1996.8，第 23 卷第 8 期。

36. 陳麗桂：〈從出土竹簡《文子》看古、今本《文子》與《淮南子》之間的先後關係及幾個思想論題〉，《哲學與文化》，1996.8，第 23 卷第 8 期。

37. 王博：〈關於《文子》的幾個問題〉，《哲學與文化》，1996.8，第 23 卷第

8 期。

38. 杜欽：〈漢文帝除肉刑及秦漢刑徒的刑期問題〉，《史耘》，1996.9，第 2 期。

39. 張建國：〈叔孫通定《傍章》質疑——兼析張家山漢簡所載律篇名〉，《北京大學學報》，1997，第 6 期。

40. 周振鶴：〈縣制起源三階段說〉，《中國歷史地理論叢》第 3 輯，西安：西安人民出版社，1997。

41. 于語和：〈論漢代的經學與法律〉，《南開學報》，1997，第 4 期。

42. 陳德和：〈試論《淮南子》道家思想的類屬——以徐復觀之觀點爲中心的展開〉，《復興岡學報》，1997.1，第 22 卷第 7 期（總號第 259 期）。

43. 詹哲裕：〈兩漢禮法思想的省察〉，《復興岡學報》，1997.6，第 60 期。

44. 盧瑞容：〈儒家「通經致用」實踐的考察——以西漢朝廷「春秋決事」爲中心的探討〉，《文史哲學報》，1997.12，第 47 期。

45. 景紅：〈80 年代中期以來黃老學研究綜述〉，《管子學刊》，1998，第 3 期。

46. 張景賢：〈論漢代禮入于法的趨勢〉，《歷史教學》，1998，第 10 期。

47. 王有才：〈董仲舒春秋決獄案例評析〉，《河北學刊》，1998，第 5 期。

48. 郭偉川（泰）：〈漢代禮制的建立及其對後世的影響〉，《秦漢史論叢》，第 7 輯，1998.6.7。

49. 牟鐘鑒：〈《淮南子》對《呂氏春秋》的繼承和發揮〉，《道家文化研究》第 14 輯，北京：北京三聯書店，1998.7。

50. 陳鼓應：〈道家的社會關懷〉，《道家文化研究》第 14 輯，北京：北京三聯書店，1998.7。

51. 陳麗桂：〈漢代的氣化宇宙論及其影響〉，《道家文化研究》第 8 輯，上海：上海古籍出版社，1998.7。

52. 王曉波：〈論「歸本於黃老」——韓非子論「道」〉，《台大哲學研究》，1999.1，第 22 期。

53. 陳麗桂：〈《淮南子》與《春秋繁露》中的感應思想〉，《先秦兩漢論叢》第 1 輯，台北：洪葉文化出版事業，1999.7。

54. 王曉波：〈〈解老〉、〈喻老〉——韓非對老子哲學的詮釋和改造〉，《台大哲學研究》，1999.12，第 51 期。

55. 黃俊傑：〈從儒家經典詮釋史觀點論解經者的「歷史性」及其相關問題〉，《台大歷史學報》，1999.12，第 24 期。

二〇〇〇～二〇〇八

1. 陳鼓應：〈從《呂氏春秋》到《淮南子》論道家在秦漢哲學史上的地位〉，

《文史哲學報》，2000.6，第 52 期。

2. 丁原植：〈《文子》哲學思想探析〉，《道家文化研究》第 18 輯，北京：北京三聯書店，2000.8。

3. 王健文：〈學術與政治之間：試論秦皇漢武思想政策的歷史意義〉，《清華學報》第 30 卷第 3 期，2000.9。

4. 余明光：〈黃老無爲而治與西漢前期社會經濟的重建〉，《湘潭大學社會科學學報》，2000.10，第 5 期。

5. 李增：〈董仲舒天人合一思想之「天」概念分析〉，《第三屆漢代文學與思想學術研討會論文集》，台北：國立政治大學中文系編印，2000.12。

6. 林聰舜：〈西漢郡國廟之興廢——禮制興革與統治秩序維護之關係之一例〉，《第三屆漢代文學與思想學術研討會論文集》，國立政治大學中文系編印，2000.12。

7. 戴者春：〈試論我國古代“禮法并用、德主刑輔”的治國方略〉，《黑龍江社會科學》，2001，第 5 期。

8. 王啓發、羅莉：〈中國古代禮法分立的歷史進程及其意義〉，《中國社會科學院研究生學報》，2002，第 4 期。

9. 張永鋐：〈漢代春秋折獄之法律思想及方法論探微——以政治案件之誅心論及權變思想爲核心〉，《國立政治大學歷史學報》，2002.5，第 19 期。

10. 盧瑞容：〈賈誼及其後世儒者之「勢」概念發展析論〉，《人文學報》，2002.6，第二十五期。

11. 史廣全：〈春秋決獄對禮法融合的促動〉，《哈爾濱學院學報》，2002.7，第 23 卷第 7 期。

12. 劉永艷：〈賈誼禮法觀芻議〉，《河北建設科技學院學報》社科版，2002.9，第 17 卷第 3 期。

13. 林俊宏：〈禮與政治現實的對話：賈誼《新書》的禮治思想〉，《政治科學論叢》，2002.12，第 17 期。

14. 李禹階：〈論陸賈的“禮”“法”思想〉，《重慶師院學報》，2003，第 3 期。

15. 盧昌德：〈叔孫通制朝儀與儒“禮”之流變〉，《茂名學院學報》，2003.5，第 2 期。

16. 高明士：〈從律令制的演變看唐宋間的變革〉，《台大歷史學報》，2003.12，第 13 卷第 32 期。

17. 李俊芳：〈「春秋決獄」與引經注律〉，《長春師範學院學報》，2004，第 9 期。

18. 黃源盛：〈主觀與客觀之間——兩漢春秋折獄「原心定罪」的刑法理論〉，《經義折獄與傳統法律學術研討會》，2004.12。

19. 高恒：〈《春秋公羊》學與中國傳統法制〉，《經義折獄與傳統法律學術研討會》，2004.12。

20. 黃靜嘉：〈兩漢春秋決獄案例三十則考析——以程樹德《九朝律考》所輯各條爲範圍〉，《經義折獄與傳統法律學術研討會》，2004.12。

21. 陳啓雲：〈漢儒理念與價值觀研究的方法論問題之考論篇〉，《史學集刊》，2006.1，第 1 期。

22. 陳啓雲：〈漢儒與王莽：評述西方漢學界的幾項研究〉，《史學集刊》，2007.1，第 1 期。

五、學位論文

1. 鄭文鼐：《儒家法律思想與唐律研究》，台灣大學法律學研究所碩士論文，1973。

2. 李貞德：《西漢律令中的倫常觀》，台灣大學歷史系研究所碩士論文，1985.6。

3. 孟紅：《漢代社會生活與禮法結合》，東北師範大學碩士論文，2005。

4. 林素娟：《先秦社會中的禮與法》，中央大學中國文學研究所碩士論文，1995。

5. 林靜茉：《帛書《黃帝書》研究》，國立台北師範大學博士論文，2001.6。

6. 許健：《漢代禮法結合綜治模式的確立及其影響》，中國政法大學博士論文，2006。

7. 黃源盛：《漢代春秋折獄之研究》，中興大學法律學研究所，1982.5。

8. 楊秀宮：《先秦儒家禮法思想的演變與發展》，東海大學哲學研究所博士論文，1999。

9. 楊頡慧：《西漢前期黃老學說下的法律思想與法治實踐研究》，鄭州大學博士論文，2007。

10. 劉志平：《秦至西漢中期的禮法研究》，湖南師範大學碩士論文，2005。

11. 鄧桂秋：《董仲舒「法制」思想之研究》，輔仁大學中國文學所碩士論文，2000。